Wladimir Megre

Anastasia – Wer sind wir?

Wladimir Megre

Anastasia

Band 5:
Wer sind wir?

aus dem Russischen übersetzt von
Helmut Kunkel

Govinda-Verlag

Herausgegeben von Ronald Zürrer

Weitere Titel von Wladimir Megre zu Anastasia:

Band 1:	Anastasia – Tochter der Taiga
Band 2:	Anastasia – Die klingenden Zedern Russlands
Band 3:	Anastasia – Raum der Liebe
Band 4:	Anastasia – Schöpfung
Band 6:	Anastasia – Das Wissen der Ahnen
Band 7:	Anastasia – Die Energie des Lebens
Band 8.1:	Anastasia – Neue Zivilisation
Band 8.2:	Anastasia – Die Bräuche der Liebe
Band 10:	Anastasia – Anasta

Hinweis zur Nummerierung: Gemäß dem Autor soll Band 9 im Laufe der Zeit aus Texten von Lesern und Bewohnern von Familienlandsitzen zusammengestellt werden.

Kontaktadressen:

Schweiz	Govinda-Verlag, Postfach, 8462 Rheinau
Deutschland	Govinda-Verlag, Postfach, 79798 Jestetten
Internet	govinda.ch | meerstern.de | familienlandsitz-siedlung.de

Offizielle Website des Autors (Informationen über Wladimir Megre, seine Bücher, Leserveranstaltungen und weltweiten Projekte):
www.vmegre.com
⇨ Siehe auch Seite 240 in diesem Buch.

Fünfte Auflage – Januar 2018

© 2006/2013 Govinda-Verlag GmbH
Alle Rechte vorbehalten.

Originaltitel: *Кто же мы?*
Übersetzung und Layout: Helmut Kunkel
Lektorat: Dania Asfandiarowa, Ufa
Umschlaggestaltung: Ronald Zürrer
Umschlagbild: © Kursiv
Gesamtherstellung: CPI books GmbH, Leck
Printed in Germany

ISBN 978-3-905831-22-1

Inhalt

1	Zwei Zivilisationen	7
2	Der Geschmack des Weltalls	15
3	Träume à la Auroville	21
4	Vorboten der neuen Zivilisation	24
5	Die Suche nach Beweisen	28
6	Der unvergängliche Garten	33
7	Anastasias neues Russland	40
8	Das reichste Land der Welt	47
9	Es wird gut werden auf Erden …	55
10	Das große Wettabrüsten	74
11	Wissenschaft und Pseudowissenschaft	83
12	Sind unsere Gedanken frei?	92
13	Eine Reiterin aus der Zukunft	96
14	Die Stadt an der Newa	102
15	Schritte in die Zukunft	107
16	Offener Aufruf	112
17	Fragen und Antworten	117
18	Die Philosophie des Lebens	139
19	Wer lenkt den Zufall?	165
20	Eine tiefe Sinnkrise	186

21	Ein Deprogrammierungsversuch	191
22	Unsere Realität	196
23	Deine Wünsche	215
24	Vor uns liegt die Ewigkeit	226

| Anhang | 235 |
| Über den Autor | 239 |

1

Zwei Zivilisationen

Wir alle haben es eilig, wir alle streben nach etwas. Jeder von uns will ein glückliches Leben führen, seine große Liebe finden und eine Familie gründen. Doch wie vielen gelingt es, diese Wünsche zu verwirklichen?

Wovon hängen Zufriedenheit oder Unzufriedenheit, Erfolg oder Misserfolg ab? Worin liegt der Sinn im Leben des Einzelnen und der gesamten Menschheit? Was erwartet uns in der Zukunft?

Diese Fragen beschäftigen uns Menschen schon seit Langem, doch niemand vermochte bislang klare Antworten darauf zu geben. Wäre es nicht auch interessant zu erfahren, in was für einem Land wir in fünf oder zehn Jahren und in was für einer Welt unsere Kinder einmal leben werden? Leider aber wissen wir das nicht, ja wir sind wohl nicht einmal in der Lage, uns unsere eigene Zukunft vorzustellen, denn wir haben es ja so eilig – doch wohin wollen wir eigentlich?

Es ist erstaunlich, aber wahr: Die erste klare Vorstellung von der Zukunft unseres Landes verdanke ich nicht irgendwelchen wissenschaftlichen Analytikern oder Politikern, sondern der Taiga-Einsiedlerin Anastasia. Und sie hat mir nicht einfach irgendeine schöne Zukunftsvision verheißen, nein, sie hat mir mit handfesten Argumenten bewiesen, dass das Glück unseres Landes zum Greifen nahe ist – schon für unsere jetzige Generation. Sie hat mir ihren Entwurf zur Entwicklung unseres Landes vorgestellt.

Während ich durch die Taiga wanderte – von Anastasias Lichtung zum Fluss – erwachte in mir irgendwie die tiefe Überzeugung, dass ihr Projekt vieles in der Welt verändern kann. Bedenkt man, dass sich alles, was sie sich in Gedanken vorstellt, ohne Fehl im realen Leben verwirklicht, so leben wir eigentlich in einem Land, dessen Zukunft nur blühend sein kann. Ich ging also durch die Taiga und dachte über die Worte der Taiga-Einsiedlerin nach, die unserem Lande eine so wunderbare Zukunft verheißen hatte, eine Zukunft, die vielleicht schon unsere Generation erleben darf. In einem Land, in dem es keine regionalen Konflikte, kein Banditentum und keine Krankheiten gibt, wird es auch keine armen Menschen geben. Und obwohl ich nicht alle Gedanken Anastasias verstanden hatte, wollte ich ihre Worte diesmal nicht anzweifeln – im Gegenteil, mir war daran gelegen, ihre Richtigkeit aller Welt zu beweisen.

Ich fasste also den Entschluss, alles zu tun, was in meiner Macht stand, um Anastasias Projekt zu verwirklichen. Rein äußerlich sah das Ganze recht simpel aus: Jede Familie sollte auf Lebenszeit einen Hektar Land zur Verfügung gestellt bekommen und sich darauf ihren eigenen Landsitz einrichten, um sich so ein kleines Stück Heimat zu schaffen. Doch so einfach der Plan auch erschien, so erstaunlich, ja geradezu unglaublich waren bestimmte Elemente seiner Umsetzung, die demzufolge meine Aufmerksamkeit stark fesselten.

Man stelle sich einmal vor: Es waren keine Agrarwissenschaftler, sondern eine Taiga-Einsiedlerin, die bewies, dass man allein durch naturgerechtes Anpflanzen nach ein paar Jahren keinen Dünger mehr braucht und sogar die Qualität von ertragarmem Boden verbessern kann.

Als vornehmlichstes Beispiel nannte Anastasia die Taiga. Seit Jahrtausenden wächst und gedeiht dort eine große Vielfalt von Pflanzen, ohne dass je einer den Boden der Taiga gedüngt hat. Anastasia sagt, alles, was auf der Erde wächst, seien Manifestationen von Gottes Gedanken und Gott habe die Welt so eingerichtet, dass sich die Menschen nicht mit dem Problem der Nahrungsbeschaffung herumschlagen müssten. Man brauche sich lediglich zu bemühen, die Gedanken des Schöpfers zu verstehen und gemeinsam mit Ihm Schönes zu erschaffen.

Auch ich kann dazu ein anschauliches Beispiel aus eigener Erfahrung anführen. Auf der Insel Zypern, wo ich einige Zeit verbringen durfte, ist der Boden zum großen Teil felsig und verkarstet. Das war aber nicht immer so. Vor vielen Jahrhunderten gab es auf der Insel herrliche Zedernwälder, Obstbäume gediehen, und die zahlreichen Flüsse führten klares Süßwasser; kurzum, das Eiland war eine Art Paradies auf Erden. Dann wurde es von römischen Legionen erobert. Sie begannen, die Zedern abzuholzen und aus dem Holz Schiffe zu bauen. Am Ende waren praktisch keine Zedern mehr übrig. Heute gibt es auf dem größten Teil Zyperns nur sehr spärliche Vegetation, das Gras verdorrt nach dem Frühling, und Sommerregen ist eine Seltenheit. Es herrscht ein großer Mangel an Süßwasser. Fruchtbarer Humus muss mit Lastkähnen nach Zypern eingeführt werden. Daraus kann man ersehen, dass der Mensch die Schöpfung nicht verbessert hat; vielmehr hat er durch seine barbarische Einmischung in den Lauf der Natur ein Chaos herbeigeführt.

Während Anastasia mit mir über ihr Projekt sprach, erwähnte sie wiederholt den «Ahnenbaum», der auf jedem Grundstück gepflanzt werden sollte. Sie meinte, Verstorbene sollten nicht auf einem Friedhof, sondern auf dem Stück Land beerdigt werden, das sie selbst bearbeitet haben. Grabsteine seien nicht notwendig, denn das Andenken an die Verstorbenen sollte durch etwas Lebendiges, nicht durch etwas Totes bewahrt werden. Die Verwandten sollten durch lebendige menschliche Werke an ihre Ahnen erinnert werden, dann könnte sich die dahingeschiedene Seele von neuem im paradiesischen Garten namens Erde verkörpern.

Denjenigen aber, die auf Friedhöfen begraben liegen, sei der Weg zum irdischen Paradies verwehrt. Die dahingeschiedenen Seelen könnten sich nicht erneut verkörpern, solange ihre Verwandten und Freunde an ihren Tod dächten. Und ein Grabstein sei nun einmal ein Denkmal des Todes. Das heute übliche Begräbnisritual entstamme den dunklen Kräften und ziele darauf ab, die menschliche Seele gefangen zu halten. Das sei aber nicht im Sinne unseres

Vaters, der Seinen geliebten Kindern weder Leid noch Trauer zugedacht habe. All Seine Kreaturen seien ewig, in sich selbst vollkommen und fähig, sich zu vermehren. Alle Lebewesen dieser Erde, vom einfachen Grashalm bis zum Menschen, stellen ihrer Ansicht nach ein harmonisches, ewiges Ganzes dar.

Was sie sagte, leuchtete mir ein, denn schließlich erkennen ja selbst Wissenschaftler heutzutage an, dass der menschliche Gedanke eine Kraft ist, deren Wirkung sich direkt in der materiellen Realität niederschlagen kann. Folglich wäre es durchaus denkbar, dass die Verwandten eines Verstorbenen ihn dadurch, dass sie ihn für tot erklären und an ihn als Toten denken, im Zustand des Todes gefangen halten und seine Seele quälen. Anastasia sagt, der Mensch, vielmehr die menschliche Seele, sei dazu geschaffen, ewig zu leben. Sie könne sich immer wieder verkörpern, sei dabei jedoch bestimmten Bedingungen unterworfen. Diese Bedingungen seien auf einem Familienlandsitz im Sinne ihres Projekts am besten erfüllt.

Hat sie nun recht damit? Ich meinesteils habe ihr einfach geglaubt. Ihre Aussagen über Leben und Tod zu beweisen oder zu widerlegen wäre wohl eher eine Aufgabe für sachverständige Esoteriker.

Einmal sagte ich zu Anastasia: «Du wirst eine Menge Gegner haben.»

Sie winkte nur ab und lachte: «Alles ist so einfach, Wladimir! Das Denken des Menschen ist in der Lage, Materie zu beeinflussen. Der Mensch kann mit seinem Geist Dinge verändern und Ereignisse vorherbestimmen, sich seine eigene Zukunft schaffen. Deshalb werden Vertreter des Materialismus, die versuchen, die Endlichkeit des menschlichen Wesens zu beweisen, sich selbst vernichten, denn durch ihre Gedanken werden sie sich nur ihr eigenes Ende bereiten. Diejenigen hingegen, die ihre höhere Bestimmung und das Wesen der Ewigkeit verstehen, werden glücklich sein und immer wieder geboren werden. Kraft ihrer eigenen Gedanken werden sie sich ihr ewiges Glück erschaffen.»

Ein weiterer Pluspunkt für Anastasias Projekt fiel mir auf, als ich über dessen wirtschaftlichen Nutzen nachdachte. Ich kam zu dem Schluss, dass sich durch die Gründung eines Familienlandsitzes jeder seinen eigenen Lebensunterhalt sowie den für seine Kinder und Enkelkinder sichern könnte – und das nicht nur in Bezug auf hochwertige Lebensmittel und eine gesicherte Unterkunft. Nach Anastasias Vorstellung sollte das Grundstück von lebenden Bäumen eingezäunt sein, und ein Viertel des Hektars sollte aus Wald bestehen. Auf einem viertel Hektar Wald stehen etwa 300 Bäume; davon könnte man in achtzig bis hundert Jahren etwa 400 Kubikmeter Bauholz gewinnen. Gut getrocknetes und zugeschnittenes Bauholz kostet heutzutage mindestens 100 Dollar pro Kubikmeter – das ergäbe eine stattliche Summe von 40 000 Dollar. Natürlich sollte man nicht den ganzen Wald auf einmal abholzen, sondern nur die ausgewachsenen Bäume, die dann sogleich durch Neupflanzungen ersetzt werden. Den Gesamtwert eines solchen Familienlandsitzes kann man durchaus auf eine Million Dollar veranschlagen, und jede Familie mittleren Einkommens könnte sich ein solches Anwesen aufbauen. Das Haus kann zu Beginn ruhig eine eher bescheidene Unterkunft sein – der wahre Wert liegt in der natürlichen Schönheit und der richtigen Bebauung des Landes. Wohlhabende Leute geben heutzutage Unsummen für Landschaftsgestaltung aus. Allein in Moskau gibt es rund vierzig Unternehmen in diesem Gewerbe, und ihnen mangelt es nicht an Aufträgen. Die Gestaltung von nur einem Ar kostet 1500 Dollar und mehr, das Pflanzen eines 6 Meter hohen Nadelbaums weitere 500 Dollar. Reiche Leute sind aber bereit, für schönes Wohnen beträchtliche Summen hinzublättern. Ihren Eltern ist es nun einmal nicht in den Sinn gekommen, für ihre Kinder einen Familienlandsitz zu errichten. Dabei muss man dazu nicht einmal reich sein, man braucht lediglich in seinem Kopf richtige Prioritäten zu setzen. Wie wollen wir unsere Kinder erziehen, wenn wir nicht einmal solch einfache Dinge verstehen? Anastasia hat ganz recht, wenn sie sagt, dass wir mit der Erziehung bei uns selbst beginnen müssen.

Auch ich habe den starken Wunsch, ein eigenes Grundstück zu besitzen – mir einen Hektar Land zu nehmen, ein Haus zu bauen und vor allem ringsherum Gärten anzulegen. Es ist mein Traum, mir so eine kleine Heimat zu schaffen – wie Anastasia es beschrieben hat, umgeben von ähnlichen Nachbargrundstücken. Anastasia könnte ebenfalls dort wohnen mit unserem Sohn, zumindest besuchen könnten sie mich. Und dann können die Enkel und Urenkel kommen. Nun ja, und falls die Urenkel in der Stadt arbeiten wollen, dann können sie sich immerhin auf ihrem Familienlandsitz erholen. Und einmal im Jahr, am 23. Juli, dem Tag unserer Mutter Erde, wird sich auf meinem Grundstück vielleicht die gesamte Verwandtschaft versammeln. Ich selber werde dann wohl nicht mehr unter ihnen weilen, aber das von mir angelegte Grundstück mit seinen Bäumen und dem Garten wird noch da sein. Ich werde einen Teich graben und dort eine Fischbrut aussetzen; ich werde Bäume pflanzen, so wie Anastasia es mich gelehrt hat. Einiges wird meinen Nachkommen gefallen, anderes werden sie ändern wollen – auf jeden Fall werden sie sich an mich erinnern.

Ich selbst aber will auf diesem Grundstück begraben werden und werde mir ausdrücklich erbitten, dass es kein Grabmal geben soll. Niemand soll an meiner Ruhestätte falsche Tränen weinen. Wozu solche Heuchelei, wozu überhaupt all diese Trauer? Ein Grabstein oder eine Grabplatte ist völlig überflüssig. Es reicht doch, wenn aus meinen zu Erde gewordenen Gebeinen frisches Gras und Büsche wachsen oder vielleicht Sträucher mit Beeren, von denen meine Nachkommen etwas haben. Nicht in Trauer, sondern mit Freude sollen sie an mich denken. Ja, für sie will ich alles planen, für sie alles gestalten …

Eine Art freudige Vorahnung packte mich. Ich war ganz aufgeregt und wollte mich am liebsten gleich ans Werk machen. So schnell wie möglich wollte ich in die Stadt, doch ich war mitten in der Taiga, und bis zum Fluss waren es noch zehn Kilometer Fußmarsch. Dieser Wald … er wollte einfach kein Ende nehmen. In meinem Gedächtnis tauchten plötzlich Daten über die Wälder Russlands auf, die ich einmal in einer statistischen Abhandlung gelesen hatte:

Die Vegetation Russlands besteht zum größten Teil aus Wald. Rund 45% des Landes sind mit Wald bedeckt. Russland verfügt über die weltweit größten Waldbestände. Im Jahr 1993 wurden 886,5 Millionen Hektar Wald mit 80,7 Milliarden Kubikmetern Nutzholz gezählt, was 21,7% bzw. 25,9% des weltweiten Bestands darstellt. Die Tatsache, dass der zweite Wert den ersten übersteigt, spricht für eine höhere Qualität und Produktivität der Wälder in Russland als sonstwo auf der Welt.

Der Wald spielt eine entscheidende Rolle beim Stoffwechsel des irdischen Lebens. Nach einer Berechnung des Wissenschaftlers B. N. Moissejew bindet der russische Wald jährlich rund 1,8 Milliarden Tonnen Kohlendioxid, erzeugt 1,3 Milliarden Tonnen Sauerstoff und speichert dabei 600 Millionen Tonnen Kohlenstoff. Somit leistet er einen bedeutenden Beitrag zur Erhaltung des Gleichgewichts der irdischen Atmosphäre und der Balance des Klimas.

Oft hört man, Russland werde in der Zukunft eine besondere Rolle für das Leben auf der Erde spielen. Dabei ist genau das schon jetzt der Fall.

Man stelle sich einmal vor: Die Menschen aller Welt atmen russischen Sauerstoff, den Sauerstoff, den dieser Wald hervorbringt … und ich wandere so einfach durch ihn hindurch. Aber überlegen wir mal, ob Sauerstoff das Einzige ist, was der russische Wald den Menschen bietet.

Während ich, so in meine Gedanken vertieft, allein durch die Taiga zog, hatte ich gar keine Angst vor der Wildnis. Es war fast so, als machte ich einen Spaziergang durch einen Park. Natürlich gibt es in der Taiga keine Parkwege, und mein Pfad war immer wieder durch Bruchholz und Dickicht versperrt. Diese Hindernisse ärgerten mich aber nicht mehr.

Unterwegs pflückte ich hier und da ein paar Himbeeren und Johannisbeeren von den Sträuchern. Mit Interesse beobachtete ich auch die umliegenden Bäume, und zum ersten Mal fiel mir die große Vielfalt der sibirischen Flora auf: Auch wenn es von jeder Pflanze zahlreiche Artgenossen gab, war doch jedes Exemplar einzigartig. Auf einmal hatte ich den Eindruck, die Taiga meinte es gut mit mir. Dabei spielte wohl auch mein Gefühl eine Rolle, dass auf einer kleinen Lichtung mitten in dieser Wildnis mein kleiner Sohn geboren worden war und dass auch Anastasia dort lebte, die Frau, die mein Leben so nachhaltig verändert hatte.

In dieser unendlichen Taiga lag Anastasias Lichtung, die sie nie für längere Zeit verlassen wollte. Nicht einmal gegen die komfortabelste Wohnung hätte sie ihre Lichtung eingetauscht. Dabei war es doch nicht mehr als ein leerer Flecken im Dickicht, wo es kein Haus und nicht einmal einen primitiven Unterschlupf gab, ganz zu schweigen von all den Gebrauchsgegenständen des Alltags. Und doch freute sie sich jedes Mal, wenn sie dorthin kam. Irgendwie hatte auch ich bei diesem meinem nunmehr dritten Besuch ein ähnliches Gefühl gehabt, als sei ich von einer beschwerlichen Reise nach Hause gekommen.

Unsere Welt ist schon ein seltsamer Ort. Seit Jahrtausenden kämpft die Menschheit nun schon, um jedem Erdenbürger Glück und Wohlstand zu gewährleisten, doch immer öfter zeigt es sich, dass der moderne Großstädter vielen Gefahren praktisch schutzlos ausgesetzt ist. Der eine hat einen Unfall, ein anderer wird ausgeraubt, ein Dritter wird krank – ohne Apotheke kann man heutzutage kaum mehr am Leben bleiben –, und wieder ein anderer ist so frustriert, dass er Selbstmord begeht. Gerade in den sogenannten zivilisierten Ländern mit hohem Lebensstandard wächst die Selbstmordrate beständig an. Und immer wieder sieht man im Fernsehen Mütter, die davon berichten, dass sie für ihre Kinder und für sich selbst nichts zu essen haben.

Anastasia hingegen lebt in der Taiga mit unserem kleinen Sohn wie in einer anderen Zivilisation. Sie braucht inmitten der Wildnis keinerlei Polizei oder Armee zu ihrem Schutz. Anscheinend mangelt es weder ihr noch dem Kinde auf der Lichtung an irgendetwas.

Natürlich gibt es große Unterschiede zwischen ihrer und unserer Zivilisation, und sie versucht, die besten Elemente beider zu vereinen. Auf diese Weise wird eine neue, eine glückliche Gemeinschaft von Menschen geboren werden.

2

Der Geschmack des Weltalls

Lange konnte ich mich nicht damit abfinden, dass Anastasia das Kind völlig unbekümmert allein in der Wildnis ließ. Mal legte sie es aufs Gras unter einem Busch, mal neben eine ruhende Bärin oder Wölfin. Nicht, dass ich mir Sorgen zu machen brauchte, die Tiere würden ihm etwas antun; im Gegenteil, ich war überzeugt, dass sie es mit ihrem eigenen Leben beschützen würden, wenn es darauf ankäme. Doch beschützen vor wem eigentlich? Schließlich kümmerten sich ja all die Tiere hier wie selbstverständlich um unseren kleinen Sohn. Dennoch war mir nicht ganz wohl dabei, wenn Anastasia das Kind allein ließ, und so sprach ich sie eines Tages darauf an.

«Schön und gut, Anastasia, die Tiere werden dem Kind nichts tun, aber das bedeutet ja nicht, dass ihm nicht sonst etwas zustoßen könnte», gab ich zu bedenken.

«Ich kann mir beim besten Willen nicht vorstellen, woran du da denkst», entgegnete Anastasia.

«An alles Mögliche. Stell dir zum Beispiel vor, es kommt dem Kleinen in den Sinn, auf einen Hügel zu klettern. Was, wenn er dabei unglücklich fällt und sich die Hand oder den Fuß verstaucht?»

«Wladimir, ein Sturz aus einer Höhe, die er aus eigener Kraft erklimmen kann, wird ihm keinen Schaden zufügen.»

«Und wenn er etwas Giftiges isst? Schau nur, er steckt sich ständig etwas in den Mund. Wer soll ihm dann den Magen auspumpen?

Weit und breit ist kein Arzt zu bekommen, und ein Klistier gibt es hier auch nicht.»

«Wozu denn ein Klistier?», lachte Anastasia. «Den Darm kann man viel wirksamer reinigen als mit einem Klistier.»

«Und wie?»

«Willst du es mal ausprobieren? Wenn es dir nichts ausmacht, kann ich dir gern ein paar Kräuter bringen, die das bestens erledigen.»

«Lass nur, schon in Ordnung. Sicher willst mir irgendein Abführmittel geben, das meine ganze Verdauung durcheinanderbringt.»

«Du selbst bist es, der deine Verdauung durcheinanderbringt, seit Langem schon. Gerade deshalb täten dir diese Kräuter gut, um all die Schadstoffe aus deinem Körper zu treiben.»

«Alles klar, im Falle eines Falles willst du dem Kleinen ein paar Kräuter geben, und dann bekommt er Durchfall. Wozu eine solche Tortur?»

«So etwas wird nicht geschehen. Unser Sohn isst nichts Schlechtes und wird es auch in Zukunft nicht tun. Besonders Kleinkinder, die an die Brust gewöhnt sind, nehmen darüber hinaus nichts in größerer Menge zu sich. Und ein paar Beeren oder Kräuter kann unser Sohn ruhig probieren. Wenn sie einen Schadstoff enthalten, sind sie bitter, und er wird sie ausspucken. Im schlimmsten Fall wird er sich übergeben und in Zukunft nicht mehr davon essen. Ich möchte, dass unser Sohn von der Erde kostet. Er soll selber den Geschmack der Erde und des Weltalls erfahren, nicht durch die Worte eines anderen.»

Nun, ganz unrecht hatte sie wohl nicht mit ihrem Standpunkt. Immerhin ist unserem Sohn bisher tatsächlich nichts passiert. Außerdem hatte ich, während ich den kleinen Wladimir und die Tiere beobachtete, eine kleine Entdeckung für mich gemacht. Ich hatte nämlich immer geglaubt, Anastasia würde die Tiere der Lichtung dressieren, damit sie den Umgang mit dem Menschen erlernen. Dann aber fiel mir auf, dass die Tiere selbst ihre Jungen darin unterrichteten. Auch habe ich nie beobachtet, dass Anastasia ihre Zeit dafür verwendet.

Eines schönen Tages saßen wir gemeinsam am Rande der Lichtung. Anastasia hatte gerade den Kleinen gestillt, und er lag glücklich in ihren Armen. Eine Zeitlang schlummerte er sanft auf ihrem Schoß, dann wachte er auf und griff lächelnd nach ihrem Haar. Anastasia lächelte zurück und flüsterte ihm zärtlich etwas zu.

In diesem Augenblick betrat die Wölfin die Lichtung, diesmal in Begleitung von vier noch ganz kleinen Welpen. Sie kam auf uns zu, blieb aber in etwa zehn Metern Entfernung stehen und legte sich ins Gras. Die Jungen drängten sich sofort an ihren Bauch heran. Anastasia stand auf und ging mit unserem Söhnchen in den Armen auf die Tiere zu. Zwei Meter von ihnen entfernt setzte sie sich ins Gras und begrüßte die Wölfin: «Oh, welch schöne Junge unsere Kluge geboren hat! In einem von ihnen sehe ich schon jetzt einen Leitwolf, und dieses Mädchen hier kommt ganz nach der Mama. Sie wird dir zur Freude deine Gattung würdig vermehren.»

Die Wölfin schien mit verträumt zusammengekniffenen Augen vor sich hin zu dösen – wer weiß, ob sie tatsächlich schlummerte oder einfach Anastasias kosende Lobesworte genoss. Die Welpen ließen vom Bauch ihrer Mutter ab, und einer von ihnen tapste unbeholfen auf Anastasia zu.

Plötzlich sprang die vermeintlich schlafende Wölfin auf, packte ihr Junges mit den Zähnen und warf es zu den anderen zurück. Auch die anderen Jungen versuchten nun, einer nach dem anderen, sich Anastasia zu nähern, und alle wurden sie von ihrer Mutter wieder zurückgebracht. Doch so leicht waren die Welpen nicht von ihrem Vorhaben abzubringen. Widerspenstig setzten sie ihre Bemühungen fort, so lange, bis sie sich schließlich damit abfinden mussten, dass ihre Mutter sie nicht gewähren ließ. Zwei von ihnen kämpften jetzt im Spiel miteinander, die anderen beiden saßen ruhig da und sahen uns Menschen an. Klein Wladimir erblickte die Wölfin mit ihren Jungen und bestaunte sie. Ungeduldig strampelte er mit seinen Beinchen und stieß einen Laut hervor.

Anastasia streckte ihre Hand den Welpen entgegen, die sich ihr vorsichtig näherten. Diesmal wurden sie jedoch nicht von ihrer Mutter daran gehindert – im Gegenteil, sie stupste ihre beiden spielenden Jungen sogar in Anastasias Richtung. Nicht lange, und alle vier waren bei Anastasia versammelt. Einer schnappte nach ihrem ausgestreckten Finger, ein anderer versuchte, ihre Hand zu erklimmen, und die übrigen zwei wuselten um ihre Füße herum. Unser Sohn begann sich nun unruhig in Anastasias Armen hin und her zu winden; offenbar wollte er zu den Welpen. Anastasia setzte ihn ins Gras, und er fing sogleich an, mit ihnen zu spielen. So sehr vertiefte er sich in dieses Spielen, dass er alles andere um sich zu vergessen schien. Anastasia ging zur Wölfin und strich ihr dankbar über den Widerrist, dann kehrte sie zu mir zurück.

Ich wusste bereits, dass die Wölfin nie von allein zu Anastasia lief – um sie nicht zu stören. Neu für mich war jedoch die Erfahrung, dass sie das Gleiche auch ihrem Nachwuchs beibrachte. Ich nehme an, dass sie einst selbst dieses Verhalten von ihrer Mutter erlernt hatte, jene Mutter wiederum von ihrer Mutter, und so gab es wahrscheinlich eine ganze Tradition, in der die Tiere von einer Generation zur anderen die Verhaltensregeln für den Umgang mit dem Menschen weitergegeben hatten, und zwar, wohlgemerkt, für den respektvollen Umgang mit dem Menschen. Von wem nur haben die Tiere es gelernt, den Menschen anzugreifen, wie es heutzutage so oft geschieht?

Wenn man das Leben der sibirischen Taiga-Einsiedler kennenlernt, drängen sich unwillkürlich alle möglichen Fragen auf, Fragen, die man sich zuvor nicht einmal hätte vorstellen können. Denn das Leben dort ist irgendwie nicht von dieser Welt. Anastasia jedoch hat keinerlei Absicht, etwas an ihrer einsiedlerischen Lebensweise zu ändern. Doch Moment mal! Immer wenn ich das Wort ‹Einsiedler› gebrauche, sehe ich einen Menschen vor mir, der von der modernen Gesellschaft mit ihrem Informationssystem isoliert ist. Passt dieses Bild etwa auf Anastasia?! Nach jedem Besuch auf ihrer Lichtung schreibe ich ein neues Buch. Diese Bücher werden von den verschiedensten Menschen gelesen und lebhaft diskutiert, darunter auch Wissenschaftler und Konfessionsführer. So gesehen, bringe nicht ich ihr Informationen von unserer so wohlinformierten Gesellschaft, vielmehr gibt sie mir Informationen, die für unsere Gesellschaft von Interesse sind.

Wer ist also in Wahrheit als Einsiedler zu bezeichnen? Haben wir uns vielleicht in den Spinnweben des Überflusses – oder genauer gesagt, des scheinbaren Überflusses – an Informationen verheddert? Wer lebt tatsächlich in Abgeschiedenheit, gleichwohl abgeschnitten von der wahren Informationsquelle? Ist die abgelegene Taiga-Lichtung nicht geradezu ein kosmisches Informationszentrum, eine Brücke zu anderen Dimensionen? Wer bin dann ich, wer sind wir alle, und wer ist Anastasia? Nun, vielleicht ist das gar nicht so wichtig jetzt … Viel wichtiger ist etwas anderes: In ihren letzten Äußerungen sprach sie über Wege zur Verbesserung der Lebensqualität des Einzelnen, des Landes und der Gesellschaft, und zwar anhand der Änderung unseres Lebensstils.

Und alles ist so unglaublich einfach: Die Menschen müssen nur ihren Hektar Land bekommen – Anastasia hat ja auch darüber gesprochen, was auf diesem Land zu tun ist. Dann werden die Menschen wie von selbst von der Energie der Liebe beseelt sein. Es wird glückliche Ehen geben und muntere Kinder; viele Krankheiten und Gebrechen werden weichen, und auch Kriege und andere Katastrophen wird es nicht mehr geben. Der Mensch wird Gott näher sein.

Sie hat uns auch angeboten, um unsere Städte herum viele Lichtungen wie die ihre anzulegen. Dabei lehnt sie es nicht einmal ab, dass wir die Errungenschaften unserer Zivilisation gebrauchen. «Auch das Negative soll zum Wohle der Menschen beitragen!», sagt sie. Ich habe an ihr Projekt geglaubt, an all das Schöne, das sich durch seine Verwirklichung in unserem Leben manifestieren würde. Vieles davon leuchtete mir ein; man sollte das Ganze nur nochmals genau prüfen und durchdenken. Und ihr Projekt muss an die jeweiligen geographischen und geologischen Umstände angepasst werden.

Anastasias Idee zur Umgestaltung der Landschaft hatte mich gepackt. Ich wollte so schnell wie möglich nach Hause, um herauszufinden, was Wissenschaftler über Siedlungen sagen, wie sie Anastasia vorschwebten. Vielleicht gab es ja irgendwo auf der Welt schon etwas Vergleichbares … Zunächst wollte ich eine solche Siedlung im Detail planen, um dann Menschen zu finden, die den Wunsch hatten, beim Aufbau mitzuhelfen. Natürlich konnte weder ich noch sonst jemand die Planung einer solchen vorbildlichen Siedlung im Alleingang planen. Die Sache musste im Team angepackt werden. Die Mitarbeiter des Planungsteams mussten sich zusammensetzen und alles in Ruhe besprechen, auf Grundlage der Informationen, die uns zur Verfügung standen, und unter Berücksichtigung der Fehler, die andere vor uns gemacht hatten.

3

Träume à la Auroville

Die ersten Monate nach meiner Rückkehr aus der Taiga verbrachte ich damit, Informationen über Ökosiedlungen zu sammeln und zu studieren. Das meiste Material stammte aus dem Ausland. Insgesamt erfuhr ich so über 86 Siedlungen in 19 Ländern, darunter Belgien, Kanada, Dänemark, England, Frankreich, Deutschland und Indien. Besonders beeindruckt war ich jedoch nicht von diesen Beispielen. In keinem einzigen Land spielten diese Siedlungen eine genügend große Rolle, um eine nennenswerte Wirkung auf das soziale Leben zu hinterlassen. Eine der größten und bekanntesten Siedlungen ist die Stadt Auroville in Indien, auf die ich im Folgenden näher eingehen möchte.

Auroville wurde 1968 von Mirra Rishar, der Frau Shri Aurobindos, in der Nähe der südindischen Stadt Pondicherry gegründet. Seit den vierziger Jahren hatte Aurobindo in seinem Ashram durch seine Lehre des «integralen Yoga» immer mehr Anhänger um sich geschart, sodass die indische Regierung ihnen ein größeres Stück Land zum Bau einer Siedlung zur Verfügung stellte. Dem Plan zufolge sollten in dieser internationalen Stadt einmal 50 000 Menschen leben. Getragen wird die «Stadt der Morgenröte» von der Vision, dass dort Menschen verschiedenster Nationen eine friedliche Gesellschaft aufbauen, die im Einklang mit den Gesetzen der geistigen Welt steht. In der Charta von Auroville schreibt Mirra Rishar: «Auroville soll ein Ort spiritueller und materieller Forschung sein, damit eine wirkliche menschliche Einheit lebendige Gestalt annehmen kann.»

Die Gründung und die Ziele von Auroville wurden von Indira Gandhi genehmigt, und das Projekt bekam finanzielle Unterstützung vom indischen Staat, von der UNESCO und von zahlreichen Sponsoren. An der Gründungszeremonie nahmen Vertreter von 121 Ländern und 23 indischen Bundesstaaten teil. Für einen Großteil der «spirituell» orientierten Menschen dieser Welt schien ein Traum in Erfüllung zu gehen.

Doch bereits kurz nach dem Tode Mirra Rishars im Jahre 1973 traten die ersten Schwierigkeiten auf. Der Schüler und Nachfolger Shri Aurobindos, Satprem, übte scharfe Kritik an Auroville und nannte es «ein rein kommerzielles Unternehmen». Der Ashram, der über den Großteil der Finanzen des «Unternehmens» verfügte, beanspruchte Entscheidungsgewalt über alle Geschehnisse in der Stadt. Die Einwohner der Stadt jedoch widersetzten sich dieser Oberhoheit des Ashrams. Sie entgegneten, ihre Kommune gehöre schließlich der ganzen Welt. So kam eine heftige Kontroverse zwischen dem Ashram und den Aurovillanern ins Rollen, eine Kontroverse, die nicht auf geistige Dimensionen beschränkt blieb, sondern handfeste Formen der Gewalt annahm. Im Jahre 1980 sah sich die indische Regierung gezwungen, Auroville von der direkten Kontrolle durch die Aurobindo-Gesellschaft abzukoppeln, und es wurde eine Polizeistation in der Stadt eingerichtet. Dieses Dilemma von Auroville führte zu einer allgemeinen Krise der von Shri Aurobindo inspirierten Bewegung.

Anstatt der ursprünglich geplanten 50 000 Einwohner leben heute (1998) gerade mal 1200 Menschen in Auroville. Die gesamte Region um die Stadt, einschließlich der 13 umliegenden Dörfer, zählt zurzeit 30 000 Einwohner. Woran ist der Traum von Auroville gescheitert? Vielleicht an folgender Regelung: Ein Aurovillaner hatte – mit entsprechender Genehmigung der Stadt – zwar das Recht, sich in der Region ein Grundstück zu kaufen, um ein Haus zu bauen, doch juristisch blieb das Grundstück im Besitz von Auroville. Mit anderen Worten, das Grundstück wurde durch die Mittel des Hausbauers, aber im Namen Aurovilles erworben. Die Gründer hatten nur Vertrauen in die Idee von der Stadt, nicht aber in ihre Bewohner. So gerieten all die Aurovillaner, die sich selbst ja als spirituell denkende Menschen erachteten, in Abhängigkeit von der Organisation. Hier zeigt sich die Kehrseite der Medaille sogenannter Spiritualität.

Die Lage des heutigen Auroville bedrückte mich stark. Nicht, dass ich Zweifel bekam an Anastasias Projekt, aber dennoch beschlichen mich negative Gedanken. Wenn schon in Indien, dem Land, das oft als geistiger Vorreiter der Menschheit betrachtet wird, der Bau einer einfachen Siedlung misslungen war, wie sollte dann Anastasia allein ihr gewaltiges Vorhaben realisieren und dabei erfolgreich alle Klippen umschiffen können? Nun gut, ganz allein war sie auch wieder nicht. Immerhin gab es ja all die Leser, die Anastasias Ansichten teilten, aber selbst gemeinsam waren wir nicht allzu stark, und noch dazu war für fast alle von uns die Aufgabenstellung gänzlich neu.

Hätte je ein Mensch das Geheimrezept für ein glückliches Dasein des Einzelnen und der Gesellschaft gekannt, wäre das Ergebnis dann nicht schon längst irgendwo zu sehen gewesen? Offenbar kannte niemand den richtigen Weg. Wohin man auch sah, überall gab es nur negative Erfahrungen. Wo nur konnten positive Beispiele gefunden werden?

«In Russland», lautete Anastasias Antwort.

4

Vorboten der neuen Zivilisation

«Keime dieser verheißungsvollen Zukunft gibt es schon jetzt – die russischen Kleingärtner!», sagte mir diesmal nicht Anastasia, die nicht anwesend war, sondern meine innere Stimme. Dabei erinnerte ich mich daran, mit welchem Enthusiasmus Anastasia vier Jahre zuvor über die russischen Kleingärtner gesprochen hatte, die ihrer Meinung nach 1992 einen globalen Kataklysmus verhindert hatten. In Russland war damals jene sonderbare Bewegung der Kleingärtner entstanden, die einen Teil der Erde besänftigte. Ich erinnere mich noch deutlich an Anastasias Worte:

«Und Millionen von Menschenhänden berührten die Erde mit Liebe. Gerade mit den Händen, nicht mit Maschinen, berührten die Menschen auf ihren kleinen Grundstücken in Liebe die Erde. Und die Erde spürte jede einzelne Hand und sammelte so Kräfte, um noch eine Zeitlang weiter durchzuhalten.»

Damals hatte ich ihre Worte nicht besonders ernst genommen, umso mehr aber jetzt, nachdem ich Bekanntschaft gemacht hatte mit Versuchen in aller Welt, spirituelle Ökosiedlungen zu gründen. In Russland war etwas Ähnliches geschehen, doch ohne pompöse Werbung und in viel größerem Ausmaß. Zieht man allein die Landesfläche und die Anzahl der in Russland entstandenen Landkommunen in Betracht, so wirkten die Informationen über die Schaffung einzelner Siedlungen hier und da in aller Welt recht kümmerlich.

Urteilen Sie selbst: Ich habe hier haufenweise Bücher und Artikel vor mir liegen, in denen ernsthaft das Problem erörtert wird, wie viele Menschen in einer Ökosiedlung leben sollten: Im Allgemeinen wird die Anzahl auf 150 Siedler begrenzt. Dafür wird der Verwaltungsstruktur und der geistigen Führung große Bedeutung beigemessen.

In Russland hingegen existieren seit Jahren Landkommunen in Form von Kleingärtner-Kooperativen mit 300 Familien und mehr, mit einem Verwaltungsapparat von ein oder zwei Personen – viele von ihnen sind Rentner. Und von ihrer Funktion her sind sie auch nicht gerade als Verwaltungsratsvorsitzende einer russischen Landkommune zu betiteln. Vielmehr hören sie sich die Vorschläge und Meinungen der Bewohner an und tun das, was die Mehrheit wünscht. So etwas wie zentrale Verwaltungsorgane kennt die Landkommunenbewegung Russlands schon gar nicht. Dabei haben – laut Angaben des Goskomstat* von 1997 – 14,7 Millionen russische Familien ihren eigenen Garten und 7,6 Millionen Familien ihren eigenen Gemüsegarten, mit einer Gesamtfläche von 1,821 Millionen ha. Rund 90% der Kartoffeln, 77% der Früchte und Beeren sowie 73% des Gemüses wurden damals in Russland von der Bevölkerung im eigenen Garten erzeugt.

Wahrscheinlich werden die Theoretiker, die sich jahrelang mit Ökosiedlungen beschäftigt haben, mir jetzt entgegenhalten, diese Landkommunen seien nicht mit wahren Ökosiedlungen zu vergleichen. Dem möchte ich sogleich entgegenhalten, dass es mir nicht um großartige Bezeichnungen geht, sondern um die Sache an sich. Außerdem beachten die meisten russischen Landkommunen sehr wohl die ökologischen Prinzipien. Und die Tatsache, dass sie dabei nicht mit spiritueller Vervollkommnung prahlen oder lauthals auf die Notwendigkeit der umsichtigen Beziehung zur Natur pochen,

---

* Goskomstat *(Gosudarstwennij Komitet po Statistike):* Statistisches Bundesamt Russlands. (Anmerkung des Übersetzers)

sondern einfach handeln, beweist nur ihre wahre spirituelle Größe. Millionen von Bäumen haben sie gepflanzt und Hunderttausende Hektar Ödland in blühende Gärten verwandelt.

Wie wir aus den Medien erfahren, lebt ein Teil der russischen Bevölkerung heute am Rande des Verhungerns, Lehrer und Bergleute streiken, und die Politiker suchen nach einem Weg aus der Krise. Nicht einmal zu Zeiten der Perestroika stand Russland so nahe an einer sozialen Explosion wie vor ein paar Jahren. Aber dazu ist es nicht gekommen. Und nun stellen Sie sich einmal vor, was ohne jene 90% Kartoffeln, 77% Früchte und Beeren sowie 73% Gemüse passiert wäre. Den gesteigerten Frust und die Existenzangst von Millionen von Menschen kann man sich kaum ausmalen. Auch muss man kein Psychologe sein, um zu sehen, dass in jenem Szenario der beruhigende Faktor der Datschen – das Bepflanzen der eigenen Beete und die Berührung mit der Erde – eine nicht zu unterschätzende Rolle spielte.

Was wäre also in den Jahren 1992, 1994 und 1997 ohne die Kleingärtner geschehen? In jedem dieser Jahre sind wir dicht an einer sozialen Katastrophe vorbeigeschlittert. Wie leicht hätte ein solches soziales Feuer in Russland auf den gesamten Planeten übergreifen können – vor allem, wenn man das vernichtende Waffenpotenzial in vielen Ländern berücksichtigt!

Aber eine solche Katastrophe ist nicht eingetreten. Anastasia sagt, die drohende Katastrophe von 1992 sei nur dank der russischen Kleingärtner abgewendet worden, und jetzt, wo ich all die Fakten kenne, glaube ich ihr.

Es ist jetzt nicht so wichtig festzustellen, welcher kluge Kopf in unserer Regierung auf die Idee gekommen war, grünes Licht zu geben für die Datschenbewegung in der damaligen Sowjetunion. Wer weiß, vielleicht war es ja auch eine höhere Fügung, dass es ausgerechnet in Russland geschehen ist. Viel wichtiger ist aber, dass es überhaupt geschehen ist. Und dies ist der beste Beweis dafür, dass es möglich ist, in der menschlichen Gesellschaft Stabilität zu erreichen, jene Stabilität, nach der viele Völker auf Erden jahrtausendelang strebten, die sie jedoch nie erreichten.

Nach Anastasias Ansicht ist die Datschenbewegung in Russland der wichtigste Wendepunkt in der Entwicklung der menschlichen Gesellschaft. «Die Kleingärtner», sagt sie, «sind die Vorboten all des Schönen, was nach ihnen kommt», wobei sie auf die von ihr beschriebenen Siedlungen anspielt. Ich selbst würde sehr gern in einer solchen Siedlung wohnen, und ich wünsche mir, dass sie auf dem Boden eines blühenden Landes namens Russland liegt.

5

Die Suche nach Beweisen

Die glorreiche Zukunft Russlands, davon bin ich überzeugt, wird auch meine Generation noch erleben. Durch dieses Land werden sich die Geschicke der Menschheit und des gesamten Planeten zum Guten wenden. Anastasia hat mir die Zukunft unseres Landes gezeigt. Es ist mir gar nicht mehr so wichtig, wie diese lebenssprühende, nimmermüde Taiga-Einsiedlerin ihre Reisen zu anderen Planeten und in die Vergangenheit oder Zukunft zustande bringt. Oder wie sie menschliche Seelen mit unsichtbaren Fäden zu einem weltweiten Netz verknüpft und so zu gemeinsamem Schaffen inspiriert. Viel wichtiger ist, dass diese Schaffenskraft tatsächlich wirkt und was sie bewirkt. Auch kommt es meines Erachtens nicht darauf an, wo sie all ihre kosmischen Informationen und ihr Wissen über unser Leben hernimmt. Was für mich zählt, sind die wunderbaren Ergebnisse ihres Wissens: dass Menschen in den verschiedensten Städten Zedernalleen pflanzen, dass sie beginnen, Zedernöl herzustellen, und dass so viele Lieder und Gedichte über das Gute und Schöne entstehen.

Es ist schon so eine Sache! Sie erträumt etwas, ich schreibe darüber und *puff!*, schon wird es Wirklichkeit! Eigentlich grenzt so etwas an Zauberei, und doch geschieht es vor unser aller Augen, hier und jetzt. Nun hat sie eine wunderschöne Zukunft für Russland erträumt. Ob sich wohl auch diese ihre Vision verwirklichen wird? Unbedingt! Und wir alle sind aufgerufen, dabei mitzuhelfen!

Wieder und wieder hatte ich versucht, den Wahrheitsgehalt von Anastasias Worten zu prüfen und ihre Visionen zu analysieren, und so war ich immer mehr zu der Überzeugung gelangt, dass ihr Traum von der schönen Zukunft in der Tat verwirklicht werden kann. Ich glaubte an ihn.

Ich hatte begonnen, alles zu glauben, was Anastasia sagte, doch was das Kapitel über die Zukunft Russlands betraf, so hatte ich mit seiner Veröffentlichung gezögert. Eigentlich war es für das vorhergehende Buch, *Schöpfung,* geplant gewesen, und so wurde dessen Produktion (und auch die Produktion des vorliegenden Bandes) über einen längeren Zeitraum aufgehalten. Denn ich wollte, dass das, was ich schrieb, auch für andere Menschen glaubwürdig war, dass meine Leser beginnen würden, an der Verwirklichung der schönen Zukunft mitzuwirken. Und wegen bestimmter Aussagen Anastasias erschien mir dieses Kapitel einfach nicht überzeugend genug, sodass ich es letztlich vollständig aus Band 4 strich.

Nehmen wir allein Anastasias Aussage, dass alles, was uns umgibt, nichts anderes sei als der Materie gewordene Geist Gottes. Weiter sagte sie, wenn der Mensch auch nur teilweise Gottes Absichten verstünde, bräuchte er keine großen Anstrengungen zu unternehmen, um Nahrung zu gewinnen, da Dünger und Schädlingsbekämpfung nicht mehr nötig seien, wenn die eigenen Regenerationskräfte des Erdbodens genutzt werden würden. Sein Geist wäre frei von alltäglichen Haushaltsproblemen, und er könnte sich um Dinge kümmern, die seinem Wesen viel besser entsprechen, indem er zusammen mit Gott an dem Aufbau einer schönen Welt wirke. Ich würde mir wünschen, dass möglichst viele Menschen diese Worte glauben. Wie aber sollen sie Vertrauen schöpfen, wenn man in der Agrotechnologie – und das nicht nur in unserem Land – ohne Kunstdünger gar nicht mehr auszukommen meint?

Es gibt zahllose Betriebe in aller Welt, die mit der Herstellung von chemischen Düngemitteln beschäftigt sind. Ich wandte mich mit meiner Frage an verschiede Agrarwissenschaftler, aber jedes Mal bekam ich in etwa die gleiche mitleidige Antwort: «Natürlich kann eine Familie auf einem Hektar Land einen Paradiesgarten erschaffen, aber dazu muss sie von morgens bis abends hart arbeiten, und ohne Dünger wird es keine nennenswerte Ernte geben. Auch auf Pflanzenschutzmittel kann man dabei nicht verzichten, weil sonst ein Großteil der Ernte von Schädlingen vernichtet wird.» Auf Anastasias Argument, in der Taiga wachse ja auch alles ohne die Hilfe des Menschen, entgegneten die Agronomen: «Gut, dort wächst alles von allein. Und vielleicht hat deine Einsiedlerin ja recht damit, dass die Natur der Taiga direkt von Gott geplant ist. Nur kommt der Mensch mit dem, was in der Taiga wächst, einfach nicht aus. Die Taiga ist nun mal kein Freigarten, in dem Obst und Gemüse von allein wachsen. Ohne die ständige Pflege des Menschen geht es nicht.»

Ich besuchte etliche Läden mit Namen wie «Alles für Ihren Garten», «Der Gartenfreund» oder «Der Kleingärtner» und sah dort, wie die Leute säckeweise Chemikalien einkauften. Diese Menschen würden niemals Anastasias Worten über die Zukunft Russlands glauben, dachte ich, und daher habe es keinen Zweck, darüber zu schreiben. Sie würden vor allem nicht daran glauben, weil diese Zukunft so eng mit einem neuen Verständnis und einer anderen Beziehung zur Erde und unserer Umwelt verknüpft ist. Und es gab kein einziges handfestes Beispiel, das ihre Vision bestätigt hätte. Ganz im Gegenteil, alles schien ihr zu widersprechen. Es gibt zahllose Fabriken, die aus giftigen Stoffen sogenannte Pflanzenschutzmittel herstellen, und ein ganzes Netz von Geschäften vertreibt chemischen Dünger. Die moderne Agrarwissenschaft hat mit ihren Forschungen die meisten Menschen von sich eingenommen. Die Abwesenheit schlagkräftiger Beweise für Anastasias Behauptungen entmutigte mich dermaßen, dass ich über besagte Thematik nicht schreiben konnte.

In dieser Lage erhielt ich einen Anruf von einem Verleger aus Deutschland, der mir vorschlug, an einer Konferenz der führenden Heiler Europas in Innsbruck teilzunehmen. Die eigentliche Einladung stammte von einem Dr. Leonhard Hochenegg, dem Leiter des dortigen Instituts für Bioenergetik. Ich sollte einen Vortrag über Anastasia halten. Das Institut übernahm die Reisekosten und bot mir 1000 D-Mark pro Stunde für meinen Auftritt. Ich willigte ein – nicht so sehr wegen des Geldes, sondern auf der Suche nach überzeugenden Argumenten für oder gegen Anastasias Zukunftsvision für Russland –, und so flog ich nach Österreich.

[Der im Februar 2009 verstorbene] Dr. Hochenegg war selber Arzt und entstammte einer bekannten österreichischen Heilerfamilie. Sein Großvater behandelte seinerzeit die Familie des Kaisers von Japan und viele andere berühmte Persönlichkeiten. Außer dem Institutsgebäude befanden sich in seinem Besitz diverse kleinere, komfortable Hotels für seine zahlreichen Patienten aus ganz Europa sowie ein Restaurant, ein Park und mehrere Gebäude im Stadtzentrum. Er war Millionär, entsprach aber gar nicht der bei vielen Russen vorhandenen Klischeevorstellung eines schwerreichen Westeuropäers. Im Gegenteil, er behandelte all seine Patienten selbst, was für ihn bis zu fünfzig Kranke und bis zu sechzehn Arbeitsstunden pro Tag bedeutete. Nur in Ausnahmefällen ließ er sich vertreten, zum Beispiel durch einen Heiler aus Russland.

Bei meinem Auftritt vor der Versammlung von Heilern in Innsbruck war mir klar, dass sie in erster Linie an Anastasia interessiert waren, und folglich sprach ich fast die gesamte Zeit über sie. Nur am Ende meines Vortrags erwähnte ich kurz ihre Vision vom künftigen Russland, wobei ich hoffte, dadurch entweder die Zustimmung oder den Widerspruch des Publikums hervorzurufen. Stattdessen wurde ich jedoch nur mit neugierigen Fragen bestürmt.

Am Abend veranstaltete Dr. Hochenegg ein Bankett in seinem Restaurant. Ich hätte es eher ein Abendessen genannt. Jeder konnte bestellen, was er wollte, doch alle beschieden sich mit einem Salatteller. Niemand rauchte oder trank. So nahm auch ich davon Abstand – nicht etwa, weil ich befürchtete, unter den anderen wie ein schwarzes Schaf zu wirken, nein, irgendwie war mir einfach nicht nach Fleisch und Spirituosen. Während des Abendessens war wieder Anastasia das Gesprächsthema, und dort prägte jemand den Satz: «Die große Zukunft Russlands ist verknüpft mit Sibiriens Anastasia.» Dieser Ausspruch machte die Runde und wurde in ähnlicher Form von Heilern aus Italien, Deutschland und Frankreich wiederholt.

Ich wartete auf konkrete Vorschläge, wie das geschehen könnte, doch leider vergebens. Die Heiler ließen sich in ihrem Lob wohl eher von ihrer Intuition leiten. Ich hätte halt zu gern gewusst, ob die Erde den Menschen allein auf der Grundlage ernähren kann, dass der Mensch das richtige Verständnis entwickelt von Gott, dem Unsichtbaren.

Wieder in Russland, erinnerte ich mich an die Worte der Heiler und suchte fieberhaft, doch fast schon ohne Hoffnung, nach modernen Beispielen oder positiven Bestärkungen für Anastasias Vision. Zu diesem Zweck war ich bereit, alles Mögliche zu unternehmen und wer weiß wo hinzufahren, doch dann lauerte die Gelegenheit sozusagen um die Ecke, und zwar nicht bloß in Form einer theoretischen Bestätigung von Anastasias Worten, sondern als handfester, lebendiger Beweis.

Folgendes geschah …

6

Der unvergängliche Garten

Ich nahm teil an einem Ausflug mit den Mitarbeitern des Kulturvereins «Anastasia» der Stadt Wladimir. Etwas außerhalb der Stadt machten wir es uns gerade an einem malerischen Seeufer gemütlich. Die Frauen richteten Salatteller für ein Picknick her, die Männer bereiteten ein Lagerfeuer. In Gedanken versunken und etwas gelangweilt, blickte ich vom Ufer aus über das Wasser, als mich Veronika, eine Frau aus einem der umliegenden Dörfer, ansprach: «Sagen Sie, Wladimir Nikolajewitsch, haben Sie von den beiden verfallenen Gutshöfen gehört, etwa sieben Kilometer von hier? Von den Gebäuden ist nichts mehr übrig, nur noch die Obstgärten sind erhalten. Zwar kümmert sich niemand um sie, doch jedes Jahr tragen die Bäume mehr Früchte als andere Bäume in der Gegend. Vor vielen Jahren, 1976 war das, da gab es einmal einen sehr strengen Winter, und wegen des starken Frosts mussten wir alle unsere Gärten neu anlegen. Doch diese beiden Gärten haben keinen Schaden genommen damals; kein einziger Baum ist erfroren.»

«Wie ist das möglich?», fragte ich. «Handelt es sich um eine Sorte, die besonders frostbeständig ist?»

«Nein, ganz gewöhnliche Sorten sind das. Aber wissen Sie, diese beiden Gutshöfe waren ganz ähnlich angelegt, wie es Anastasia empfiehlt, auch haben sie eine Fläche von etwa je einem Hektar … Vor zweihundert Jahren haben die Leute die Gärten dort mit Zedern und Eichen umzäunt. Das Gras ist besonders saftig und ergibt ein einmaliges Heu, das sich viel länger hält als unser eigenes. Wenn Sie wollen, können wir den Ort besichtigen. Es führt zwar keine richtige Straße dorthin, aber es gibt einen Feldweg, und mit einem Jeep kommt man gut dorthin.»

Ich traute meinen Ohren kaum. Aus irgendeinem Grund war ich mal wieder zur richtigen Zeit am richtigen Ort – ein Geschenk des Himmels! Konnte das Zufall sein?!

«Also los, fahren wir!», sagte ich nur.

Der Weg führte uns quer durch die Felder einer ehemaligen Sowchose. Eigentlich aber ähnelten diese Felder eher wilden Wiesen, so sehr waren sie von Gras überwachsen.

«Heute liegt hier viel Land brach», erklärte mir Jewgenij, Veronikas Ehemann. «Irgendwann ist der Argargenossenschaft das Geld für Dünger ausgegangen. Dafür erholt sich aber der Boden, und nicht nur der … Auch die Vögel waren dieses Jahr so vergnügt wie schon lange nicht mehr und haben uns mit ihrem Singen und Zwitschern erfreut. Worüber freuen sie sich wohl? Darüber, dass das Gras auf den Feldern jetzt wieder ohne Chemikalien wächst. Vor der Revolution gab es hier keine Felder, wissen Sie. Meine Großmutter hat mir erzählt, dass hier früher überall Dörfer waren. Davon sind jetzt kaum mehr Spuren übrig. Dort drüben, zur Rechten, lag einmal ein Gutshof.»

In der Ferne sahen wir eine grüne Fläche von etwa einem Hektar Größe mit dichtem, hohem Baumbewuchs. Sie erschien wie eine natürlich gewachsene Waldinsel in einem Meer von Wiesen und Feldern. Als wir näher herankamen, erblickte ich in dem Dickicht von zweihundertjährigen Eichen und Sträuchern eine Art Eingang in die Waldoase. Wir traten ein, und innen streckten mir alte, knorrige Apfelbäume ihre Zweige entgegen. Die Äste waren schwer beladen mit Früchten. Die Bäume wuchsen mitten im Gras. Obwohl hier niemand gesprüht oder die Erde umgegraben hatte, waren die Früchte reif und wurmfrei. Einige Bäume waren so alt, dass ihre Äste unter der Last der Äpfel abgebrochen waren. Es war wohl ihr letztes Jahr, in dem sie Früchte trugen. Sicher würden sie bald sterben, aber aus der Erde neben den alten Apfelbäumen schossen bereits Triebe neuer Bäume hervor. «Wahrscheinlich», so dachte ich mir, «werden sie nicht eher sterben, bis sie die jungen Triebe aus ihren eigenen Samen heranwachsen sehen.»

Während ich so durch den Garten schlenderte, von den Früchten kostete und die alten Eichen bewunderte, die ringsumher wuchsen, war mir, als hörte ich die Gedanken der Menschen, die diese Oase geschaffen hatten: «Hier um den Garten müssen Eichen gepflanzt werden; sie werden den Garten vor Frost schützen oder in dürren Jahren vor der Hitze. Hoch in den Wipfeln der Bäume werden Vögel nisten und das Treiben der Raupen einschränken. Hier am Ufer des Sees soll eine Allee aus Eichen angelegt werden. Später werden die Baumkronen ein Schatten spendendes Dach bilden.»

Plötzlich durchfuhr mich ein noch unklarer Gedanke, der mir das Blut in die Adern trieb. Was nur wollte dieser Gedanke von mir? Da kam es mir … natürlich, Anastasia! Ja, wie sehr hattest du recht mit deiner Aussage: «Der Mensch kann Gott in Seinen Werken erkennen, indem er sie wahrnimmt und weiter gestaltet.» Wir brauchen keine Grimassen zu schneiden, in die Luft zu hüpfen oder sonstige neoesoterische Rituale auszuüben, um Seine Wünsche und unsere göttliche Bestimmung zu verstehen. Nein, wir können uns direkt an Ihn wenden.

Da stand ich nun unter den Eichen am Ufer des handgegrabenen Teiches und las die Gedanken eines Menschen, eines Russen, der zweihundert Jahre zuvor durch seine lebendige Schaffenskraft einen wahren Paradiesgarten angelegt und wahrscheinlich mehr als andere den Plan Gottes erkannt hatte. Dies war sein Garten, sein Familienlandsitz. Ich danke dir, du unbekannter Russe! Inzwischen bist du gestorben. Was geblieben ist, sind all die Früchte, an denen sich die Kinder der umliegenden Dörfer im Herbst gütlich tun. Einige der Früchte werden sicher auch gesammelt und verkauft. Wahrscheinlich wolltest du, dass hier deine Enkel und Urenkel leben. Natürlich wolltest du das! Denn du hast nicht irgendeine vergängliche Hütte gebaut, sondern etwas Zeitloses, etwas Unvergängliches geschaffen. Doch wo sind sie jetzt, deine Enkel und Urenkel? Dein Anwesen liegt verlassen da. Bald wird der Teich völlig austrocknen.

Die einstige Allee ist aus irgendeinem Grund gar nicht von Unkraut überwuchert, sie ist nur mit einem weichen Grasteppich bedeckt. Wahrscheinlich wartet der von dir geschaffene Paradiesgarten noch heute auf die Ankunft deiner Enkel. Jahrzehnte, Jahrhunderte sind inzwischen vergangen, und er wartet noch immer. Doch wo sind sie? Wem dienen sie, wen beten sie an? Wer hat sie hier hinausgeworfen?

Ist die Revolution an allem schuld? Natürlich, was auch sonst? Nur geschieht so eine Revolution nicht rein zufällig, sie wird von der breiten Masse herbeigesehnt. Was ist in den Köpfen deiner Zeitgenossen vorgegangen, du unbekannter Russe? Wie wurde dein Anwesen ruiniert?

Später erfuhr ich von alten Dorfbewohnern, dass der Gutsherr auf seinem Grundstück ein Blutbad verhindert hatte. Die Revolutionäre aus den beiden Nachbardörfern hatten ausgiebig Dünnbier gezecht und sich zusammengerottet, um den Gutshof zu plündern. Der alte Gutsherr war ihnen mit einem Korb voller Äpfel entgegen getreten und wurde durch einen Schuss aus einer doppelläufigen Flinte getötet. Bereits am Tage zuvor hatte er von dem Plan erfahren, aber er war nicht geflohen. Stattdessen hatte er seinen Enkel, einen russischen Offizier, dazu überredet, das Anwesen zu verlassen. Der Enkel war ein erfahrener Frontkämpfer, ausgezeichnet mit dem Georgskreuz*. Zusammen mit seinen Regimentskameraden, alle mit einem Mosin-Nagant** über der Schulter, war er losgefahren; ein kampferprobtes Maschinengewehr hatten sie auch dabei gehabt.

---

* Der heilige Georg ist bei den russischen Gläubigen sehr beliebt. Im alten Russland zierte er oft Fürstensiegel und Münzen, und so prangte er auch auf dem Staatswappen im Zarenrussland. In der Zarenarmee gab es die Georgsritter. Das Georgskreuz wurde für besondere Tapferkeit verliehen. (Anmerkung des Übersetzers)

** Mosin-Nagant: fünfschüssiges Repetiergewehr, benannt nach den Entwicklern Sergej Iwanowitsch Mosin (1849–1902) und Leon Nagant (1833–1900). Diese Waffe wurde zum ersten Mal von der Zarenarmee im Kriege 1890/91 benutzt, später auch, in leicht modifizierter Form, in den beiden Weltkriegen. (Anmerkung des Übersetzers)

Wahrscheinlich ist der Enkel des Gutsherrn ins Ausland gegangen und hat inzwischen selber schon Enkel und Urenkel.

Deine Nachkommen, o Russe, wachsen irgendwo in einem anderen Land auf, während auf deinem Gutshof die Blätter im Winde tanzen und die alten Apfelbäume Jahr für Jahr so viele Früchte tragen, dass die Bewohner der Nachbardörfer hier gemeinsam ernten. Von dem Gutshaus ist nichts mehr übrig, auch die Nebengebäude wurden abgerissen und als Baumaterial verwertet. Allein der Garten trotzt dem Zahn der Zeit, wohl in der Hoffnung, dass deine Enkel eines Tages zurückkommen und diese besten Äpfel der Welt kosten können. Aber sie kommen und kommen nicht …

Warum ist alles so geschehen? Wer zwingt uns, auf Kosten anderer nach unserem eigenen Wohl zu trachten? Wer zwingt uns, staubige, mit giftigen Gasen versetzte Luft zu atmen anstatt reiner, mit Blütenstaub angereicherter Luft? Und wer zwingt uns, verdorbenes Wasser zu trinken? Wer sind wir eigentlich? Und warum, o unbekannter Russe, kehren deine Enkel nicht wieder auf dein Gut zurück?

* * *

Die Äpfel des zweiten Gutshofes waren noch köstlicher als die des ersten. Der Garten war von stattlichen sibirischen Zedern umsäumt. Die Leute aus der Nachbarschaft erzählten mir, dass es früher mehr Zedern gewesen waren; jetzt waren nur noch 23 übrig. Nach der Revolution wurden die Arbeitsstunden mit Zedernnüssen bezahlt. Auch heute noch werden die Nüsse gesammelt, nur werden jetzt die Bäume dabei oft mit einem schweren Balken geschlagen, damit die Zapfen abfallen.

Vor zweihundert Jahren von menschlicher Hand gepflanzt, standen die 23 Zedern in Reih und Glied, wie eine Schar Soldaten, und schützten den schönen Garten vor Frost, Wind und Schädlingen. Ursprünglich waren es viel mehr gewesen, aber dann war einer nach dem anderen umgefallen. Ältere Zedern sind recht anfällig gegen Wind, denn im Verhältnis zu ihrer Höhe sind ihre Wurzeln nicht besonders ausgreifend. In ihrer Heimat, in Sibirien, werden die Zedern im Allgemeinen sehr hoch, da sie sich nicht nur durch die Wurzeln ernähren, sondern auch durch ihre Krone. Ihre Höhe ist dort kein Problem, da sie durch umgebende Kiefern oder kleinere Zedern vor dem Wind beschützt werden. Hier allerdings standen sie ganz offen in einer Reihe. Die ersten hundertfünfzig Jahre hatten sie sich gehalten, dann aber, als sie zu hoch wurden, waren sie der Reihe nach umgefallen.

Niemand war in den letzten fünfzig Jahren auf die Idee gekommen, um die Zedern herum Kiefern oder Birken zu pflanzen, und so standen die riesigen Gartenwächter praktisch nackt im Winde. Wahrscheinlich ein Jahr zuvor war eine der Zedern mit ihrer Krone auf die Nachbarzeder gefallen und lehnte sich noch immer an sie an. Ich betrachtete den stark geneigten Stamm der Zeder sowie die beiden miteinander verflochtenen Äste, die beide Bäume am Umfallen hinderten. Beide Zedern waren grün und trugen Früchte. So sind es also noch immer 23 Zedern, die hier Jahr für Jahr reifen und den Garten beschützen.

Haltet durch, ihr sibirischen Giganten, nur noch ein wenig! Ich werde über euch schreiben …

Ach, Anastasia, du hast mich gelehrt, diese Bücher zu schreiben. Doch schreiben ist eine Sache, eine andere Sache aber ist es, die Leute zu überzeugen. Warum gelingt es mir nur nicht, so zu schreiben, dass die Menschen auch zum Handeln bewegt werden? Warum müssen diese Zedern hier umfallen, während die Menschen tatenlos zuschauen?

Unweit der beiden Gutshöfe, deren urwüchsige Gärten und schattige Alleen sich bis in unsere Tage gehalten haben, gibt es mehrere Dörfer. Leider muss ich sagen, dass sie nicht besonders gut in die Landschaft passen, genauer gesagt verschandeln sie die gesamte Szenerie. Von Weitem betrachtet, sieht es so aus, als hätte ein überdimensionaler Wurm die blühenden Wiesen durchwühlt und zerfressen. Die grauen, ländlichen Häuser, die windschiefen Schuppen aus halb verrottetem Baumaterial, der Schlamm der Sandwege, von den Autos und Traktoren in alle Richtungen getragen, erwecken diesen Eindruck. «Wart ihr schon mal in den Gärten unter den Zedern und Eichen?», fragte ich ein paar Einheimische. Wie sich herausstellte, kannten viele die beiden alten Gutshöfe mit ihren vorzüglichen Äpfeln, und für die Jugend waren sie eine beliebte Stelle zum Picknicken. «Ist schön dort …», bekam ich von Jung und Alt zu hören. Auf meine Frage: «Und warum legt ihr eure Gärten im Dorf nicht auch so an?» erhielt ich fast identische Antworten: «Dafür haben wir kein Geld. Wir sind doch nicht so reich wie die Feudalherren früher.» Die Alten wussten zu berichten, dass der ehemalige Gutsherr extra Zedernsamen aus Sibirien hatte kommen lassen. «Was kostet es denn, eine solche Zedernnuss vom Boden aufzulesen und einzupflanzen?», fragte ich. Ich wartete vergebens auf eine Antwort.

Das Schweigen brachte mich auf den nächsten Gedanken: Schuld an unseren Missständen ist nicht unsere Mittellosigkeit, sondern unsere vorgefertigte innere Einstellung.

In Russland gibt es jetzt viele Neureiche, die es sich leisten können, ein Haus zu bauen. Der Boden um die Häuser herum wird aufgegraben, planiert und mit Asphalt bedeckt. In zwanzig, dreißig Jahren werden diese Häuser reparaturbedürftig, sie werden nichts Besonderes mehr sein. Die inzwischen erwachsenen Kinder werden solche Bruchbuden nicht mehr haben wollen. Sie werden ausziehen, um sich etwas Neues zu suchen. Aber sie werden die gleiche seltsame innere Programmierung ihrer Eltern mit sich nehmen und so ihr Leben als Günstlinge des Schicksals fortführen, nicht als Schöpfer des Dauerhaften, Ewigen. Wer nur kann sie je von dieser seltsamen Programmierung befreien, von diesem Streben in die Hoffnungslosigkeit?

Vielleicht wird es ihnen ja helfen, meine Aufzeichnungen von Anastasias Vision vom neuen Russland zu lesen.

7

Anastasias neues Russland

Als Anastasia mir über die künftigen Siedlungen, bestehend aus Familienlandsitzen, erzählte, bat ich sie: «Anastasia, bitte zeige mir das Russland der Zukunft. Ich weiß, dass du das kannst.»
«Gut. Welchen Ort im zukünftigen Russland möchtest du denn sehen?»
«Zum Beispiel Moskau.»
«Willst du allein in die Zukunft reisen, Wladimir, oder zusammen mit mir?»
«Lieber mit dir. Wenn ich etwas nicht verstehe, kannst du es mir gleich erklären.»
Die warme Berührung von Anastasias Handfläche versetzte mich im Nu in einen schlummerartigen Zustand, und ich entschwebte in eine andere Welt ...
Anastasia zeigte mir die Zukunft Russlands auf die gleiche Weise, wie sie mir das Leben auf einem anderen Planeten vorgeführt hatte. Irgendwann werden die Wissenschaftler wahrscheinlich begreifen, wie sie das macht, aber das ist jetzt völlig unwichtig. Die wichtigste Frage ist meiner Meinung nach, was wir tun müssen, damit diese wundervolle Zukunft Realität wird.
Das Moskau der Zukunft war recht anders, als ich erwartet hatte. Die Stadt war nicht expandiert, auch Wolkenkratzer gab es keine. Die Fassaden der alten Häuser waren bunt angestrichen, auf vielen Wänden prangten auch Bilder von Landschaften und Blumen. Wie

Anastasia mir mitteilte, war dies das Werk ausländischer Arbeiter und Künstler. Zuerst wurden dazu die Fassaden getüncht, darauf kamen dann die farbenfrohen Fresken. Von den Dächern vieler Häuser wanden sich die Triebe von Rankenpflanzen herab, und wenn ihre Blätter im Winde tanzten, schien es, als begrüßten sie die Passanten.

Fast alle Straßen der Hauptstadt wurden von Bäumen und Blumen gesäumt. Mitten auf dem befahrbaren Abschnitt des Kalininskij Prospekt* befand sich eine etwa vier Meter breite Grünanlage. Die Betonmauern der mit Erde aufgefüllten Anlage waren einen halben Meter hoch, und ich sah dort allerlei Büsche und Feldblumen. In kleinerem Abstand wechselten sich verschiedene Baumarten ab: Vogelbeerbäume mit ihren knallroten Früchten, Birken, Pappeln, Sträucher mit Johannisbeeren und Himbeeren sowie viele andere Pflanzen, die man in natürlichen Wäldern findet.

Ähnliche Grünstreifen sah ich auch auf vielen anderen Moskauer Prospekten. Die Fahrbahnen waren zu diesem Zweck verschmälert worden, und auf ihnen waren fast keine PKWs unterwegs, dafür aber erstaunlich viele Busse, deren Passagiere nicht wie Russen aussahen. Auch zahlreiche Passanten machten den Eindruck von Ausländern. Mir kam sogar der Gedanke, Moskau sei vielleicht von technisch fortgeschritteneren Ländern eingenommen worden.

«Keine Angst», beruhigte mich Anastasia, «das sind Touristen.»

«Was reizt so viele Touristen an Moskau?»

«Die schöpferische Atmosphäre, die reine Luft, das saubere Wasser. Siehst du, wie viele Leute dort am Ufer der Moskwa stehen? An langen Schnüren lassen sie von der hohen Uferpromenade Flaschen in den Fluss hinab und trinken mit Freuden das Wasser.»

«Ohne es abzukochen?»

---

* Ein «Prospekt» ist eine lange, breite Straße. Der Kalininskij Prospekt führt aus dem Zentrum Moskaus nach Westen und ist teilweise für den Autoverkehr gesperrt (diese Straße wird mittlerweile Novy Arbat genannt). (Anmerkung des Übersetzers)

«Sieh nur, wie rein das Wasser ist, Wladimir – es ist ganz durchsichtig. Im Gegensatz zum sogenannten Mineralwasser, das man im Laden kauft, ist es voll lebendiger Kraft.»

«Unmöglich! Das kann ich nicht glauben.»

«Unmöglich? Denk nur mal an deine Jugendjahre zurück. Hättest du oder deine Altersgenossen es damals für möglich gehalten, dass Wasser bald in Flaschen verkauft werden würde?»

«Das hätte wohl kaum jemand geglaubt. Aber wie kann man in einer Großstadt wie Moskau einen Fluss so rein halten?»

«Ganz einfach – indem man keine Schadstoffe hineinlässt und die Ufer sauber hält.»

«Das ist alles?»

«Ja, nichts weiter als das. Sogar das Regenwasser von den Straßen kann nicht mehr in die Moskwa laufen. Und für den Schiffsverkehr auf der Moskwa sind nur umweltfreundliche Schiffe zugelassen. So wie der Ganges in Indien als heilig gilt, huldigt jetzt die ganze Welt der Moskwa und den Menschen, die dem Wasser des Flusses ihre ursprüngliche Reinheit zurückgegeben haben. Aus aller Welt kommen die Menschen hierher, um das heilsame Wasser zu kosten.»

«Wo sind all die Moskauer? Und warum gibt es so wenige Autos auf den Straßen?»

«In der Stadt wohnen jetzt nur noch anderthalb Millionen Menschen, doch rund 10 Millionen Touristen aus aller Welt halten sich hier ständig auf. Autos gibt es deshalb so wenige, weil die meisten Moskauer in der Nähe ihrer Wohnung arbeiten. Und die Touristen fahren mit Bussen oder mit der Metro.»

«Wo sind denn all die anderen Moskauer abgeblieben?»

«Sie wohnen und arbeiten auf ihren Familienlandsitzen.»

«Und wer arbeitet in den Fabriken und Betrieben? Wer kümmert sich um die vielen Touristen?»

Zur Erklärung fasste Anastasia die Geschichte der Veränderungen in Moskau und ganz Russland wie folgt zusammen: «Es war nach eurer Kalenderrechnung um das Jahr 2000, als die Regierung Russlands mit schwerwiegenden Entscheidungen konfrontiert war. Die meisten Russen waren mit der Entwicklung ihres Landes nach den Prinzipien der westlichen Industriestaaten unzufrieden. Die aus diesen Ländern importierten Lebensmittel schmeckten ihnen nicht mehr. Der sogenannte technische Fortschritt hatte die verschiedensten körperlichen und seelischen Krankheiten mit sich gebracht. Kriminalität und Drogenkonsum nahmen ständig zu, und immer mehr Frauen verloren den Wunsch, Kinder zu gebären.

Weder fanden die Russen die Lebensbedingungen der sogenannten fortschrittlichen Länder im Westen erstrebenswert, noch wollten sie zu ihrem alten System zurückkehren; aber eine Alternative hatten sie auch nicht vor Augen. Das Land sank in eine tiefe Depression; Siechtum, Alter und Tod machten sich breit.

Zu Beginn des neuen Jahrtausends legte der russische Präsident der Legislative einen Erlass vor, durch den jede russische Familie auf Wunsch kostenlos einen Hektar Land zur Errichtung eines Familienlandsitzes bekommen konnte. In dem Erlass hieß es unter anderem, dass das Land zur lebenslangen Nutzung mit Vererbungsrecht vergeben werden soll. Auch sollten auf die landwirtschaftlichen Produkte eines solchen Hofes keine Steuern erhoben werden.

Die Gesetzgeber unterstützten die Initiative des Präsidenten und nahmen die entsprechende Änderung in der Staatsverfassung vor. Durch diesen Erlass sollte in erster Linie der Armut sowie der Arbeits- und Obdachlosigkeit entgegengewirkt werden. Arme Familien und Flüchtlinge sollten sich so wenigstens das Existenzminimum sichern können. Was dann jedoch tatsächlich geschah, hatte niemand geahnt.

Als die ersten Parzellen für über zweihundert Familien zur Besiedlung freigegeben wurden, bewarben sich nicht nur Erwerbslose und verarmte Vertriebene, sondern mittelständische und wohlhabende Familien aus deiner Leserschaft, darunter auch zahlreiche Unternehmer. Sie waren auf diese Gelegenheit vorbereitet. Statt einfach nur auf die Freigabe der Ländereien zu warten, hatten sie bereits in Tontöpfen ihre künftigen Familienbäume herangezogen und auch kleine Zedern und Eichen gepflanzt.

Die Unternehmer hatten mit eigenen Mitteln eine Infrastruktur für eine solche Siedlung entworfen, so wie du es im Buch *Schöpfung* beschrieben hast. Geplant waren dort ein Laden, eine Sanitätsstelle, eine Schule, ein Gemeinschaftshaus, Wege und so weiter.

Die Hälfte der Bewerber für ein Stück Land in der ersten Siedlung waren Unternehmer.

Jeder von ihnen verfügte aufgrund seiner geschäftlichen Tätigkeit über ein eigenes Einkommen. Zur Umsetzung der Pläne für ihre Grundstücke waren sie auf fremde Hilfe angewiesen, da sie selbst sehr beschäftigt waren. Besonders günstig wirkte sich dabei der Umstand aus, dass sich in ihrer künftigen Nachbarschaft auch ärmere Familien befanden, denn diese bekamen so Arbeit, mit der sie ihre eigenen Bauvorhaben finanzieren konnten. Die Unternehmer erkannten, dass niemand fleißiger und besser arbeiten würde als die Bewohner der neuen Siedlung und beschäftigten daher nur dann einen Spezialisten von außerhalb, wenn unter den Bewohnern der künftigen Siedlung keiner zu finden war.

Bestimmte wichtige Arbeiten versuchte allerdings jeder selbst zu verrichten, wie zum Beispiel das Anlegen des Gartens, des Waldes und des lebenden Zauns sowie das Pflanzen des Familienbaumes. Den meisten mangelte es jedoch am notwendigen Wissen für Bauarbeiten und Landwirtschaft, und so zogen sie oft ältere Siedler zurate, die wegen ihrer Erfahrung besonderes Ansehen genossen.

Nicht nur dem Bau zeitweiliger Gebäude und Wohnhäuser schenkten sie ihre Aufmerksamkeit, sondern vor allem dem Landschaftsdesign. Denn die Häuser, in denen die Menschen zu leben gedachten, waren nur ein unbedeutender Teil des großen lebendigen göttlichen Hauses.

Nach fünf Jahren standen auf allen Grundstücken Wohnhäuser, recht unterschiedlich von ihrem Aussehen und ihrer Größe. Schon bald aber verstanden die Menschen, dass es nicht auf die Größe des Hauses ankam. Wichtig war etwas anderes, und zwar die landschaftliche Schönheit der einzelnen Gehöfte und der Siedlung insgesamt.

Die Eichen und Zedern waren noch klein, und auch die lebenden Zäune wuchsen erst allmählich heran. Doch jeden Frühling blühten bereits die Apfel- und Kirschbäumchen, und die Blumenbeete vereinten sich mit dem sprießenden Gras zu einem herrlichen natürlichen Teppich. Die Frühlingsluft war mit dem Duft der Blütenpollen und mit anderen wohltuenden Aromen geschwängert, sodass das Atmen zu einer belebenden Erfahrung wurde. Jede Frau in der Siedlung war von dem Wunsch beseelt, Kinder zu bekommen. Nicht nur junge Familien, nein, auch reifere Paare wollten plötzlich wieder Nachwuchs haben. Sie wollten zumindest ihren Kindern eine schöne Heimat bieten, ein Stück Grund und Boden, das sie mit eigenen Händen bearbeitet hatten und das ihre Kinder zu ihrer Freude weiterbearbeiten würden.

Die ersten Keimlinge der schönen, glücklichen Zukunft der Erde im neuen Jahrtausend waren all jene gepflanzten Schöpfungen auf jedem einzelnen Gehöft. Die Menschen, die die ersten Gutshöfe für jahrhundertelange Nutzung anlegten, verstanden noch nicht völlig, was sie taten; sie begannen einfach, ihre Umwelt mit Freuden wahrzunehmen. Sie wussten nicht, welch große Freude sie ihrem himmlischen Vater bereitet hatten. Tränen der Freude und der Rührung ließ Er in Form von Regentropfen auf die Erde herniedergehen. Durch den Sonnenschein zeigte Er Sein Lächeln, und mit den Zweigen der jungen Bäumchen streichelte Er Seine Kinder, die, in der Erkenntnis der Ewigkeit, zu Ihm zurückgekehrt waren.

In den russischen Medien wurde über die neue Siedlung berichtet, und so kamen viele Besucher, um diese Oase zu sehen und vielleicht etwas Ähnliches zu erschaffen – wenn möglich, sogar noch etwas Besseres.

Der inspirierte Wunsch nach der Schöpfung des Schönen erfasste Millionen russischer Familien. Ähnliche Siedlungen entstanden in verschiedenen Regionen Russlands, und so kam eine regelrechte Siedlungsbewegung zustande, etwa so wie heute die Datschenbewegung.

Nur neun Jahre nach Inkrafttreten des Erlasses, der den Menschen die Möglichkeit gab, sich ein eigenes Leben aufzubauen und glücklich zu werden, waren 30 Millionen Familien damit beschäftigt, ihren Familienlandsitz zu gestalten, ihr eigenes Stück Heimat. Dazu verwendeten sie die von Gott gegebene lebendige Materie und nahmen so an Seinem Schöpfungswerk teil.

Jeder verwandelte den ihm lebenslang zur Verfügung gestellten Hektar Land in einen kleinen Paradiesgarten. Im Vergleich zur riesigen Fläche Russlands ist ein Hektar natürlich winzig klein. Aber es gab sehr viele solche kleinen Landgüter, und zusammen bildeten sie eine große Heimat. Durch der Siedler Hände Arbeit erblühte diese Heimat zu einem einzigen großen Paradiesgarten – dem neuen Russland!

Auf jedem Hektar Land wurden Nadel- und Laubbäume gepflanzt. Den Menschen war bereits bekannt, wie die Bäume den Boden düngen und dass das um sie wachsende Gras für einen ausgeglichenen Nährstoffgehalt sorgt. Niemand kam auch nur auf den Gedanken, chemischen Dünger und Pflanzenschutzmittel zu benutzen.

Die Luft und das Wasser in Russland wurden so rein, dass sie Heilkräfte in sich bargen. Das Problem der Lebensmittelversorgung gehörte der Vergangenheit an. Jede Familie konnte sich mit dem, was auf ihrem Land wuchs, problemlos selbst versorgen; überschüssige Produkte boten sie zum Verkauf an.

Jede russische Familie, die ein Landgut bewirtschaftete, wurde frei und reich, und Russland wurde das mächtigste und reichste Land der Welt.»

8

Das reichste Land der Welt

«Moment mal, Anastasia, die Rechnung geht für mich nicht auf. Du hast doch gesagt, die Familienlandsitze haben für ihre Produkte keine Steuern bezahlt. Wovon ist dann der Staat plötzlich so reich geworden?»

«Na, denk doch mal nach, Wladimir. Du bist ja selbst Unternehmer ...»

«Eben. Und deshalb weiß ich: Der Staat ist bestrebt, von jedem mehr und mehr Steuern einzuziehen. In diesem Fall aber hat er dreißig Millionen Familien von der Steuer befreit. Für den Reichtum dieser Familien ist das natürlich gut, aber der Staat muss unter solchen Umständen bankrott gehen, da führt kein Weg dran vorbei.»

«Das ist aber nicht geschehen. Zum einen ist die heute so verbreitete Arbeitslosigkeit verschwunden. Viele Menschen, die heutzutage in der Industrie, in einem kommerziellen Gewerbe oder in einer staatlichen Institution keine Arbeit finden, hatten plötzlich eine Beschäftigung – genauer gesagt bewirtschafteten sie ihren eigenen Gutshof. Die Abwesenheit der Arbeitslosen bedeutete für den Staatshaushalt natürlich eine enorme Entlastung. Es entfielen auch die Kosten für die landwirtschaftliche Produktion, denn die Familien, die auf ihren eigenen Familienlandsitzen wohnten, versorgten den Staat mit Lebensmitteln. Das ist aber nicht der Hauptpunkt. Dank all der Familien, die ihren Gutshof nach dem göttlichen Plan bewirtschafteten, bekam der Staat wesentlich mehr Einnahmen, als er heute durch den Verkauf von Erdöl, Gas und anderen Bodenschätzen erhält.»

«Was könnte einen größeren Gewinn erbringen als der Verkauf von Öl, Gas und Waffen?»

«Alles Mögliche, Wladimir. Luft zum Beispiel, Wasser, Äther, die natürliche landschaftliche Schönheit und der Kontakt mit der Schöpfungsenergie.»

«Da kann ich nicht ganz folgen, Anastasia. Kannst du nicht ganz konkret sagen, woher das Geld gekommen ist?»

«Gut, ich will mir Mühe geben. Die Veränderungen in Russland erregten großes Aufsehen. In aller Welt berichteten Presse und Fernsehen über den bedeutenden Wandel im Leben eines Großteils der russischen Bevölkerung. Schon bald war dieses Thema in aller Munde, und ein großer Strom von Touristen ergoss sich nach Russland. Es wurden so viele, dass Einreisebeschränkungen nötig wurden, und oft mussten Besucher jahrelang auf ihr Visum warten. Die Behörden waren außerdem gezwungen, die Aufenthaltsdauer zu begrenzen, denn viele Touristen wollten monate- oder sogar jahrelang im Land bleiben.

Die russische Regierung erhob von allen einreisenden Ausländern hohe Gebühren, doch auch dadurch ließ sich ihre Anzahl nicht im Geringsten vermindern.»

«Wieso wollten die Leute denn unbedingt selbst zu uns kommen, wenn sie doch schon alles im Fernsehen anschauen konnten? Du hast doch gesagt, die Medien in aller Welt berichteten über das Leben im neuen Russland.»

«Sie wollten Russlands heilsame Luft atmen, sein lebendiges Wasser trinken und seine einzigartigen Früchte kosten. Sie wollten sich mit den Menschen unterhalten, die das neue Jahrtausend eingeleitet hatten, und dadurch ihre Seele laben und ihren kranken Körper heilen.»

«Von was für einzigartigen Früchten sprichst du? Eine neue Sorte?»

«Nein, das nicht, aber ihre Qualität war einzigartig. Du weißt ja, Wladimir, wie sehr sich Tomaten oder Gurken aus dem Treibhaus

von denen unterscheiden, die auf dem Freiland gezogen werden. Noch köstlicher und bekömmlicher sind Gemüse und Früchte, die in einem natürlichen Boden wachsen, ohne Zusatz von schädlichen Chemikalien. Am besten aber sind sie, wenn sie inmitten von Gräsern und Bäumen wachsen. Von großer Bedeutung sind dabei auch das Gemüt und die Pflege des Gärtners. Einen besonderen Nutzen für den Menschen hat der Äther, der in den Früchten enthalten ist.»
«Der Äther?»
«Der Äther – das ist der Duft. Oder sagen wir: Der Duft zeigt die Anwesenheit des Äthers an, der nicht nur des Menschen Leib ernährt, sondern auch seinen feinstofflichen Körper.»
«Meinst du damit den Verstand?»
«Man kann sagen, dass dieser Äther die geistige Energie des Menschen stärkt und seine Seele nährt. Solche Früchte gediehen nur auf russischen Familienlandsitzen, und den größten Nutzen bekam man, wenn man sie am Tag der Ernte frisch verzehrte. Das ist einer der Gründe, warum so viele Menschen nach Russland kamen.

Das Obst und Gemüse der russischen Gutshöfe verdrängte nicht nur im Nu die Importprodukte, auch die Ernte der großen Felder im Lande war nicht mehr gefragt. Die Menschen kamen einfach auf den Geschmack. Anstelle von Modegetränken wie Pepsi-Cola traten frisch gepresste Beerensäfte. Und selbst die exklusivsten, teuersten Spirituosen konnten den natürlichen Beerenlikören der Gutshöfe keine Konkurrenz machen.

Auch solche Getränke enthielten den wohltuenden Äther, da die Menschen, die sie auf ihren Gutshöfen zubereiteten, wussten, dass von der Ernte der Beeren bis zur Verarbeitung zu Branntwein oder Likör nur ein paar Minuten liegen sollten.

Eine noch größere Einkommensquelle für die neuen Siedlerfamilien waren die Heilkräuter, die sie in ihren Wäldchen, in ihren Gärten und von den umliegenden Wiesen sammelten.

Arzneien auf der Grundlage russischer Kräuter wurden schnell beliebter als selbst die teuersten Medikamente aus anderen Ländern. Allerdings mussten die Kräuter von den Gutshöfen der neuen Siedler stammen. Herkömmliche Kräuter, die in großen Monokulturen gezüchtet werden, sind nicht in der Lage, die für den Menschen besten Stoffe aus dem Boden und der Luft zu ziehen. Der Preis für die Medikamente der Gutshöfe übertraf die Preise vergleichbarer Produkte um das Vielfache, aber die Menschen in aller Welt kauften sie trotzdem in großer Menge.»

«Warum schraubten denn die Gutsbesitzer die Preise so hoch?»

«Das waren nicht sie. Die russische Regierung setzte eine untere Preisgrenze fest.»

«Die Regierung? Sie hatte doch durch diese Produkte gar keine Steuereinnahmen. Was hatte sie davon, wenn einzelne Familien reich wurden?»

«Der ganze Staat besteht aus einzelnen Familien, Wladimir. Und da die neuen Siedler reicher und reicher wurden, waren sie in der Lage, nötigenfalls die Infrastruktur ihrer Siedlungen selbst zu finanzieren – zum Beispiel den Bau von Schulen und Straßen. Manchmal gaben sie auch Geld für gesamtstaatliche Projekte. Die Politiker und Wirtschaftswissenschaftler veröffentlichten ihre Programme, aber verwirklicht wurden nur die, für die die Bürger ihr Geld anzulegen bereit waren.»

«Und welche Programme waren bei der Bevölkerung am beliebtesten?»

«Das Aufkaufen ausländischer Konzerne und Institute, die für die Entwicklung und Produktion von Chemikalien und Waffen arbeiteten.»

«Sieh mal einer an! Hattest du nicht von friedlichen Familien mit göttlichem Bewusstsein gesprochen, die die Erde in einen Paradiesgarten umwandelten?»

«Der Zweck des Aufkaufens war nicht die Produktion giftiger Chemikalien und tödlicher Waffen, sondern die Stilllegung dieser Betriebe. Die russische Regierung leitete den weltweiten Strom des Geldes entscheidend um. Das gleiche Geld, das dem Menschen zuvor den Tod gebracht hatte, diente jetzt der Abwendung des Todes.»

«Und für so verschwenderische Projekte hatte die russische Regierung genug Geld?»

«Es hat gereicht. Russland wurde nicht nur das reichste Land der

Welt, es wurde viel reicher als alle anderen Länder. Das Kapital aus aller Welt floss nach Russland. Mittelständische und Reiche legten ihr Geld nur noch bei russischen Banken an. Viele wohlhabende Menschen spendeten ihre gesamten Ersparnisse für die Verwirklichung russischer Staatsprogramme, da sie erkannten, dass die Zukunft der gesamten Menschheit von deren Verwirklichung abhing. Touristen, die einige Zeit in Russland verbracht hatten, konnten nicht mehr zu einem Leben mit ihren gewohnten Werten zurückkehren. Sie berichteten ihren Freunden begeistert von allem, was sie gesehen hatten, und so nahm der Strom der Touristen noch zu und brachte dem russischen Staat immer mehr Einnahmen.»

«Anastasia, ich verstehe aber nicht, wie eine Familie in Sibirien bloß von ihrem Gemüsegarten reich werden kann. In dem rauen Klima sind die Erträge der Landwirtschaft doch viel geringer als in gemäßigteren Zonen.»

«Auch in Sibirien errichteten Familien ihre Gehöfte. Sie pflanzten auf ihrem Land das an, was das Klima erlaubte, aber sie hatten auch große Vorteile gegenüber den weiter südlich lebenden Familien. Der Staat teilte ihnen Parzellen in der Taiga zu, und dort bewirtschafteten sie ihr Land und ernteten die Gaben des Bodens. So entstand ein reger Handel mit sibirischen Wildbeeren und Heilkräutern. Nicht zu vergessen das Öl der Zedernnuss …»

«Und wie viele Dollar kostete das Zedernöl dann im Ausland?»

«Eine Tonne Zedernöl kostete vier Millionen Dollar.»

«Nicht schlecht – das Achtfache des jetzigen Preises. Endlich weiß man das Zedernöl zu schätzen. Und wie viel produzieren die Sibirier jetzt in einem Jahr?»

«In dem Jahr, in dem wir uns jetzt gerade befinden, dreitausend Tonnen.»

«Dreitausend!? Dann bekommen sie also für ihre Zedernnüsse zwölf Milliarden Dollar?»

«Mehr noch. Du hast das vorzügliche Nussmehl vergessen.»

«Was verdient denn so eine sibirische Familie im Jahr?»

«Durchschnittlich drei bis vier Millionen Dollar.»

«Donnerwetter! Und trotzdem sind sie von der Steuer befreit?»

«Allerdings.»

«Als ich in Sibirien geschäftlich unterwegs war, bot sich mir ein ganz anderes Bild dar: Wer etwas auf sich gab und nicht faulenzte, konnte sich allein durch Jagd und Fischfang einigermaßen versorgen. Und jetzt fließt hier auf einmal das große Geld! Was machten sie denn damit?»

«Wie auch viele andere Russen, unterstützten sie mit ihrem Geld staatliche Programme. Zum Beispiel gaben sie, als man in Russland noch keine Methode kannte, die Bewegung der Wolken zu regulieren, eine Menge Geld für den Kauf von Flugzeugen aus.»

«Flugzeuge? Was wollten sie denn damit?»

«Sie benutzten sie, um schadstofffreie Wolken von ihrem Land fernzuhalten. Diese Wolken kamen aus den Ländern, in denen noch Fabriken mit hohem Schadstoffausstoß betrieben wurden, und die sibirischen Flugzeuge ließen sie nicht passieren.»

«Und wo jagten die Sibirier? Etwa nur auf dem ihnen zugeteilten Land?»

«Sie hörten damit ganz auf. Viele von ihnen bauten sich auf ihrem Land ein Häuschen, in dem sie den Sommer verbrachten, um Kräuter, Beeren, Pilze und Nüsse zu sammeln. Die Jungtiere machten die Erfahrung, dass die Menschen ihnen nichts taten; sie gewöhnten sich an sie und sahen sie als einen Teil ihrer Umgebung an, ja sie schlossen sogar Freundschaft mit ihnen. Vielen Tieren brachten die Sibirier bei, ihnen behilflich zu sein. Die Eichhörnchen zum Beispiel hatten große Freude daran, von den Bäumen Zedernzapfen mit reifen Nüssen auf den Boden zu werfen. Und Bären schleppten Körbe oder Säcke mit Zedernnüssen und räumten die Waldwege von Windbruch frei.»

«Hört, hört – sogar Bären!»

«Ja, und das ist eigentlich gar nichts Besonderes, Wladimir. In der sogenannten Urzeit war der Bär einer der zuverlässigsten Helfer des Menschen. Er grub mit seinen Pfoten essbare Wurzeln aus dem Boden hervor, legte sie in einen Korb und schleppte den Korb mit einem Strick zu einer Vorratsgrube, die er in der Nähe einer menschlichen Behausung gegraben hatte. Er brachte Bienenstöcke aus dem Wald zur Heimstätte des Menschen, begleitete die Kinder zu Stellen mit leckeren Himbeeren und half auch sonst nach seinen Möglichkeiten im Haushalt mit.»

«Nicht zu fassen! Er ersetzte Pflug und Traktor, machte Beute für den Menschen und passte auf die Kinder auf.»

«Nur benötigte er keine Pflege und keine Reparaturen, da er ja den Winter über schlief. Im Frühling kam er zurück, und der Mensch gab ihm von seinen Herbstvorräten.»

«Aha, der tierische Instinkt sagte den Bären anscheinend, dass der Mensch auch für sie Vorräte sammelte.»

«Ja, vielleicht – wenn dir der Begriff Instinkt hierbei Klarheit verschafft. Aber vielleicht hat er dieses Verständnis einfach vom Großen Vater bekommen. Ich möchte nur so viel sagen: Die Wurzeln waren für den Bären nicht die Hauptsache, warum er im Frühling zum Menschen kam.»

«Was denn sonst?»

«Nachdem der Bär den Winter allein in seiner Höhle verbracht hatte und im Frühling aufgewacht war, ging er sofort zum Menschen, um sich liebkosen zu lassen und ein paar Lobesworte zu hören. Alle Lebewesen brauchen die Zuwendung des Menschen.»

«Hunde und Katzen ja, das stimmt. Aber wilde Tiere der Taiga?»

«Allmählich folgten auch andere Bewohner der Taiga dem Beispiel des Bären. Als höchste Auszeichnung unter den Tieren der Umgebung galt ein lobendes Wort, eine zärtliche Berührung oder eine anerkennende Geste des Menschen. Allerdings gab es manchmal so etwas wie Eifersucht, wenn der Mensch einem Tier besondere Aufmerksamkeit schenkte, und hin und wieder kam es deshalb sogar zu Streitereien.»

«Was taten die Sibirier im Winter?»

«Sie verarbeiteten Zedernnüsse. Sie schälten sie aber nicht sogleich, wie es heutzutage zur Erleichterung des Transports üblich ist, sondern beließen sie in den harzigen Zapfen. So können sich Zedernnüsse jahrelang halten. Die Frauen beschäftigten sich im Winter mit verschiedenen Handarbeiten. Handbestickte sibirische Hemden aus Brennnesselfasern galten als Kunstwerk und wurden teuer verkauft.

Die Sibirier waren sehr gastfreundlich und empfingen im Winter ausländische Gäste, die nicht selten kamen, um sich medizinisch behandeln zu lassen.»

«Aber Anastasia, wenn Russland den Menschen so viel Gutes zu bieten hatte, werden doch sicher viele Staaten den Wunsch gehabt haben, Russland zu erobern. Du hast ja auch gesagt, dass die Regierung viel Geld ausgegeben hatte, um Waffenfabriken zu schließen. Wenn Russland tatsächlich ein reines Agrarland geworden war, war es einem militärischen Angriff schutzlos ausgeliefert.»

«Das Russland der Zukunft ist kein reines Agrarland, vielmehr wurde es das Weltzentrum der Wissenschaft. Aber die Rüstungsfabriken wurden in Russland erst abgeschafft, nachdem eine Energie entdeckt worden war, gegen die selbst die modernsten militärischen Errungenschaften nichts ausrichten konnten. Nach dieser Entdeckung stellten die Rüstungswerke höchstens für ihre eigenen Länder eine Gefahr dar.»

«Was ist das für eine Energie? Wie wurde sie gewonnen, und wer hatte sie entdeckt?»

«Es ist die gleiche Energie, die schon in Atlantis benutzt worden war. Die Atlanter hatten zu früh nach ihr gegriffen … Atlantis wurde vom Antlitz der Erde getilgt. Doch die Kinder des neuen Russland hatten sie wiederentdeckt.»

«Kinder? Erzähle mir am besten alles der Reihe nach, Anastasia.»

«Also gut.»

9

Es wird gut werden auf Erden …

Anastasia fuhr fort: «Eine russische Familie lebte einträchtig auf ihrem Grundstück. Das Ehepaar hatte zwei Kinder: den achtjährigen Konstantin und die fünfjährige Dascha. Der Vater war einer der besten Programmierer im ganzen Land. In seinem Arbeitszimmer standen mehrere moderne Computer, auf denen er Programme für das Verteidigungsministerium schrieb. In seine Arbeit vertieft, saß er manchmal bis spät in die Nacht vor seinen Bildschirmen.

An solchen Abenden versammelte sich die ganze Familie in seinem Büro, und jeder beschäftigte sich mit sich selbst. Seine Frau setzte sich in den Sessel und stickte. Konstantin las oder malte Landschaftsbilder mit der neuen Art von Siedlungen. Nur die kleine Dascha fand nicht immer eine Beschäftigung nach ihrem Geschmack. Dann setzte sie sich so in einen Sessel, dass sie alle anderen gut sehen konnte, und blickte aufmerksam und lange in die Runde. Manchmal schloss sie die Augen, und dann war in ihrem Gesicht das ganze Spektrum ihrer Gefühlswelt abzulesen.

Eines Abends nun saß die Familie wieder im Arbeitszimmer des Vaters beisammen, und jeder war wie gewöhnlich mit sich selbst beschäftigt. Die Bürotür stand offen, und so hörten alle laut und deutlich das Schlagen der alten Kuckucksuhr aus dem Kinderzimmer. Gewöhnlich ließ der Kuckuck nur tagsüber seine Stimme ertönen, doch es war schon spät abends. Erstaunt ließ der Vater von seiner

Arbeit ab und blickte abwechselnd zur Tür und zu seinen Familienangehörigen.

Alle Blicke wanderten nun in die Richtung, aus der der Klang gekommen war. Nur die kleine Dascha saß mit geschlossenen Augen in ihrem Sessel und schien nichts zu bemerken. Auf ihren Lippen lag ein kaum bemerkbares, aufrichtiges Lächeln. Da ertönte das Schlagen schon wieder, als hätte jemand im Kinderzimmer die Zeiger auf die volle Stunde gedreht, um den Kuckuck aus seinem Häuschen zu locken. Iwan Nikiforowitsch – so hieß der Vater – drehte sich in seinem Bürostuhl zur Seite seines Sohnes und sagte: ‹Kostja, schau bitte nach der Uhr und versuche, sie anzuhalten oder sie zu reparieren. Es wäre schade, wenn Großvaters Geschenk nach so vielen Jahren kaputtginge. Seltsam – was ist bloß in die Uhr gefahren?›

Die Kinder gehorchten normalerweise – nicht etwa, weil sie Angst hatten, sonst bestraft zu werden, denn bestraft wurden sie sowieso nicht. Vielmehr liebten und achteten Kostja und Dascha ihre Eltern einfach. Es machte ihnen die größte Freude, etwas zusammen mit den Eltern zu tun oder ihre Bitten zu erfüllen. So stand Kostja sofort auf, doch zur Verwunderung seiner Eltern ging er nicht ins Kinderzimmer. Er stand auf und schaute seine Schwester an, die noch immer mit geschlossenen Augen auf ihrem Sessel saß. Unterdessen rief der Kuckuck munter weiter, doch Kostja blickte unverwandt auf seine Schwester. Mutter Galina sah ihren Sohn an, der wie versteinert dastand. Dann sprang sie auf und rief: ‹Kostja … Kostja, was hast du?›

Der achtjährige Sohn drehte sich verwundert um und antwortete: ‹Nichts, mit mir ist alles in Ordnung, Mami. Ich wollte nur Papis Bitte erfüllen, aber ich kann nicht …›

‹Warum nicht? Kannst du dich nicht vom Fleck rühren? Kannst du nicht in dein Zimmer gehen?›

‹Das schon›, sagte Kostja, wobei er zur Bekräftigung seine Arme schwenkte und ein paar Mal mit seinen Beinen auf der Stelle trat. ‹Aber ich kann die Uhr nicht anhalten. Sie hier ist stärker.›

‹Wer ist stärker?› Die Mutter wurde noch unruhiger.

‹Dascha›, antwortete Kostja und zeigte auf seine lächelnde jüngere Schwester, die noch immer mit geschlossenen Augen auf ihrem Sessel saß. ‹Sie ist es, die an den Zeigern herumdreht. Ich habe versucht, sie zum Stehen zu bringen, aber es hat nicht geklappt, weil … sie ist …›

‹Was redest du nur? Du und Daschenka, ihr seid doch beide hier … wie könnt ihr da gleichzeitig an den Zeigern der Uhr drehen?›

‹Natürlich sind wir beide hier›, entgegnete Kostja, ‹doch in Gedanken sind wir bei der Uhr. Aber ihre Gedanken sind stärker. In letzter Zeit treibt sie ständig solche Spielchen. Ich habe ihr gesagt, sie soll damit aufhören, denn ich wusste, ihr würdet euch Sorgen machen. Aber sobald Dascha in ihre Gedankenwelt eintaucht, stellt sie wieder etwas an …›

‹Woran denkt Dascha denn?›, wollte Iwan Nikiforowitsch wissen. ‹Und warum hast du uns nicht früher davon erzählt, Kostja?›

‹Seht doch nur, wie sie in Gedanken ganz woanders ist! Es geht ihr dabei gar nicht um die Zeiger, sie will nur ihren Spaß haben. Auch ich kann so an den Zeigern drehen, wenn ich mich konzentriere und mich niemand stört. Aber so wie Dascha … das schaffe ich nicht. Wenn sie so richtig weg ist, kann niemand mehr ihre Gedanken stoppen.›

‹Woran denkt sie denn? Weißt du das, Kostja?›

‹Keine Ahnung. Frag sie doch selbst. Ich werde sie jetzt zurückholen, damit sie nicht noch mehr anstellt.›

Kostja ging zu dem Sessel, auf dem seine Schwester saß, und sprach laut und deutlich zu ihr: ‹Dascha, hör jetzt bitte auf! Wenn du weitermachst, werde ich einen ganzen Tag lang nicht mit dir reden. Mami hat einen richtigen Schreck bekommen.›

Die Kleine zuckte mit den Wimpern, schlug die Augen auf und blickte fragend in die Runde. Dann sprang sie auf und senkte schuldbewusst ihren Blick zu Boden. Die Kuckucksuhr kam endlich zum Schweigen, und eine Zeitlang herrschte völlige Stille im Zimmer. Dascha hob ihren Kopf, schaute ihre Eltern mit lieben Augen an und sagte: ‹Liebe Mami, lieber Papi, bitte verzeiht mir. Ich wollte euch nicht erschrecken. Ich habe da einen Gedanken, den ich nicht aufgeben kann. Jetzt muss ich eine Pause machen, aber morgen früh, wenn ich aufwache, werde ich weiterdenken.› Ihre Lippen bebten, und es schien, als würde sie anfangen zu weinen, doch dann fuhr sie fort: ‹Und du, Kostja … auch wenn du nicht mehr mit mir redest, ich kann den Gedanken nicht aufgeben. Ich kann nicht.›

‹Komm her zu mir, Daschenka›, versuchte Iwan Nikiforowitsch sie zu beruhigen und streckte ihr seine ausgebreiteten Arme entgegen.

Dascha warf sich dem Vater in die Arme, umfasste seinen Hals, schmiegte sich kurz an seine Wange und glitt wieder auf den Fußboden herab. Dann stellte sie sich neben ihren Vater, ihr Köpfchen an ihn gelehnt.

Iwan Nikiforowitsch verbarg mit Mühe seine Aufregung und sprach zu seiner Tochter: ‹Mach dir keine Sorgen, deine Mami wird sich nicht mehr erschrecken, wenn du an solche Sachen denkst. Erzähl uns einfach, woran du denkst und wie du es machst, dass sich die Zeiger so schnell bewegen. Und wieso dir das überhaupt so wichtig ist.›

‹Papi, ich will, dass die schöne Zeit ganz lange dauert und dass die schlechte Zeit so schnell vergeht, dass man es gar nicht merkt.›

‹Aber die Zeit hängt doch nicht von den Uhrzeigern ab, Daschenka.›

‹Natürlich nicht, Papi, das weiß ich auch. Ich bewege sie einfach nebenbei, um den Lauf der Zeit besser fühlen zu können. Unser Kuckuck zählt die Geschwindigkeit meiner Gedanken … weil, ich muss es einfach schaffen …›

‹Wie machst du denn das, Daschenka?›

‹Ganz einfach. In einer Ecke meiner Gedanken stelle ich mir die Zeiger vor. Dann überlege ich, was ich tun muss, damit sie sich schneller bewegen. Wenn ich schneller denke, bewegen sie sich auch schneller.›

‹Was willst du damit erreichen, dass du die Zeit beschleunigst, mein Töchterchen? Gefällt sie dir nicht, wie sie jetzt ist?›

‹Doch, das schon … Weißt du, vor Kurzem habe ich begriffen, dass es gar nicht die Schuld der Zeit ist. Die Menschen machen die

Zeit schlecht. Du zum Beispiel sitzt immer so lange vor deinem Computer und bist oft weg. Damit verdirbst du die Zeit.›

‹Soso, ich … Wie denn?›

‹Die Zeit ist gut, wenn wir alle zusammen sind. Wenn wir zusammen sind, gefallen mir die Minuten, die Stunden und auch die Tage. Alles ringsumher ist dann froh. Erinnerst du dich noch, Papi, als die Apfelbäume gerade anfingen zu blühen? Du und Mutti, ihr habt die ersten Blüten entdeckt, und du hast Mutti auf die Arme genommen und dich mit ihr im Kreise gedreht. Und Mutti hat so laut gelacht, dass sich alles um uns herum freute, sogar die Blätter und die Vögel. Ich war gar nicht böse, dass du nicht mich auf die Arme genommen hast, weil ich unsere Mutti so lieb habe. Über solche Stunden habe ich mich mit allen zusammen gefreut. Aber dann wurde alles anders, und ich habe jetzt erkannt, dass du das gemacht hast, Papi. Du bist ganz lange verreist. Unsere Apfelbäume bekamen kleine Äpfelchen, aber du warst weg. Mutti ist dann ganz allein zu den Apfelbäumen gegangen, und niemand hat sich mit ihr im Kreise gedreht oder laut gelacht. Und die Tiere und Pflanzen hatten auch keinen Grund mehr zur Freude. Wenn du nicht da bist, ist Muttis Lächeln nicht mehr das gleiche – irgendwie ein trauriges Lächeln. Verstehst du jetzt, was eine schlechte Zeit ist?›

Dascha hatte sehr schnell und erregt gesprochen. Nun hielt sie kurz inne und platzte dann heraus: ‹Bitte mach die Zeit nie, nie wieder schlecht, wenn sie gut ist, Papi.›

‹Damit hast du schon irgendwie recht, Dascha, ganz klar … Aber du weißt nicht alles über die Zeit, in der wir alle … Wir leben in einer Zeit, in der …›, sprach Iwan Nikiforowitsch verwirrt. Er rang nach Worten. Irgendwie musste er seiner Tochter die Notwendigkeit seiner Dienstreisen klar machen. Und da er keine bessere Idee hatte, begann er ihr über seine Arbeit zu erzählen und zeigte ihr auf seinem Computerbildschirm verschiedene Raketenmodelle.

‹Sieh mal, Daschenka. Uns hier geht es ganz gut, wir sind von freundlichen Nachbarn umgeben. Aber nicht die ganze Welt ist so friedlich wie unsere Siedlung. In anderen Ländern werden immer modernere Waffen gebaut … Und um unseren Garten und die Gärten und Häuser deiner Freundinnen zu beschützen, muss unser Verteidigungssystem immer auf dem neuesten Stand bleiben. Daher müssen eure Väter manchmal verreisen. Und vor Kurzem … weißt du, Daschenka, also vor Kurzem … da wurde im Ausland eine ganz neuartige Waffe entwickelt, die unseren Waffen haushoch überlegen ist. Da, schau nur auf den Bildschirm, Daschenka›, sagte Iwan Nikiforowitsch und tippte in seine Tastatur. Auf dem Bildschirm erschien eine außergewöhnliche Rakete.

‹Dies ist eine Trägerrakete mit sechsundfünfzig kleinen Raketen an Bord. Auf Befehl eines Menschen steuert diese Rakete auf einen beliebigen vorprogrammierten Ort zu, um dort alles Leben auszulöschen. Leider ist es sehr, sehr schwer, diese Rakete abzuschießen, denn sobald der Bordcomputer ein sich näherndes Objekt registriert, feuert er eine der kleinen Raketen ab, die dieses Objekt zerstört.

Die kleinen Raketen sind viel schneller als die große, da sie beim Abschuss die Geschwindigkeit der Trägerrakete mitnehmen. Um nun ein solches Monster abzuschießen, muss man siebenundfünfzig Raketen auf es richten. In dem Land, wo diese sogenannte Kassettenrakete hergestellt wurde, gibt es bisher nur drei Exemplare. Sie lauern in verborgenen Schächten tief unter der Erde und können mithilfe von Radiowellen jederzeit abgefeuert werden. Eine kleine Gruppe von Terroristen versucht nun, verschiedene Länder mit diesen Raketen zu erpressen. Bei Nichterfüllung ihrer Forderungen drohen sie mit großen Zerstörungen. Meine Aufgabe ist es, das Programm des Bordcomputers dieser Raketen auszuspionieren und zu entschlüsseln.›

Iwan Nikiforowitsch stand auf und ging in seinem Büro auf und ab. In schnellen Sätzen und lebhaft gestikulierend sprach er weiter über das Programm. Einem plötzlichen Einfall folgend, setzte er sich wieder vor den Monitor, wo eine Außenansicht der feindlichen Trägerrakete zu sehen war, und ließ seine Finger flink über die Tastatur gleiten, woraufhin auf dem Monitor nacheinander eine Skizze des Treibstoffleitungssystems der Rakete, eine Skizze ihrer Ortungsanlage und wieder die Außenansicht erschienen. Während

Iwan Nikiforowitsch in eine Detailansicht zoomte – seine kleine Tochter, die neben ihm stand, hatte er fast vergessen –, murmelte er vor sich hin: ‹Offenbar haben sie jede Stufe der Rakete mit einem eigenen Ortungssystem ausgestattet … ja, natürlich, so ist es. Aber das Programm muss ein und dasselbe sein. Es ist identisch …›

Plötzlich gab der Lautsprecher des Nachbarcomputers einen scharfen Signalton von sich. Iwan Nikiforowitsch wandte sich dem anderen Bildschirm zu und erstarrte. Auf dem Monitor blinkte wiederholt die folgende Botschaft auf: ‹Alarmstufe X›, ‹Alarmstufe X›. Iwan tippte hastig ein paar Befehle ein, und auf dem Bildschirm erschien ein Militäroffizier.

‹Was gibt's?›, fragte ihn Iwan Nikiforowitsch.

‹Unsere Seismographen haben drei große Explosionen registriert, gefolgt von zahlreichen kleineren Explosionen. In Afrika hat es wiederholt Erdbeben gegeben. Eine Erklärung hierfür hat niemand; wir haben es mit einem bisher unbekannten Angreifer zu tun. Unsere gesamte Verteidigung ist in höchster Alarmbereitschaft, und nach Informationen unseres Nachrichtendienstes sind alle Militärblöcke weltweit ebenfalls alarmiert. Die Explosionen dauern noch immer an. Wir versuchen uns Klarheit über die Lage zu verschaffen. Alle Mitarbeiter unserer Abteilung müssen unverzüglich zu einer koordinierten Analyse der Lage antreten›, sprach die Person auf dem Bildschirm und fügte nach einer kurzen Pause hinzu: ‹Schon wieder werden neue Explosionen gemeldet, Iwan Nikiforowitsch. Ich schalte jetzt um. Ende.›

Damit erlosch das Bild des Offiziers auf dem Monitor. Wie gebannt starrte Iwan Nikiforowitsch weiter auf den leeren Bildschirm und grübelte vor sich hin. Seinen Gedanken nachhängend, drehte er sich langsam in seinem Stuhl zur Seite und erblickte dort die kleine Dascha. Sie stand noch immer vor dem ersten Bildschirm und fixierte, ohne zu blinzeln, die Abbildung der modernen Trägerrakete. Plötzlich zuckte sie zusammen, seufzte erleichtert und drückte die Enter-Taste. Eine andere Rakete erschien auf dem Monitor; wieder kniff sie ihre Augen leicht zusammen und konzentrierte ihre Blicke auf das Killergeschoss.

Da kam Iwan Nikiforowitsch eine unglaubliche Ahnung. Wie angewurzelt stand er da und konnte nur in Gedanken immer wieder die gleiche Frage wiederholen: ‹Sprengt sie sie wirklich? Sprengt sie die Raketen mit ihren Gedanken, weil sie ihr nicht gefallen? Ja, ist denn das die Möglichkeit … wie nur?›

Er wollte seine Tochter von ihrem Tun abhalten und rief sie beim Namen. Laut sprechen konnte er jedoch nicht, und so flüsterte er nur: ‹Daschenka, mein liebes Töchterlein, hör bitte auf!› Da sprang plötzlich Kostja auf, lief zu seiner Schwester, gab ihr einen Klaps auf den Po und sagte zu ihr: ‹Jetzt hast du Papi auch noch erschreckt, Dascha. Nun werde ich zwei Tage lang nicht mehr mit dir reden – einen für Mutti und einen für Papi. Hörst du mich? Ich habe gesagt, du hast Papi erschreckt.›

Dascha kehrte langsam aus ihrem hochkonzentrierten Zustand zurück. Mit weichen, bittenden Blicken sah sie ihrem Bruder in die Augen. Als Kostja erkannte, dass seine Schwester Tränen in den Augen hatte, legte er ihr eine Hand auf die Schulter und sagte weniger streng als zuvor: ‹Schon in Ordnung, ich war einfach etwas sauer. Aber deine Schleife musst du dir von jetzt ab selber binden am Morgen. Alt genug bist du ja.› Und mit den Worten: ‹Fang nur nicht an zu weinen!› umarmte er sie zärtlich. Dascha vergrub ihr Gesicht in Kostjas Brust, zuckte hilflos mit den Schultern und sagte reuevoll: ‹Schon wieder habe ich jemand erschreckt! Ich bin unverbesserlich. Ich hab mein Bestes getan, aber ich habe Papi erschreckt.› Galina hockte sich zu den Kindern und streichelte Dascha den Kopf. Die Kleine warf sich sofort der Mutter an den Hals und weinte leise.

‹Wie macht sie das nur, Kostja, sag mir, wie?›, fragte Iwan Nikiforowitsch seinen Sohn.

‹Genauso wie mit den Uhrzeigern, Papi›, antwortete Kostja.

‹Gut, die Uhr steht nebenan … aber die Raketen sind weit, weit weg, und ihre Position ist ein strenges Geheimnis.›

‹Wo sie sind, spielt für Dascha keine Rolle, Papi. Es reicht ihr schon, wenn sie weiß, wie sie aussehen.›

‹Und was ist mit den Explosionen? Um die Raketen zu sprengen, muss man bestimmte Kontakte schließen … eine ganze Menge sogar. Außerdem ist die gesamte Anlage mit Geheimcodes elektronisch abgesichert.›

‹Stimmt, Papi, Dascha hat alle Kontakte geschlossen. Früher hat sie für so was sehr lange gebraucht – etwa fünfzehn Minuten –, aber jetzt schafft sie es in anderthalb.›

‹Früher?›

‹Ja, Papi, aber nicht mit Raketen. Es war ein Spiel. Als sie anfing, die Uhrzeiger zu verstellen, habe ich ihr mein altes Elektromobil gezeigt, auf dem ich früher gern herumgefahren bin. Ich habe die Motorhaube geöffnet und Dascha gebeten, die Leitung zu den Scheinwerfern zu reparieren, weil man da nur ganz schwer herankommt. Das hat sie auch gemacht. Als sie mich dann gebeten hat, auch mit dem Elektromobil fahren zu dürfen, habe ich ihr gesagt, dass sie noch zu klein ist, um zu wissen, wie man anfährt und bremst. Aber später habe ich es ihr doch erlaubt, weil sie mir keine Ruhe ließ. Ich habe ihr erklärt, welche Schalter man drehen muss, aber Dascha ist auf ihre eigene Art gefahren. Sie hat sich gesetzt, hat das Steuer genommen und ist losgefahren, einfach so. Sie hat nur daran gedacht, die Schalter zu drehen, getan hat sie es aber nicht. Das habe ich ganz genau gesehen, Papi. Mit den Händen hat sie nichts gemacht. Irgendwie gedanklich hat sie es gemacht. Außerdem ist sie mit den Mikroben befreundet. Sie hören auf sie.›

‹Mit den Mikroben? Was für Mikroben?›

‹Mit denen, die es überall gibt, die um uns herum und in uns leben. Sehen kann man sie nicht, aber es gibt sie. Weißt du noch, Papi, draußen im Wald, am Rand unseres Grundstücks, schauten doch früher alte Metallstützen aus dem Boden hervor – du hast gesagt, das waren Reste einer Überlandleitung.›

‹Ja, und was ist mit ihnen?›

‹Sie waren ganz rostig und standen in einem Betonsockel. Als ich mit Dascha dort Pilze sammeln war, hat sie diese Stümpfe gesehen und meinte, es wäre gar nicht gut, dass an diesen Stellen keine Beeren und Pilze wachsen können. Und da hat sie zu ihren kleinen Freunden gesagt: „Esst sie ganz, ganz schnell auf!"›

‹Und was ist dann geschehen?›

‹Zwei Tage später waren die rostigen Maststümpfe und auch die Betonsockel weg. Es gab nur noch blanke Erde dort, nicht einmal mehr Gras. Das waren die Mikroben, die haben alles verputzt.›
‹Aber warum sagst du mir das alles jetzt erst, Kostja?›
‹Ich hatte Angst, Papi.›
‹Angst wovor?›
‹In einem Geschichtsbuch habe ich gelesen … Es ist noch nicht lange her, da wurden Menschen mit besonderen Fähigkeiten von der Gesellschaft gemieden oder verfolgt. Eigentlich hatte ich dir und Mutti alles erzählen wollen, aber ich wusste nicht, wie ich mich ausdrücken sollte, damit ihr alles versteht und mir auch glaubt …›
‹Aber Kostja, wir glauben dir doch immer. Außerdem hättest du es uns ja zeigen können … oder vielmehr hättest du Dascha bitten können, ihre Fähigkeiten auf harmlose Weise vorzuführen.›
‹Das ist es nicht, Papi … natürlich könnte sie es euch zeigen …›
Kostja schwieg eine Weile, aber dann fuhr er umso eifriger fort:
‹Papi, ich liebe dich und Mami. Und auch wenn ich mit Daschenka manchmal streng bin, mag ich sie doch sehr. Sie ist gut. Sie ist zu allen gut. Nicht einmal einem Insekt tut sie etwas zuleide. Und sie ihr auch nicht. Zum Beispiel ist sie zum Bienenstock gegangen, hat sich genau vor den Fluglöchern hingesetzt und den Bienen zugeschaut. Viele Bienlein sind ihr auf den Armen und Beinen und auf der Wange herumgekrabbelt, aber gestochen wurde sie nicht. Daschenka hat sogar den ankommenden Bienen ihre Handfläche ausgestreckt, und die Bienen sind darauf herumgekrabbelt und haben etwas hinterlassen. Sie hat sich dann die Hand abgeleckt und gelacht. Sie ist gut, Papi.›
‹Beruhige dich, Kostja. Lass uns das Ganze in aller Ruhe besprechen. Dascha ist noch ein Kind. Sie hat ein paar Raketen in die Luft gesprengt. Es ist gut möglich, dass jeden Moment ein Weltkrieg ausbricht. Das wäre furchtbar. Aber mal ganz abgesehen vom Krieg … Sie hat jetzt ein paar Raketen der Feinde gesprengt, doch was wäre wohl passiert, wenn sie zu den Seiten mit unseren eigenen Raketen geblättert hätte! Hätte sie begonnen, in allen möglichen Ländern Raketen zu sprengen, hätte das eine weltweite Katastrophe auslösen

können – nicht auszudenken! Ich liebe unsere kleine Dascha auch. Aber Millionen und Abermillionen von Menschenleben stehen auf dem Spiel. Wir müssen Rat einholen, einen Ausweg finden. Doch bis dahin … Ich weiß nicht, aber ich denke, Daschenka muss irgendwie isoliert werden. Vielleicht wäre es gut, sie in Schlaf zu versetzen. Aber ist das eine Lösung?›

‹Papi, Papi, warte mal! Könnte sie nicht alle todbringenden Raketen der Erde verschwinden lassen – alle, die ihr nicht gefallen?›

‹Verschwinden lassen? Aber … dafür wäre das Einverständnis aller Länder nötig … und aller Militärblöcke. Ja … doch das ließe sich auf die Schnelle nicht erreichen – wenn es überhaupt möglich ist. Es sei denn …›

Iwan Nikiforowitsch sprang plötzlich auf, setzte sich vor seinen Computer und sah auf dem Monitor noch immer die letzte Rakete, die Dascha hatte zerstören wollen. Er schaltete den Bildschirm ab, setzte sich an den Kommunikationscomputer und gab folgenden Text ein: ‹An den Generalstab. Diese Mitteilung muss schleunigst an alle Militärblöcke und Nachrichtenagenturen weitergegeben werden. Grund für die Serie von Raketenexplosionen sind höchstwahrscheinlich ferngesteuerte Bakterien, die in der Lage sind, elektrische Kontakte zu schließen. Der Lenker der Bakterien braucht nur die äußere Form der Waffen zu kennen, um die Bakterien auf sie anzusetzen. Daher müssen alle Abbildungen von Explosionswaffen unverzüglich vernichtet werden!›

Iwan Nikiforowitsch sah, dass Dascha schon wieder lächelte und sich lebhaft mit ihrer Mutter unterhielt. Er fügte seiner Nachricht folgenden Text hinzu: ‹Es ist nicht bekannt, von wo aus die Explosionen gesteuert werden.› Danach sandte Iwan Nikiforowitsch noch eine verschlüsselte Mitteilung an den Generalstab. Für den nächsten Morgen wurde eine Sondersitzung des Russischen Militärrats einberufen. Für die Siedlung, in der Iwan Nikiforowitschs Gutshof lag, wurde ein Schutztrupp bereitgestellt. Um kein unnötiges Aufsehen zu erregen, waren die Soldaten als Straßenbauarbeiter verkleidet.

Fünf Kilometer von der Siedlung entfernt bauten sie angeblich eine Ringstraße. Allerdings wurde auf der gesamten Strecke gleichzeitig ‹gebaut›, und das Tag und Nacht. Auf Iwan Nikiforowitschs Gelände wurden versteckte Kameras angebracht, durch die das Leben der kleinen Dascha auf Schritt und Tritt überwacht wurde. Übertragen wurden diese Aufnahmen an das Operationszentrum, das einer Zentrale zur Überwachung von Raumflügen ähnelte. Dutzende von Psychologen und Militärexperten wechselten sich schichtweise ab, um die Monitore zu beobachten. Die Psychologen gaben den Eltern über eine direkte Sprechverbindung Anweisungen, wie sie ihre Tochter beschäftigen sollten, damit sie ja nicht in ihre gefürchtete Nachdenklichkeit verfiele.

In einer offiziellen Erklärung, die in vielen Ländern ausgestrahlt wurde, gab die russische Regierung bekannt, dass es in Russland eine Kraft gebe, die in der Lage sei, aus der Ferne Munition jeder Art explodieren zu lassen. Die russische Regierung habe diese Kraft nicht völlig unter Kontrolle, führe aber Verhandlungen mit ihr. Diese außergewöhnliche Verlautbarung erschien vielen unglaubwürdig, sodass auf internationales Ersuchen beschlossen wurde, eine Serie von unkonventionellen Sprengkörpern herzustellen, die quadratische Hülsen hatten. Jedes Land, das sich an diesem Experiment beteiligen wollte, erhielt zwanzig dieser Granaten und musste sie an verschiedenen Stellen auf eigenem Territorium verbergen.»

«Wieso hatten die Granaten quadratische Hülsen? Wäre es nicht auch mit gewöhnlichen gegangen?», fragte ich Anastasia.

«Es wurde befürchtet, Wladimir, dass nicht nur die für das Experiment bestimmten Granaten explodieren könnten, sondern auch alle möglichen anderen Geschosse, zum Beispiel die Patronen in den Dienstpistolen von Polizei und Armee.»

«Ach so, na klar … Und wie ist das Experiment verlaufen?»

«Iwan Nikiforowitsch rief seine Tochter in sein Büro, zeigte ihr ein Foto mit einer solchen Granate und bat sie, sie explodieren zu lassen.

Dascha schaute sich das Foto an und sagte: ‹So sehr ich dich auch lieb habe, Papi, aber ich kann deine Bitte nicht erfüllen.›

‹Warum nicht?›, wollte Iwan Nikiforowitsch wissen.

‹Weil ich es nicht mehr kann.›

‹Warum denn nicht, Daschenka? Du hast doch eine ganze Reihe moderner Raketen hochgehen lassen, und jetzt soll es auf einmal nicht mehr gehen?›

‹Damals war ich wütend, Papi. Ich wollte nicht, dass du verreist oder stundenlang an deinem Computer sitzt. Wenn du an deinem Computer sitzt, sprichst du mit niemandem und tust nichts Interessantes. Aber jetzt bist du ja immer bei uns. Du bist sehr gut geworden, Papi, und daher kann ich keine Explosionen mehr machen.›

Iwan Nikiforowitsch verstand. Dascha konnte die quadratischen Granaten deshalb nicht in die Luft gehen lassen, weil sie den Sinn und Zweck einer solchen Explosion nicht verstand. Iwan Nikiforowitsch lief aufgeregt in seinem Büro auf und ab und dachte fieberhaft nach. Er musste Dascha irgendwie überzeugen, sie neu motivieren. So redete er mit seiner Tochter, als mache er sich selbst Vorwürfe: ‹Sie kann es nicht … ach, zu dumm! Seit Jahrtausenden wird unsere Welt nun schon von Kriegen geplagt. Sobald ein Krieg zu Ende geht, beginnt irgendwo anders ein neuer. Millionen und Abermillionen von Menschen mussten ihr Leben lassen, und das geht bis heute so. Der Rüstungshaushalt verschlingt gigantische Summen. Jetzt hatten wir mal die Möglichkeit, dieses sinnlose Morden zu beenden, aber leider …›, stöhnte Iwan Nikiforowitsch und blickte bedeutungsvoll seine im Sessel sitzende Tochter an.

Dascha schaute gelassen drein. Sie verfolgte interessiert das Auf- und Abgehen ihres Vaters, seine Worte jedoch beunruhigten sie nicht. Sie war sich nicht darüber im Klaren, was ein Krieg ist und warum er so viel Geld verschlingt.

Sie dachte bei sich: ‹Warum geht Papi nur so aufgeregt hin und her? Was sucht er hier inmitten seiner leblosen Computer? Wieso geht er nicht einfach mit mir nach draußen, in den Garten, wo die Bäume blühen und die Vögel singen, wo jeder Grashalm und jeder Zweig uns mit unsichtbarer Hand streichelt? Mami ist doch auch draußen und mein Bruder! Ach, würde Papi dieses langweilige Gespräch doch bald beenden und mit mir in den Garten gehen! Mutti und Kostja würden sich sicher sehr freuen, wenn sie uns sehen. Mutti wird lächeln, und Kostja hat mir gestern versprochen, dass er mir erzählt, wie man ein fernes Sternchen berühren kann, indem man einen Stein und eine Blume anfasst. Kostja hält seine Versprechen immer …›

‹Daschenka, du bist ganz woanders. Verstehst du mich nicht?›, fragte Iwan Nikiforowitsch seine Tochter. ‹Denkst du an etwas anderes?›

‹Papi, ich denke: Wieso sind wir hier drinnen und gehen nicht nach draußen, wo alle auf uns warten?›

Iwan Nikiforowitsch erkannte, dass er mit seiner Tochter aufrichtiger und direkter sprechen musste. Also sagte er: ‹Daschenka, als du die Raketen, die du auf meinem Bildschirm gesehen hast, in die Luft gesprengt hast, ist die Idee aufgekommen, deine Fähigkeiten zu testen – genauer gesagt die Idee, der ganzen Welt zu zeigen, dass Russland die Macht hat, alle Waffen auf der Welt zu vernichten. Dann gäbe es nämlich keinen Grund mehr, immer neue Waffen herzustellen. Es wäre nicht nur sinnlos, sondern sogar gefährlich. Und die bereits bestehenden Waffen würden die Menschen dann freiwillig vernichten. Eine allgemeine Abrüstung wäre die Folge. Die quadratischen Granaten wurden extra hergestellt, damit du deine Fähigkeiten beweisen kannst. Bitte sprenge sie, Daschenka. Niemand wird dabei zu Schaden kommen.›

‹Das kann ich nicht, Papi.›

‹Warum nicht? Du hast es doch gekonnt.›

‹Ich habe mein Wort gegeben, nie, nie wieder etwas zu sprengen. Und seit ich mein Wort gegeben habe, kann ich es nicht mehr tun.›

‹Wirklich? Warum hast du denn dein Wort gegeben?›

‹Kostja hat mir Fotos in einem Buch gezeigt, wie die Menschen durch eine Explosion in Stücke zerrissen werden, wie jeder dadurch erschrickt, wie die Bäume umfallen und sterben müssen … Da habe ich ihm mein Wort gegeben.›

‹Daschenka, kannst du es wirklich nie wieder tun? Bitte, nur noch einmal … ein einziges Mal. Hier, schau nur, dies sind die quadratischen Granaten.› Iwan Nikiforowitsch hielt seiner Tochter ein Foto hin. ‹Sie wurden insbesondere für dieses Experiment hergestellt. Sie wurden in verschiedenen Ländern an besonderen Stellen versteckt, wo sie weder Mensch noch Tier schaden können. Jetzt warten alle darauf, ob sie in die Luft gehen oder nicht. Bitte tu es, Daschenka, das ist ganz sicher kein Verstoß gegen dein Ehrenwort. Niemand wird dabei zu Schaden kommen, im Gegenteil …›

Dascha schaute sich in aller Ruhe das Foto an und sagte: ‹Selbst wenn ich mein Wort nicht halte, werden diese Bomben nicht explodieren, Papi.›

‹Warum nicht?›

‹Weil du so lange gesprochen hast, Papi. Als ich das Foto sah, haben mir diese quadratischen Biester gleich nicht gefallen. Sie sehen so hässlich aus, und jetzt …›

‹Was ist jetzt, Daschenka?›

‹Verzeih mir, Papi, aber nachdem du sie mir gezeigt hast, hast du so lange gesprochen, dass sie inzwischen schon fast aufgegessen sind.›

‹Aufgegessen? Was aufgegessen?›

‹Na eben diese Bomben. Gleich als die mir nicht gefallen haben, begannen sie sie aufzuessen.›

‹Wer?›

‹Unsere Helferlein. Sie sind überall, um uns herum und in uns. Sie sind sehr nützlich. Kostja sagt, sie heißen Bakterien oder Mikroben. Ich nenne sie lieber „meine kleinen Freunde". Das mögen sie lieber, weißt du. Ich spiele manchmal mit ihnen. Die meisten Leute beachten sie kaum, aber sie wollen uns wirklich helfen, jedem von uns. Wenn wir uns freuen, geht es auch ihnen gut. Wenn wir uns ärgern oder ein Lebewesen umbringen, sterben sie in großer Menge. Dann kommen aber gleich andere, die sie ersetzen. Wenn sie es manchmal nicht schaffen, die toten zu ersetzen, werden wir krank.›

‹Aber Daschenka, du bist doch hier, und die Bomben sind an verschiedenen Stellen in der Welt versteckt. Woher konnten deine kleinen Freunde so schnell wissen, was du dir gewünscht hast?›

‹Sie geben das weiter, ganz schnell, von einem zum anderen. Das läuft viel schneller als die Stromteilchen in deinem Computer.›

‹Soso, schneller als mein Computer … Moment mal, Dascha, da fällt mir die Videoüberwachung ein. Weißt du, die Bomben auf unserem Territorium werden alle mit Kameras überwacht. Ich werde kurz mal nachschauen, was da los ist.›

Iwan Nikiforowitsch wandte sich dem Bildschirm zu, der mit der Videoanlage verbunden war. Er sah einen der quadratischen Sprengkörper, genauer gesagt das, was davon noch übrig war. Die Hülse war völlig von Rost zerfressen, der Sprengkopf lag daneben, zusammengeschmolzen zu einem kleinen Klumpen. Die anderen Bomben sahen nicht viel besser aus. Dann erschien auf dem Bildschirm ein Offizier.

‹Guten Tag, Iwan Nikiforowitsch, ich nehme an, Sie haben es schon gesehen …›

‹Was hat der Generalstab beschlossen?›, fragte Iwan Nikiforowitsch.

‹Sie haben sich in mehrere Gruppen aufgeteilt und beraten noch. Auf jeden Fall sollen die Schutzmaßnahmen für das Objekt verstärkt werden.›

‹Dieses „Objekt" ist bitteschön noch immer meine Tochter›.

‹Verlieren Sie nur nicht die Nerven, Iwan Nikiforowitsch, die Lage ist sehr ernst. Eine Gruppe von Experten ist auf dem Weg zu Ihnen, alles führende Wissenschaftler: Psychologen, Biologen und Radioelektroniker. In zehn Minuten müssten sie bei Ihnen sein. Sorgen Sie bitte dafür, dass sie sich mit Ihrer Tochter unterhalten können. Und bereiten Sie sie darauf vor.›

‹Was denken denn so die meisten von ihnen? Sind sie schon zu einem Schluss gekommen?›

‹Bis auf Weiteres sollte Ihre Familie auf Ihrem Hof bleiben, völlig abgeschottet von der Außenwelt. Alle Abbildungen von Waffen und anderem technischen Gerät müssen unverzüglich aus Ihrem Haus entfernt werden. Und Sie sollten bei Ihrer Tochter bleiben und gut auf sie aufpassen.›

Die Spezialisten des Militärrats trafen bald darauf ein und unterhielten sich mit der kleinen Dascha. Das Mädchen beantwortete geduldig die Fragen der Erwachsenen, doch dann geschah etwas, was alle Anwesenden sowie die Beobachter an den großen Monitoren im Generalstab in völlige Verwirrung brachte. Nach anderthalb Stunden der Befragung öffnete sich die Tür von Iwan Nikiforowitschs geräumigem Büro, und Daschas Bruder Kostja trat ein. Er hatte eine Kuckucksuhr dabei, die er auf den Tisch stellte. Die Zeiger standen genau auf elf Uhr, und der Vogel ließ ununterbrochen seine mechanische Stimme ertönen. Nach dem elften Schlagen machte der große Zeiger eine schnelle Runde, und der Kuckuck fing erneut an zu rufen. Die Erwachsenen starrten offenen Mundes abwechselnd auf die Uhr und auf Dascha, ohne auch nur ein Wort hervorzubringen.

‹Ach herrje!›, rief Dascha auf einmal, ‹das hab ich ja ganz vergessen. Ich muss sofort los. Das ist ein Zeichen meiner Freundin Werunka.›

Zwei Wachsoldaten versperrten dem Mädchen den Weg zur Tür.

‹Was hast du denn vergessen?›, fragte Iwan Nikiforowitsch sein Töchterchen.

‹Ich muss zu dem Hof laufen, wo Werunka wohnt. Ich hab ihr versprochen, dass ich mich um ihre Blume kümmere. Ich muss sie streicheln und ihr Wasser geben. Wenn ich das nicht tue, wird sie nämlich ganz traurig. Sie mag es sehr, wenn ich sie zärtlich anschaue.›

‹Aber warum tut deine Freundin das nicht selbst?›, wollte Iwan Nikiforowitsch wissen. ‹Schließlich ist es ja ihre Blume und nicht deine.›

‹Sie ist weggefahren, mit ihren Eltern.›

‹Und wo ist sie?›

‹Irgendwo in Sibirien.›

‹Nicht zu fassen!›, raunten die Umstehenden einander zu. ‹Sie ist nicht allein.›

‹Und was für Kräfte hat ihre Freundin?›, wollte jemand wissen.

‹Wie viele gibt es wohl von ihnen?›

‹Unmöglich, das festzustellen.›

‹Wir müssen sofort etwas unternehmen. Alle Kinder, die so sind, müssen überwacht werden.›

Als das Stimmengewirr nach einer Weile verebbt war, erhob sich ein ergrauter älterer Herr. Es war der Vorsitzende des Obersten Verteidigungsrats, der die Expertengruppe leitete. Nun wurde es ganz still, und alle Aufmerksamkeit richtete sich auf ihn. Er blickte zu Dascha, die auf einem Holzschemel saß, und eine Träne rollte über seine Wange. Langsam ging er auf sie zu, fiel vor ihr auf die Knie und reichte ihr die Hand. Dascha stand auf, hob den Saum ihres Kleidchens, machte einen Knicks und legte ihre Hand auf seine geöffnete Handfläche. Der ergraute Herr betrachtete sie eine Zeitlang, dann neigte er sein Haupt, küsste Daschas Händchen und sagte: ‹Bitte verzeih uns, kleine Göttin.›

‹Ich heiße Dascha›, antwortete das Mädchen.

‹Ja, natürlich, natürlich. Dascha, sag mir, was wird aus unserer Erde?›

Dascha schaute dem älteren Herrn ins Gesicht, kam noch etwas näher und wischte ihm mit ihrer Hand sorgsam die Träne von seiner Wange, dann berührte sie seinen Schnurrbart. Sich an ihren Bruder wendend, sprach sie: ‹Kostenka, komm bitte mit und hilf mir. Du hast mir doch versprochen, mit Werunkas Lilien im Teich zu sprechen, weißt du noch?›

‹Klar›, antwortete Kostja.

‹Dann lass uns gehen.›

‹Ja.›

Diesmal gaben die Wachsoldaten den Weg frei. In der Tür drehte sich Dascha zu dem noch immer knienden Menschen um, lächelte ihn an und sprach mit sicherer Stimme: ‹Es wird gut werden auf Erden.›

Sechs Stunden später fand eine große Versammlung des Obersten Verteidigungsrats statt. Der ergraute Vorsitzende sagte Folgendes: ‹Alles in unserer Welt befindet sich in einem steten Wandel, auch wir selbst. Die junge Generation, die jetzt auf der Erde erschienen ist, gleicht Göttern. Die militärische Macht des gesamten Planeten hat sich als machtlos erwiesen, machtlos gegenüber einem kleinen Mädchen dieser neuen Generation. Es ist unsere Aufgabe, ja unsere Schuld gegenüber der neuen Generation, die Erde von allen Arten von Abfall zu befreien. Dazu gehört auch die Abschaffung jeglicher militärischer Rüstung. Was wir für die modernsten technischen Errungenschaften, für das Nonplusultra militärischer Entwicklung hielten, wird von Kindern mit einem Fingerschnippen ausgeschaltet. Ich sage Ihnen, meine Herren, so ein Ramsch gehört abgeschafft.›»

10

Das große Wettabrüsten

Anastasia fuhr fort: «In der Folge fanden auf der ganzen Welt in höchsten militärischen Kreisen groß angelegte Konferenzen statt. In erster Linie ging es um Möglichkeiten für die weltweite Entsorgung von Waffen und Munition. Wissenschaftler verschiedener Staaten tauschten ihre Erfahrungen auf dem Gebiet der Verwertung militärischer Technologien aus. Psychologen traten in den Massenmedien auf, um diejenigen zu beruhigen, die über eigene Waffen verfügten. Denn hier und da sickerten Informationen über die Geschehnisse in Russland durch, wenngleich in etwas verzerrter Form.

Nach Angaben bestimmter westlicher Medien verfügte Russland über eine Geheimwaffe, durch die es zur Stunde X sämtliche Bestände an Waffen und Munition anderer Staaten explodieren lassen würde, wobei auch ein Großteil der Zivilbevölkerung ausgelöscht werden würde. Die Menschen begannen, eigene Schusswaffen und eigene Munition in Flüsse zu werfen oder auf offenem Gelände zu vergraben, weil die Regierungen es nicht schafften, die Waffen schnell genug einzusammeln und zu vernichten.

Firmen erhoben hohe Gebühren für die Annahme sogar einzelner Patronen. Auf die eigenmächtige Entsorgung von Waffen waren Strafen ausgesetzt, doch dies hielt viele Leute nicht davon ab, sich anderweitig dessen zu entledigen, was sie als lebensbedrohlich für ihre ganze Familie erachteten. Die Bürger von Städten mit militärischen Einrichtungen forderten von der Regierung die unverzügliche

Vernichtung aller Waffen. Die Medien vieler westlicher Länder verbreiteten das Gerücht, Russland sei eine große Bedrohung für die Welt. Die Staaten waren nicht in der Lage, sich schnell genug aller Waffenbestände zu entledigen. Zwar arbeiteten die Firmen zur Verwertung von Waffen und zur Demontage militärischer Anlagen an der Grenze ihrer Möglichkeiten, doch sie konnten nicht in wenigen Wochen das zerstören, was in jahrzehntelanger Arbeit aufgebaut worden war.

Die russische Regierung wurde beschuldigt, schon lange über das Erscheinen von Kindern mit paranormalen Fähigkeiten in ihrem Lande zu wissen und sich darauf vorzubereiten, diese Kinder als tödliche Waffen einzusetzen. Als Bestätigung für dieses Gerücht wurde die Tatsache angeführt, dass die russische Regierung seit Jahren damit beschäftigt war, umweltfeindliche Firmen nicht nur im eigenen Lande, sondern auch nahe der russischen Staatsgrenze aufzukaufen und zu demontieren. Wenn Russland es dann geschafft hätte, sein eigenes Territorium von militärischen Anlagen zu befreien, hätte es laut Gerücht die Möglichkeit, die in der Abrüstung rückständigen Länder zu zerstören.

Diese hypothetischen Zerstörungen und die Folgen einer dadurch hervorgerufenen weltweiten Katastrophe wurden hierbei vorsätzlich maßlos übertrieben, ganz abgesehen davon, dass die Absicht der russischen Regierung sowieso aus der Luft gegriffen war. Für die Firmen, die Waffen und Munition verwerteten, war die Panikmache natürlich ein einträgliches Geschäft. So musste man zum Beispiel für jede abgegebene Patrone 20 Dollar zahlen. Eigenmächtiges Vergraben oder Wegwerfen von Waffen und Munition wurde als krimineller Akt bestraft. Die Panik wurde noch dadurch gesteigert, dass niemand einen wirksamen Schutz gegen die Fähigkeiten der russischen Kinder anzubieten hatte.

Mitten in dieser Aufregung entschloss sich der russische Präsident zu einem verzweifelten Schritt, der vielen als unüberlegt erschien: In Begleitung einer Gruppe von Kindern mit paranormalen Fähigkeiten trat er in einer Fernsehsendung auf, die weltweit in allen Kanälen direkt übertragen wurde. Seine Ansprache wurde von fast der gesamten Weltbevölkerung verfolgt. Kurz zuvor waren alle Betriebe und Läden vorübergehend geschlossen worden. Praktisch niemand war mehr auf der Straße, so gespannt warteten die Menschen auf die Botschaft aus Russland. Der russische Präsident wollte die Menschen durch seinen Auftritt beruhigen und der ganzen Welt zeigen, dass sich niemand vor einer in Russland geborenen Generation blutdürstiger Monster zu fürchten brauche. Vielmehr seien all jene jungen Russen ganz normale, gutmütige Kinder. Um seinen Auftritt noch überzeugender zu gestalten, hatte er sich entschlossen, in seinem Büro dreißig solcher Kinder zu versammeln und dort mit ihnen einige Zeit zu verbringen. Und so geschah es auch.»

«Und was hat der russische Präsident der Weltgemeinschaft gesagt?»

«Wenn du willst, kannst du es selber mitverfolgen, Wladimir.»

«Und ob ich das will!»

«Dann schau her.»

Ich sah folgende Szene. Der russische Präsident stand an einem kleinen Rednerpult neben seinem Arbeitstisch. Zu beiden Seiten der Tribüne saßen auf kleinen Stühlen Kinder im Alter von drei bis zehn Jahren. An der gegenüberliegenden Wand hatte sich eine Gruppe von Reportern und Journalisten mit Fernsehkameras aufgestellt. Der Präsident begann zu sprechen:

«Sehr geehrte Damen und Herren, liebe Mitbürgerinnen und Mitbürger! Ich habe zu diesem Treffen insbesondere diese Kinder hier eingeladen. Und wie Sie sehen, bin ich allein mit ihnen in meinem Büro, ohne die Gegenwart der Eltern oder einer psychologischen Leibgarde. Diese Kinder sind keine Monster, wie in den westlichen Massenmedien behauptet wird. Es handelt sich um ganz gewöhnliche Kinder. In ihren Gesichtern und Handlungen werden Sie keine Anzeichen von Aggressivität finden. In gewisser Hinsicht allerdings scheinen sie außergewöhnliche Fähigkeiten zu haben. Aber stimmt das wirklich? Vielleicht sind ja die Fähigkeiten, die sich in der heranwachsenden Generation manifestieren, eigentlich für den Menschen ganz normal. Und vielleicht ist ja die Welt, wie wir sie geschaffen haben, der menschlichen Existenz unwürdig. Durch das moderne Kommunikationssystem und das Militärpotenzial hat die Menschheit ein Instrument geschaffen, das in der Lage ist, unseren gesamten Planeten zu vernichten.

Jahrhundertelang wurde zwischen den Staaten dieser Welt, die über die größte militärische Macht verfügen, auf friedlichem Wege verhandelt, doch das Wettrüsten hat nie aufgehört. Heute haben wir die Gelegenheit, diesen tödlichen Prozess zu beenden. Im Moment sind die Länder im Vorteil, auf deren Hoheitsgebiet sich keine größeren Waffenlager befinden. Das scheint für viele von uns absurd zu sein. Aber wir sollten uns einmal fragen, wie es kommt, dass die Produktion todbringender Waffen, die das Potenzial haben, ganze Völker, ja die gesamte Menschheit zu vernichten, als natürlich gelten konnte.

Die heranwachsende Generation hat neue Prioritäten gesetzt. Sie hat uns gezwungen, in entgegengesetzter Richtung zu handeln: Abrüstung ist das Gebot der Stunde. Diese Situation hat zu einer Angst, zu einer Panik geführt, die einzig und allein auf verzerrten Informationen beruht. Der russischen Regierung wird vorgeworfen, seit Langem von dem Erscheinen der Kinder mit paranormalen Fähigkeiten gewusst zu haben. Diese Anschuldigungen sind unbegründet. Wie in den meisten anderen Ländern ist auch bei uns das Militärpotenzial nach wie vor sehr hoch; unsere Abrüstung ist noch längst nicht beendet.

Der russischen Regierung wird vorgeworfen, sie habe nichts dafür getan, um alle Kinder mit paranormalen Fähigkeiten zu finden und zu isolieren, um sie in einen künstlichen Schlaf zu versetzen, bis der Prozess der Abrüstung vollendet sei. Die russische Regierung wird auf keinen Fall solche Schritte unternehmen. Die Kinder Russlands sind gleichberechtigte Bürger unseres Staates. Sollte es uns nicht nachdenklich stimmen, dass wir diejenigen, die die Mordwerkzeuge ablehnen, isolieren wollen, und nicht diejenigen, die sie herstellen? Die russische Regierung tut alles, um zufällige emotionale Regungen derjenigen Kinder zu verhindern, die aus Abneigung gegen Waffen Impulse zu deren Zerstörung senden könnten.

So wurden in unseren nationalen Fernsehkanälen alle Programme gestrichen, in denen Mordwerkzeuge gezeigt werden. Auch Spielzeuge, die Waffen nachgebildet sind, wurden aus dem Verkehr gezogen und vernichtet. Die Eltern sind ständig mit ihren Kindern zusammen und bemühen sich, psychische Belastungen ihrer Kinder zu vermeiden. Russland …»

Der Präsident unterbrach seine Rede. Ein blonder Junge von etwa fünf Jahren war aufgestanden auf und zum Stativ einer Videokamera gegangen. Zuerst betrachtete er nur die Schrauben des Stativs, doch als er das Stativ in die Hände nahm, wich der Kameramann erschrocken zurück und verschwand in den Reihen der Journalisten hinter ihm. Der Präsident nahm den Jungen bei der Hand und führte ihn zurück zu dem Stuhl, auf dem er zuvor ruhig gesessen hatte, wobei er zu ihm sagte: «Bitte setz dich noch eine Weile hierher. Ich bin noch nicht ganz fertig.»

Aber es gelang ihm nicht, seine Rede fortzusetzen. Zwei kleine Buben von drei bzw. vier Jahren machten sich an dem Tisch mit der Telefonanlage des Präsidenten zu schaffen. Zu Beginn der Rede hatten die Kinder noch ganz brav auf ihren Stühlen gesessen, doch nun beschäftigten sie sich mit allem Möglichen. Nur die älteren Kinder waren auf ihren Plätzen geblieben und betrachteten die Journalisten mit ihren Fernsehkameras. Unter ihnen befand sich auch ein Mädchen mit Zöpfen und Schleife, das mir bekannt vorkam. Ja, es musste Dascha sein, die die modernen Raketen zur Explosion gebracht hatte. Mit gar nicht kindlicher Miene, sondern gefasst und aufmerksam beobachtete sie das Treiben und die Reaktionen der Journalisten.

Nicht wenig erstaunt blickten die Menschen in aller Welt auf ihre Fernsehbildschirme und sahen das verwirrte Gesicht des russischen Präsidenten. Seine Blicke wanderten unruhig über die Kinder, die durch sein Büro tobten. Zwei von ihnen hantierten mit seinem Telefon für Regierungsgespräche herum. Der Präsident schaute zur Tür, hinter der seine Helfer und die Eltern der Kinder saßen, aber er rief niemanden zu Hilfe. Er entschuldigte sich für die Unterbrechung, ging behände zu den beiden Buben, die gerade ein Telefon vom Tisch zogen, und nahm unter jede Achsel einen mit den Worten: «Das ist kein Spielzeug.» Einer der beiden, die in den Armen des Präsidenten hingen, sah seinen Kameraden auf der anderen Seite herabbaumeln und musste laut lachen. Der andere schaffte es irgendwie, dem Präsidenten an der Krawatte zu ziehen, und sagte: «Es ist doch Spielzeug!»

«Das denkst du vielleicht, es ist aber kein Spielzeug.»

«Spielzeug», wiederholte der Kleine lächelnd.

Der Präsident bemerkte, dass noch mehr Jungen zu seinem Telefontisch kamen, angezogen von den blinkenden Lämpchen und den Klingeltönen, und mit den Apparaten spielten. Er setzte die beiden Zappelphilippe auf dem Fußboden ab, rannte schnell zur Telefonanlage, drückte auf einen Knopf und sagte: «Die gesamte Anlage in meinem Büro bitte abschalten!»

Dann legte er auf seinem Arbeitstisch schnell eine größere Anzahl leere Blätter aus, dazu jeweils einen Bleistift oder Kugelschreiber, und sprach zu den Kindern: «Das ist für euch. Ihr könnt malen, was ihr wollt. Ihr zeichnet etwas, und dann werden wir uns gemeinsam anschauen, wer es am besten kann.»

Die Kinder traten an den Tisch heran, und jeder nahm sich ein Blatt Papier und einen Stift. Für die Kleineren schob der Präsident Stühle an den Tisch heran. Einige setzte er, die ganz Kleinen stellte er auf ihren Stuhl, damit sie an den Tisch heranreichen konnten. In der Überzeugung, die Lage gemeistert zu haben, trat der Präsident dann wieder an sein Rednerpult, lächelte in die Kameras und atmete erleichtert auf, um nun endlich seine Rede fortzusetzen, doch da kam ein kleiner Pimpf daher und zupfte ihm am Hosenbein.

«Was gibt's? Fehlt dir was?»

«Pi.»

«Was?»

«Pi-pi.»

«Aha, du musst wohl auf die Toilette», begriff der Präsident und blickte zur Ausgangstür.

Die Tür wurde geöffnet, und herein traten zwei Helfer oder Leibwächter des Präsidenten, die schnell auf den Jungen zugingen. Einer der beiden beugte sich mit strenger, etwas verspannter Miene herab und nahm den Kleinen an die Hand. Der Knabe jedoch hielt sich am Hosenbein des Präsidenten fest, und es gelang ihm, sich dem Griff des strengen Herrn, der ihn in Richtung Ausgangstür ziehen wollte, zu entwinden. Von der anderen Seite jedoch sprangen sogleich mehrere Wachmänner auf ihn zu. Mit einer Hand versuchte sich der Junge ihres Zugriffs zu erwehren, mit der andern suchte er wieder beim Hosenbein des Präsidenten Zuflucht.

«Pi», sagte er wieder und ging etwas in die Hocke.

«Du immer mit deinem ‹Pi› … kleiner Quengler», sagte der Präsident, nahm den Buben auf den Arm und ging zum Ausgang. «Bin gleich wieder zurück», entschuldigte er sich bei den Journalisten und schloss die Tür hinter sich.

Auf Hunderten von Millionen Fernsehbildschirmen waren jetzt malende, spielende und miteinander sprechende Kinder zu sehen. Immer wieder wanderten die Kameras zum leeren Rednerpult. Plötzlich stand die kleine Dascha auf und schob ihren Stuhl zum Rednerpult. Sie kletterte darauf, schaute die Journalisten und die auf sie gerichteten Objektive an, rückte die Schleifen an ihren Zöpfen zurecht und begann zu sprechen:

«Ich heiße Dascha. Unser Präsident ist ein guter Mann. Er wird gleich kommen und weitersprechen. Er ist ein bisschen aufgeregt. Er wird erzählen, wie gut es auf der Erde bald sein wird. Niemand muss sich dann mehr fürchten. Mein Bruder Kostja hat mir gesagt, dass sich viele vor uns Kindern fürchten, weil ich die großen, neuen Raketen kaputtgemacht habe. Ich wollte gar nicht, dass sie in die Luft fliegen; ich wollte bloß, dass unser Papi nicht immer so lange weg ist und fast nur noch Raketen im Kopf hat. Mutti hat er kaum mehr beachtet … dabei ist sie viel besser als alle Raketen. Und sie freut sich, wenn Papi sie ansieht und mit ihr spricht. Wenn er aber lange verreist ist oder Raketen angeschaut hat, ist Mutti ganz traurig gewesen. Und ich will nicht, dass Mutti traurig ist. Mein Bruder Kostja ist sehr schlau, und er hat gesagt, dass ich viele Leute erschreckt habe. Ich werde nichts mehr in die Luft sprengen. Das ist überhaupt nicht interessant. Es gibt so viel anderes zu tun, was wichtiger und interessanter ist und was allen Freude macht. Das mit den Raketen können die Erwachsenen selber in Ordnung bringen … damit niemand sie je wieder explodieren lässt. Niemand soll sich mehr vor uns fürchten.

Ihr seid alle eingeladen zu uns in unser Haus, jeder von euch. Wir können euch allen frisches, lebendiges Wasser zu trinken geben. Meine Mami hat mir erzählt, wie hier die Menschen früher gelebt haben. Gearbeitet haben sie, immer gearbeitet … und Fabriken gebaut, mit viel Abfall und mit giftigen Schornsteinen. Das ging so weit, dass sie eines Tages kein frisches Wasser mehr zu trinken hatten. Das Wasser in den Flüssen und Quellen war ungenießbar geworden, sodass man nur noch das Wasser trinken konnte, das in Flaschen verkauft wurde. Aber dieses Wasser in den Flaschen war tot, und die Menschen wurden krank davon. So war es früher … auch wenn ich mir nicht vorstellen kann, wie die Menschen das Wasser so schmutzig machen konnten, dass sie es nicht mehr trinken konnten. Aber mein Vater hat mir gesagt, dass es auch heute noch Länder gibt auf dieser Welt, wo es kein lebendiges, reines Wasser gibt, und dass die Menschen in diesen Ländern krank werden und auf qualvolle Weise sterben. Auch richtige Äpfel gibt es dort nicht oder köstliche Beeren, weil alles Lebendige krank ist. Und wer solche kranken Dinge isst, wird selbst krank.

Kommt zu uns, ihr seid alle eingeladen. Bei uns bekommt ihr richtig gute Äpfel, Tomaten, Birnen und Beeren. Wenn ihr wieder nach Hause geht, werdet ihr selbst sagen, dass es besser ist, alles rein zu halten, in einer sauberen Welt zu leben. Wenn eure Welt dann sauber ist, werden wir euch besuchen und viele schöne Geschenke mitbringen.»

Der Präsident war inzwischen mit dem Jungen auf dem Arm zurückgekehrt, stand an der Tür und lauschte Daschas Vortrag. Als sie fertig war, kam er zum Rednerpult, ohne den Kleinen abzusetzen, und fügte hinzu: «Sie hat recht. Kommen Sie zu uns und kurieren Sie sich richtig aus. Aber eigentlich geht es uns um mehr als um die Heilung des Körpers. Es geht uns darum, uns selbst und unsere Bestimmung zu verstehen. Denn ohne dieses Verstehen werden wir, ehe wir uns versehen, vom Antlitz der Erde getilgt werden – wie unnützer Abfall. Wir müssen die Verschmutzung des Planeten, die wir selbst verursacht haben, beseitigen. Ich danke Ihnen für Ihre Aufmerksamkeit.»

Damit war die Szene im Arbeitszimmer des Präsidenten verschwunden. Anastasias Stimme fuhr fort: «Es ist schwer zu sagen, was mehr Eindruck auf die Menschen machte: die Rede Daschas oder die des Präsidenten. Jedenfalls hörten immer mehr Menschen auf, den Gerüchten über Russlands aggressive Absichten Glauben zu schenken. Sie wollten einfach nur glücklich leben und glaubten daran, dass das möglich war. Der Wunsch, Russland zu besuchen und in Russland zu leben, nahm nach der Fernsehsendung immer mehr zu. Nach ihrer Rückkehr aus Russland konnten die Menschen nicht mehr zu ihrem vorherigen Leben zurückkehren. Das neue Bewusstsein war in ihnen entfacht worden und leuchtete wie der erste Sonnenstrahl in der Morgendämmerung.»

11

Wissenschaft und Pseudowissenschaft

«Aber Anastasia, wie konnten die Russen denn auf einmal so viele Gäste aufnehmen? Das muss ein großes Problem gewesen sein. Ich stelle mir gerade vor, wie ich auf meinem Grundstück lebe und durch meinen grünen Zaun ständig angegafft werde.»

«Die Touristen und die Ausländer, die zur Kur nach Russland kamen, bezogen die frei gewordenen Stadtwohnungen. Die Nahrungsmittel wurden von den Landgütern angeliefert, und die Touristen wurden nicht dorthin gelassen. Nur wenige von ihnen bekamen die Möglichkeit, in den Wohnstätten der neuen Russen zu Gast zu sein. Psychologen berichteten den Gastgebern ständig von Fällen starker Depression bei Touristen, die wieder in ihre Heimat zurückgekehrt waren, besonders wenn sie aus Ländern kamen, die früher als fortschrittlich gegolten hatten. Diese Berichte entsprachen durchaus der Wahrheit. Ungefähr vierzig Prozent der Ausländer, die in den russischen Siedlungen gewohnt hatten, bekamen nach ihrer Heimreise schwere Depressionen mit Selbstmordgedanken.»

«Wieso denn das, Anastasia? Du hast doch gesagt, in diesen Landkommunen sei alles bestens – eine schöne Landschaft, gesunde Nahrung und ein gegenseitiges Einvernehmen unter den Familienangehörigen ...»

«Ja, aber gerade das war für viele ausländische Gäste ein Problem: Es war zu schön. Stell dir einen älteren Menschen vor, der die meiste Zeit seines Lebens in einer Großstadt gelebt hat; der um jeden Preis danach gestrebt hat, möglichst viel zu verdienen, um besser situiert zu sein als andere. Für sein Geld hat er eine Wohnung, Kleidung, ein Auto und etwas zu essen bekommen. Da sitzt er nun in seiner möblierten Wohnung, in der Garage steht sein Auto, und sein Kühlschrank ist voll.»

«Gut ... das ist doch ganz normal. Und was dann?»

«Diese Frage kannst du, denke ich, selber beantworten, Wladimir: Und was dann?»

«Dann ... nun, vielleicht wird er irgendwohin fahren, um sich neue Möbel oder ein neues Auto zu kaufen.»

«Und dann?»

«Dann? Keine Ahnung!»

«Irgendwann wird er sterben. Und danach wird er für Jahrmillionen nicht mehr auf der Erde leben, vielleicht sogar nie mehr ... Sein zweites Ich, seine Seele, kann dann kein irdisches Dasein mehr erlangen, denn er hat nichts dafür getan, um mit einem weiteren Erdenleben gesegnet zu werden. Intuitiv weiß das jeder, darum haben ja die meisten Menschen so viel Angst vor dem Tod. Weil fast alle Leute ähnliche Ziele verfolgen, denken sie, man könne gar nicht anders leben. Dann aber sieht ein solcher Mensch auf einmal ein ganz anderes Leben. Er hat ein Paradies auf Erden kennengelernt, einen Raum der Liebe, geschaffen nach göttlicher Art durch die Hand des Menschen. Er sieht, dass er bisher ein höllisches Leben geführt hat, das sich schon bald dem Ende zuneigt. So stirbt er in Qualen, und diese Qualen dauern viele Millionen Jahre.»

«Warum sind dann nicht alle Leute in tiefe Depression verfallen, die die neue Lebensweise der Russen gesehen haben?»

«Andere haben intuitiv verstanden, dass sie auch noch im Alter, wenn die Kraft in den Armen schwindet, auf der Erde einen Raum der Liebe schaffen können und dass Gott dann ihr Leben verlängern wird. Und so streckten die Alten ihren Rücken und kamen mit strahlendem Lächeln den Jungen zu Hilfe.»

«Aber Anastasia, da kamen die Touristen von so weit her und konnten noch nicht einmal auf den Wegen der neuen Siedlungen spazieren gehen und die frische Luft dort atmen? Hat sich denn ihre Reise überhaupt gelohnt?»

«Ja, denn auch in den Städten kamen die Touristen in den Genuss des frischen Atems der Erde und tranken sauberes Wasser. Der Wind brachte ihnen den feinen Äther und die Blütenpollen der an Pflanzen so reichen Siedlungen. Auf Exkursionen betrachteten sie diese paradiesischen Oasen aus achtungsvoller Entfernung und waren darauf bedacht, die dort wohnenden Familien nicht zu belästigen.»

Wieder bot sich mir ein Anblick des zukünftigen Russlands.

Ich sah vor mir die mir recht gut bekannte, 30 Kilometer lange Verbindungsstraße zwischen den Städten Wladimir und Susdal*. Früher hatte man hier nur sporadisch Touristenbusse verkehren sehen. Die Leute waren gekommen, um die altertümlichen Tempel und Klöster in Susdal zu sehen. Die meisten Autos waren PKWs aus der Umgebung gewesen. Jetzt aber bot sich mir ein völlig anderes Bild. Die Straße war doppelt so breit wie früher, befahren von schön anzusehenden Bussen. Es musste sich wohl um Elektromobile handeln, denn weder Abgase noch Motorengeräusche waren auszumachen; das einzige Geräusch war das leise Surren der Reifen auf dem glatten Asphalt. Die Busse waren mit Reisegruppen aus den verschiedensten Ländern besetzt. Viele der Touristen betrachteten die Landschaft mit ihren Ferngläsern.

Ungefähr einen Kilometer von der Straße entfernt erkannte ich hinter einem Waldstreifen einige Hausdächer. Dies waren die neuartigen Höfe, umringt von ihren grünen Zäunen. Zu beiden Seiten der Straße befanden sich im Abstand von etwa zwei Kilometern schöne einstöckige Gebäude mit Läden und Raststätten. Vor jedem dieser Gebäude gab es einen kleinen asphaltierten Platz zum Parken der Busse, der allerdings gewöhnlich besetzt war. Aus den E-Bussen

---

* Susdal ist eine der ältesten russischen Städte und liegt rund 220 km nordöstlich von Moskau am Kamenka-Fluss in der Oblast Wladimir. (Anmerkung des Übersetzers)

strömten Touristen heraus, die Proviant kaufen oder auf der Stelle die angebotenen Waren probieren wollten.

Alle Geschäfte und Cafés wurden mit frischen Lebensmitteln von den neuen Siedlungen beliefert. Angeboten wurden außerdem handbestickte russische Hemden, Tücher, Holzschnitzereien und andere kunstvoll verarbeitete Produkte. Anastasia erklärte mir, dass die Menschen diese Waren gern kauften, weil sie wussten, wie viel wertvoller die Handarbeit einer glücklichen Frau ist als ein Fließbandprodukt.

Von weiter oben bekam ich einen besseren Überblick über die Gegend. Ich sah die aus rund neunzig Höfen bestehende Siedlung, umringt von einem Waldstreifen. Danach kam etwa ein Kilometer freies Feld, gefolgt von der nächsten Siedlung. So reihte sich eine Siedlung an die andere, und das für etwa dreißig Kilometer. Schattige Alleen dienten als Verbindungswege zwischen den Siedlungen.

Die Grundstücke waren alle etwa gleich groß, aber doch von recht unterschiedlichem Äußeren. Einige waren durch Obsthaine geprägt, andere durch wild wachsende Bäume – schlanke Kiefern, weit ausladende Zedern, Eichen oder Birken.

Auf jedem Hof gab es entweder einen Teich oder ein größeres Freiwasserbecken. Die von Blumenbeeten umgebenen Häuser waren wiederum von unterschiedlicher Art: große einstöckige Villen oder kleinere Häuser mit nur einem Erdgeschoss. Auch vom Baustil her unterschieden sie sich: Einige Häuser hatten ein Flachdach, andere ein Giebeldach. Außerdem sah ich hier und da weiße Lehmhütten, genau wie ich sie aus ukrainischen Dörfern kannte.

Autos verkehrten auf den alleenartigen Wegen, die die einzelnen Gehöfte voneinander trennten, nicht. Auch konnte ich kaum Menschen beobachten, die draußen arbeiteten. Ich gewann vielmehr den Eindruck, als sei die außergewöhnliche Schönheit der Gegend allein auf die waltende Hand des himmlischen Schöpfers zurückzuführen und die Leute selbst hätten nichts anderes zu tun, als sich am Schöpfungsvorgang zu erfreuen. In der Mitte jeder Siedlung gab es geräumige, schöne einstöckige Gebäude, um die herum viele Kinder spielten; hierbei handelte es sich offenbar um Schulen oder Clubhäuser*.

«Im Zentrum dieser Siedlungen», sagte ich zu Anastasia, «dort, wo die Schulen und Clubs sind, scheint ja zumindest etwas los zu sein – auf den Gehöften selbst aber wird es wohl recht langweilig zugehen. Was kann es auch noch zu tun geben für einen Gärtner, der weder mit Unkraut noch mit Schädlingen zu kämpfen hat und der noch nicht einmal zu düngen braucht? Was hier fehlt, sind harte Arbeit, Schaffenskraft und Erfindergeist, denke ich. Deshalb gibt es hier keine Lebensfreude.»

«Wladimir, all das, was du gerade aufgezählt hast, gibt es hier sehr wohl. Die Bewohner dieser Gehöfte leisten Bedeutendes. Ihr Schaffen erfordert mehr Intellekt, mehr geistige Arbeit und mehr Eingebung als bei den Künstlern und Erfindern deiner Welt.»

«Aber wenn sie alle solch große Künstler und Erfinder sind, wo sind dann die Früchte ihrer Werke?»

«Wladimir, denkst du etwa, ein Künstler sei nur jemand, der Pinsel und Leinwand zur Hand nimmt und eine schöne Landschaft malt?»

«Na klar. Die Leute schauen sich ein solches Gemälde an, und wenn es ihnen gefällt, kaufen sie es oder hängen es in einer Galerie auf.»

«Und wieso ist in deinen Augen nicht auch jemand ein Künstler, der anstatt einer Leinwand einen Hektar Land bearbeitet und daraus eine solch schöne Landschaft formt wie diese hier ... oder eine noch schönere? Denn um aus lebendiger Materie etwas Schönes zu erschaffen, braucht der Schaffende nicht nur künstlerische Phantasie und einen guten Geschmack, sondern auch eine Menge Wissen über die lebendige Materie. In beiden Fällen soll das geschaffene Werk positive Emotionen hervorrufen und das Auge erfreuen. Im

---

* Gebäude für Arbeitsgemeinschaften, an denen Kinder neben dem schulischen Lernen freiwillig teilnehmen können. In der Sowjetunion wurden in solchen Clubs Fächer wie Theater, Malerei oder Fotografie unterrichtet. (Anmerkung des Übersetzers)

Gegensatz zu dem Ölgemälde aber hat das lebendige Bild eine viel weiter gefasste Funktionalität. Es reinigt die Luft, bringt wohltuenden Äther hervor und ernährt den Körper des Menschen. Das lebendige Bild wechselt ständig seine Farben, und es kann unendlich vervollkommnet werden. Außerdem ist es durch unsichtbare Fäden mit dem Kosmos verbunden. Mit anderen Worten, es ist unvergleichlich bedeutungsvoller als ein Ölgemälde, und folglich ist auch der Künstler viel größer als ein gewöhnlicher Maler.»

«Tja, dem kann ich wohl kaum widersprechen. Doch wieso hältst du die Gutsbesitzer auch für Erfinder? Haben sie etwa eine Beziehung zur Wissenschaft?»

«Natürlich.»

«Und was für eine?»

«Wladimir, würdest du jemanden für einen Wissenschaftler halten, der sich mit Pflanzenzucht und Gentechnik befasst?»

«Klar sind solche Leute Wissenschaftler, das weiß doch jeder. Sie arbeiten in Forschungsinstituten und sind mit der Entwicklung neuer Arten von Gemüse und Obst beschäftigt.»

«In Ordnung, aber was zählt, ist doch letztlich das Ergebnis ihres Tuns.»

«Ja, bestimmte Sorten Gemüse machen sie frostbeständig oder länger haltbar. Auch haben sie Kartoffelsorten gezüchtet, die widerstandsfähiger sind gegen Kartoffelkäfer. In fortschrittlichen Ländern ist es sogar gelungen, aus einer einzelnen befruchteten Zelle Lebewesen heranzuzüchten. Auch menschliche Organe für Transplantationen entstehen heutzutage schon im Labor.»

«Stimmt. Aber hast du schon mal darüber nachgedacht, Wladimir, warum in diesen fortschrittlichen Ländern immer mehr neue Krankheiten auftauchen – allen voran Krebserkrankungen? Warum immer mehr Medikamente benötigt werden? Und warum immer mehr Menschen unfruchtbar sind?»

«Warum denn?»

«Weil viele von denen, die du Wissenschaftler nennst, ganz und gar unvernünftig sind. Ihr menschliches Gemüt ist praktisch ausgeschaltet, paralysiert, wie man so sagt, und durch sie – oder besser gesagt durch ihre äußere Hülle – handeln die Kräfte der Zerstörung. Überleg doch mal, Wladimir, diese angeblichen Gelehrten machen sich daran, die in der Natur existierenden Pflanzen und Früchte zu verändern, und zwar ohne deren Bestimmung zu verstehen. In der Natur jedoch ist alles eng miteinander verknüpft. Nehmen wir nur einmal an, ein Mechaniker entfernt ein Teil aus deinem Auto, sagen wir den Benzinfilter. Eine Zeitlang kannst du vielleicht noch weiterfahren, aber was passiert dann?»

«Die Treibstoffzufuhr wird unterbrochen, und der Motor bleibt stehen.»

«Siehst du, jedes Teil im Auto erfüllt seine ganz bestimmte Funktion, und ohne die zu kennen, sollte man lieber die Finger von dem Teil lassen.»

«Logisch – dafür gibt es schließlich Mechaniker.»

«Na also. Genauso ist die gesamte Natur ein vollkommener Mechanismus, nur hat noch niemand ihn völlig verstanden. Jeder Baustein der Natur hat seine Funktion, in enger Wechselbeziehung mit dem Kosmos, und die Veränderung oder Entfernung eines Bausteins wird sich unweigerlich auf die Funktion des gesamten Mechanismus auswirken. Die Natur hat viele Schutzfunktionen. Bei unzulässigen Handlungen gibt sie ein Warnsignal. Hilft das nichts, so ist die Natur gezwungen, den Hobbymechaniker zu beseitigen. Wenn nun der Mensch manipulierte Früchte isst, wird auch er sich allmählich verändern. Dies ist eine unvermeidliche Folge, und es geschieht auch bereits. So wird nicht nur das Immunsystem des Menschen geschwächt, sondern auch sein Verstand und seine Gefühle leiden. Der Mensch verliert allmählich die nur ihm verliehenen Fähigkeiten und verwandelt sich in einen leicht lenkbaren Bioroboter. Schließlich verliert er jede Unabhängigkeit. Das Zunehmen all der neuen Krankheiten ist eine Bestätigung dieser Kette von Folgen und zeigt die Unzulässigkeit der Handlungsweise des Menschen.»

«Also gut, du hast recht. Auch ich kann ja diese manipulierten Pflanzen überhaupt nicht ausstehen. Erst wurde dafür Werbung gemacht, dann wurde in vielen Ländern die Etikettenpflicht für Genfood eingeführt. Lebensmittelhersteller mussten auf gentechnisch veränderte Produkte hinweisen. Auch bei uns gibt es so eine Verordnung. Viele Menschen sind darauf bedacht, kein Genfood zu kaufen. Aber ganz vermeiden können sie das auch nicht, denn die naturbelassenen Lebensmittel werden allein schon durch den Preisunterschied immer mehr vom Markt verdrängt.»

«Na bitte, es ist den Kräften der Zerstörung bereits gelungen, die menschliche Gesellschaft in eine ökonomische Abhängigkeit zu zwingen. Sie haben es geschafft, euch einzureden: ‹Wenn Ihr unsere Produkte nicht esst, werdet Ihr verhungern.› Aber eigentlich ist es gerade umgekehrt, Wladimir. Der Mensch muss sterben, wenn er sie isst.»

«Vielleicht, Anastasia. Aber nicht alle werden umkommen. Viele wissen Bescheid und essen keine manipulierten Produkte.»

«Und woran kann man sie von den anderen unterscheiden? Wie machst du das zum Beispiel, Wladimir?»

«Ich kaufe kein Importgemüse. Was auf den lokalen Märkten einheimischer Bauern verkauft wird, schmeckt sowieso viel besser.»

«Woher nehmen diese Bauern das Saatgut?»

«Woher wohl? Sie kaufen es ein. Es gibt Genossenschaften, die mit Saatgut handeln, alles schön sauber verpackt.»

«Und die Bauern kaufen das Saatgut auf der Grundlage der Informationen, die auf der Verpackung zu lesen sind. Woher wollen sie aber wissen, ob diese Informationen auch stimmen?»

«Du meinst, das Saatgut könnte auch manipuliert sein?»

«Ja. Zum Beispiel gibt es heutzutage auf der ganzen Erde nur noch neun Apfelbäume mit ursprünglicher, naturreiner Abstammung. Der Apfel ist für den Menschen eines der wertvollsten und köstlichsten Geschenke Gottes. Aber er war eine der ersten Pflanzen, die der Mutation unterworfen wurden. Schon im Alten Testament wurde vor der sogenannten Veredlung gewarnt. Aber die Menschen wussten es besser, und so verschwand der ursprüngliche Apfel allmählich von der Bildfläche. Was du jetzt in euren Gärten oder Geschäften siehst, hat mit der göttlichen Frucht kaum noch etwas gemein. Und diejenigen, die sich so an der göttlichen Schöpfung vergangen haben, nennst du Wissenschaftler. Wie würdest du dann diejenigen nennen, die all die Funktionen des natürlichen Mechanismus wiederherstellen?»

«Sie sind auch Wissenschaftler, nur sind sie wahrscheinlich viel sachkundiger und weiser.»

«Die russischen Familien, die auf diesen Gehöften hier leben, kehren die Zerstörung von Gottes Natur wieder um.»

«Und woher haben sie das genetische Wissen über Selektionszucht bekommen?»

«Sie sind sich ihrer Bestimmung auf Erden bewusst, und ihre guten Absichten eröffnen ihnen das notwendige Wissen. Eigentlich aber steckt dieses Wissen von Urbeginn an in jedem Menschen.»

«Das heißt ja ... dann sind also diese Familien hier auf dem Lande ganz besondere Künstler und Wissenschaftler. Und wer sind dann wir, die wir jetzt auf der Erde leben?»

«Jeder kann seine Bestimmung selbst finden, wenn es ihm nur gelingt, seinen Gedanken neun Tage lang Freiheit zu schenken.»

12

Sind unsere Gedanken frei?

Ich fragte Anastasia: «Wie meinst du das: ‹Freiheit zu schenken›? Freiheit der Gedanken haben doch alle Menschen.»

«Unter den Alltagsbedingungen der technokratischen Gesellschaft wurde die Freiheit der menschlichen Gedanken stark eingeschränkt, ja die technokratische Welt kann überhaupt nur existieren, wenn die menschlichen Gedanken unterjocht sind.»

«Ich denke, du gehst etwas zu weit. Die Redefreiheit ist von Land zu Land unterschiedlich, meinetwegen. Aber denken kann doch jeder, was er will.»

«Das ist eine Illusion, Wladimir. Die meisten Menschen sind gezwungen, ihr Leben lang in den gleichen Bahnen zu denken. Das ist leicht festzustellen, indem wir einen Querschnitt durch die Gedankenmuster eines typischen heutigen Menschen erstellen und zu einem lebenslangen Gesamtbild zusammenfügen. Durch diese einfache Methode kannst du den Leitgedanken der gegenwärtigen Menschheit bestimmen.»

«Klingt interessant. Lass uns gemeinsam versuchen, diesen Leitgedanken zu bestimmen.»

«Gut. Dann sage mir, wie alt ein Mensch heutzutage im Durchschnitt wird.»

«Ist das wichtig?»

«Nicht besonders, das Denken verläuft sowieso recht einförmig. Aber wir brauchen diese Zahl für unsere weiteren Berechnungen.»

«Ein Menschenleben dauert heutzutage etwa achtzig Jahre.»

«Also gut, sagen wir, ein Mensch ist geboren worden ... oder genauer gesagt hat er die materielle Ebene seines Daseins betreten.»

«Bleiben wir lieber bei der Geburt, das ist für mich klarer.»

«Meinetwegen. Das kleine Kind erblickt die Welt und versucht, sie zu begreifen. Seine Eltern sorgen dafür, dass es Kleidung, Nahrung und ein Dach über dem Kopf hat. Sie werden aber auch mehr oder weniger danach streben, sein Verhalten und seine Beziehung zur Umwelt zu beeinflussen. Der Erkenntnisvorgang dauert ungefähr achtzehn Jahre, und während dieser Zeit gibt sich die technokratische Welt alle Mühe, den jungen Menschen zu beeindrucken. Lass uns also sagen, dem Menschen bleiben zweiundsechzig Jahre, in denen er frei über den Lauf seiner Gedanken verfügen kann.»

«Ja, das kann er; aber du hast gesagt, dass jemand ihn daran hindert.»

«Ja, das habe ich. Lass uns also sehen, wie viel Zeit ihm bleibt, frei zu denken.»

«Gut.»

«Jeden Tag schläft der Mensch eine Zeitlang, um sich zu erholen. Wie viele Stunden Schlaf braucht der Mensch etwa täglich?»

«In der Regel acht.»

«Berechnen wir jetzt die zweiundsechzig Jahre mit den acht Stunden Schlaf pro Tag, so erhalten wir unter Berücksichtigung der Schaltjahre im Endergebnis 181 160 Stunden Schlaf im Leben eines Menschen. Das gleicht einer soliden Schlafperiode von rund 21 Jahren. Und wenn wir nun diese 21 Jahre von den 62 Jahren abziehen, so bleiben noch 41 Jahre des Wachseins. In der Wachperiode verbringen die meisten Menschen einen großen Teil ihrer Zeit damit, Nahrung zuzubereiten und zu essen. Was denkst du, wie viel Zeit das in Anspruch nimmt, Wladimir?»

«Das Kochen und Einkaufen erledigen meistens die Frauen, während die Männer mehr Zeit damit verbringen, das nötige Geld zu verdienen.»

«Und was schätzt du, wie viel Zeit auf diese Weise verwendet wird?»

«Da wäre zunächst mal das Einkaufen, dann Frühstück, Mittag- und Abendessen – insgesamt vielleicht drei Stunden am Tag, unter der Woche. Aber natürlich sind nicht alle in der Familie mit diesen Dingen beschäftigt, einige essen nur. Hm, wenn man das Geschirrspülen noch dazurechnet, sagen wir zweieinhalb Stunden pro Tag für einen Erwachsenen.»

«Eigentlich ist es schon etwas mehr, aber bleiben wir mal bei deiner Rechnung von zweieinhalb Stunden pro Tag – damit kämen wir auf 56 612,5 Stunden oder, mit anderen Worten, 2359 Tage. Das sind etwas über sechs Jahre. Von unseren 41 Jahren bleiben also noch 35 übrig. Um in der technokratischen Welt Nahrung, Kleidung und eine Wohnung bekommen zu können, muss der Mensch eine in dieser Welt notwendige Funktion erfüllen – er muss arbeiten. Ich möchte hierbei betonen, Wladimir, dass der Mensch arbeitet, nicht weil es ihm gefällt, sondern weil ihn die technokratische Welt dazu zwingt. Ansonsten würde es ihm an lebensnotwendigen Gütern mangeln. – Also, wie lange müssen die meisten Menschen täglich arbeiten?»

«Hierzulande sind es acht Stunden; dazu kommen vielleicht zwei Stunden Hin- und Rückfahrt. Dafür gibt es aber jede Woche zwei freie Tage. Es wird etwas kompliziert …»

«Dann versuche zu schätzen, wie viele Jahre seines Lebens der Mensch für seine bei weitem nicht immer geliebte Arbeit verwendet.»

«Gar nicht so einfach ohne Taschenrechner. Was denkst du, wie viel?»

«Wenn jemand 30 Jahre berufstätig ist, so arbeitet er zehn volle Jahre für seinen Arbeitgeber, genauer gesagt für die technokratische Welt. Von den 35 Jahren bleiben also noch 25 übrig … Was tut der Mensch sonst noch während seines Lebens?»

«Er sieht fern.»

«Wie viele Stunden am Tag?»

«Mindestens drei Stunden.»

«Das macht insgesamt acht Jahre vor dem Fernseher. Bleiben also nur noch 17 Jahre. Aber auch diese Zeit steht dem Menschen nicht für die Beschäftigung zur Verfügung, die allein dem Menschen gegeben ist. Der gezügelte menschliche Geist ist träge, er lässt sich nicht von einem auf den anderen Moment umschalten. Die aufgenommenen Informationen halten ihn meist auf Dauer in ihrem Bann. Im Durchschnitt denkt ein Mensch in seinem ganzen Leben nicht mehr als 15 bis 20 Minuten über den Kosmos nach. Natürlich gibt es auch Menschen, die dafür gar keine Zeit verwenden, andere hingegen verbringen mit solchen Gedanken Jahre. Das kann jeder am besten selbst sagen, indem er über sein eigenes Leben reflektiert. Jeder Mensch ist ein individuelles Wesen und ist bedeutender als eine ganze Galaxie, denn ihm ist es gegeben, neue Galaxien zu erschaffen. Gleichzeitig jedoch ist der Mensch Teil der menschlichen Gesellschaft, die man auch als eigenständiges Wesen betrachten kann. Gerät der Mensch, der große Meister des Universums, in die Fangmaschen der Technokratie, so wird er seiner Freiheit beraubt, dreht sich im Kreise seiner Triebe und arbeitet auf seine eigene Vernichtung hin.

In den Siedlungen der Zukunft hingegen führen die Menschen ein ganz anderes Leben. Ihre Gedanken sind frei und menschlich, sie arbeiten auf ein gemeinsames Ziel hin und führen die menschliche Gesellschaft aus der Sackgasse heraus. Der gesamte Kosmos erbebt in froher Vorahnung des vereinheitlichten menschlichen Traumes. In Bälde wird das Weltall eine neue Schöpfung, eine neue Geburt erleben. Der menschliche Traum wird einen wunderbaren neuen Planeten hervorbringen.»

«Recht hochtrabende Worte hast du für diese Siedler übrig, Anastasia. Dabei sind es doch ganz einfache Leute.»

«Selbst ihre äußere Erscheinung hat sich gewandelt. In ihnen leuchtet eine starke Energie. Schau nur genauer hin: Siehst du diese Großmutter und ihren Enkel, die gerade aus der Siedlung fahren?»

13

Eine Reiterin aus der Zukunft

Ich sah, wie aus der Siedlung eine Kutsche fuhr oder vielmehr eine Kalesche mit nach hinten geklapptem Verdeck, gezogen von einem kastanienbraunen Pferd. Auf dem gepolsterten Sitz saß eine ältere Frau, vor ihr standen Körbe mit Äpfeln und Gemüse. Vorn stand ein etwa siebenjähriger Knabe mit entblößtem Oberkörper, die Zügel in den Händen. Allerdings hingen die Zügel locker herab – das Pferd beschritt offenbar eine bekannte Route. Die Reisenden schienen es nicht besonders eilig zu haben.

Der Junge wandte sich seiner Großmutter zu und sagte etwas zu ihr. Seine Oma lächelte und stimmte ein Lied an, der Junge sang den Refrain mit. So fuhren die beiden singend durch die Felder. Der Feldweg verlief parallel zur Autostraße, etwa einen Kilometer von ihr entfernt. Viele Touristen betrachteten die Kalesche durch ihre Ferngläser, mit angehaltenem Atem, als hätten sie ein Wunder vor sich oder Außerirdische. Ich verfiel wieder ins Nachdenken; irgendetwas missfiel mir an der Sache: Da kommen Menschen von weither, doch sie können nicht normal mit den Bewohnern ihres Gastlandes kommunizieren. Nur von Weitem beobachten dürfen sie sie. Und die beiden in dem Pferdewagen blickten nicht einmal zurück. Einer der Busse drosselte seine Fahrt und fuhr parallel zur Pferdekutsche einher. In diesem Bus saß eine Gruppe ausländischer Kinder. Sie winkten dem Wagen mit der Großmutter und ihrem Enkel zu. Höchstwahrscheinlich galten ihre Grüße dem Kleinen, aber der schaute nicht einmal in ihre Richtung. Plötzlich erschien aus dem mit Ranken üppig umwundenen Tor der Siedlung eine junge Reiterin. Ihr braunes Ross galoppierte der Kalesche hinterher und bäumte sich ungestüm auf, als es sie eingeholt hatte. Die Alte hörte lächelnd zu, was ihr die junge Reiterin zu sagen hatte.

Der Knabe war anscheinend nicht sehr froh über die Gesangspause und sagte belehrend, aber mit verhohlener Freude: «Mama, du kannst auch nicht eine Minute still zu Hause sitzen!» Die junge Frau lachte auf und gab dem Jungen eine Apfelpirogge, die sie aus der Satteltasche holte. Er nahm die Pirogge, biss hinein und reichte sie seiner Oma mit den Worten: «Probier mal, Oma, ist noch ganz warm.» Dann straffte er die Zügel und brachte die Kalesche zum Stehen. Er beugte sich nach hinten, hob mit beiden Armen einen Korb voller reifer Äpfel auf, reichte ihn der Reiterin und sagte: «Bitte, Mama, bring das zu ihnen», wobei er auf den inzwischen stehen gebliebenen Bus mit den ausländischen Kindern deutete.

Die junge Reiterin nahm den schweren Korb mit Leichtigkeit in eine Hand, gab ihrem hitzigen Pferd mit der anderen Hand einen Klaps an den Hals und sprengte in Windeseile zum Bus mit den Kindern los. Hinter diesem Bus waren noch weitere Busse stehen geblieben, und sie alle warteten mit Begeisterung auf die herannahende Reiterin mit dem Apfelkorb. Die Siedlerin ritt auf die aus dem Bus strömenden Kinder zu, brachte das Pferd zum Stehen, beugte sich geschickt aus dem Sattel zur Straße herab und stellte den Korb, ohne abzusteigen, vor den begeisterten Kindern ab.

Sie strich einem dunkelhäutigen Jungen über den Kopf, winkte allen Touristen noch einmal zum Abschied, dann schwenkte sie mit ihrem Ross um und ritt mitten auf der Straße davon. Der Fahrer des Busses mit den Kindern gab per Funk an seine Kollegen durch: «Sie galoppiert auf dem Mittelstreifen davon. Sie ist traumhaft schön.»

Viele Touristenbusse fuhren auf den Seitenstreifen und blieben stehen. Die aus den Bussen strömenden Passagiere stellten sich an den Fahrbahnrand und betrachteten atemlos die dahingaloppierende Schönheit. Nicht durch lautes Ausrufen, sondern im Flüsterton brachten sie ihr Staunen zum Ausdruck. Und Grund zur Begeisterung hatten sie allemal. Der feurige Hengst schlug im Galopp mit seinen Hufen Funken aus dem Asphalt. Ohne Peitsche und Sporen beschleunigte er seinen ungestümen Lauf. Seine Hufe schienen kaum den Boden zu berühren, und seine Mähne flatterte wild im Wind. Wahrscheinlich war er auf seine Reiterin sehr stolz, und das zu Recht, denn sie war wirklich außergewöhnlich schön. Zu diesem Eindruck trugen gleichermaßen ihre ebenmäßigen Gesichtszüge, ihr dunkelblonder Zopf und ihre dichten Wimpern bei. Unter ihrer handbestickten weißen Bluse und ihrem mit weißer Kamille verzierten Rock zeichneten sich verführerische weibliche Formen ab, ja ihre ganze Figur schien von einer unbändigen Energie durchdrungen zu sein. Die Röte ihrer Wangen enthüllte die Größe und das Potenzial dieser unbekannten Energie. Durch ihr kerngesundes Äußeres hob sich die junge Reiterin von den Menschen am Straßenrand ab. Sie ritt auf ihrem Hengst ohne die geringste Anstrengung. Weder hielt sie sich am Sattel noch am Zügel fest, und auch Steigbügel benutzte sie keine – ihre Beine hingen einfach an den Flanken des Pferdes herab. Gesenkten Blickes band sie sich gewandt mit beiden Händen ihren Zopf straffer zusammen. Manchmal hob die junge Schönheit ihre Augen, und wenn dann jemand aus der Menge am Straßenrand ihren Blick auffing, streckte er den Rücken und richtete sich auf.

Es schien, als suchten die Menschen wenigstens etwas von der lichten Energie zu erhaschen, die die Reiterin verströmte. Sie verstand das Ansinnen der Leute und ließ sie Anteil haben an ihrer Gegenwart, während sie in ihrer Schönheit und Pracht vorwärtsritt. Plötzlich lief den beiden ein temperamentvoller Italiener mit ausgebreiteten Armen in den Weg und rief begeistert: «Russia, I love you, Russia!» Das Pferd bäumte sich auf und tänzelte auf den Hinterbeinen, doch die Reiterin blieb gelassen. Mit einer Hand hielt sie sich am Sattelknauf fest, mit der anderen riss sie sich eine Blume aus dem Kranz, der ihren Kopf schmückte, und warf sie dem Italiener zu. Der Südländer fing das Geschenk auf, drückte es sorgsam an seine Brust wie einen wertvollen Schatz und rief wiederholt aus: «Mamma mia, mamma mia!»

Die schöne Frau aber blickte den feurigen Italiener gar nicht an; sie nahm die Zügel ihres Pferdes auf und lenkte es auf die Leute am Straßenrand zu. Die Menge machte ihr Platz. Die junge Frau stieg vom Pferd und ging auf eine offenbar europäische Frau zu, die ein kleines Mädchen in den Armen hielt. Die Kleine schlief.

Das Gesicht der Mutter war blass, ihre Augen müde. Ihre etwas gebeugte Haltung verriet, dass ihr das Tragen des Kindes nicht leichtfiel, aber trotzdem bemühte sie sich, den Schlaf ihres Babys nicht zu stören. Die Reiterin blieb vor der Mutter stehen und lächelte sie an. Die Blicke der beiden Frauen, der beiden Mütter begegneten sich. Angesichts der wilden Frische der jungen Reitersfrau, vergleichbar mit der Blüte tausender Gärten, wirkte die Mutter mit dem Kind in den Armen wie eine verwelkende Blume.

Die beiden Frauen sahen sich schweigend an. Plötzlich sprang gleichsam ein Funke der Erkenntnis von der Reitersfrau zu der Mutter mit dem schlafenden Kind über, und ein Lächeln erschien auf ihrem Gesicht. Mit graziöser Anmut nahm die Russin den schönen Kranz von ihrem Kopf und setzte ihn auf den Kopf der Mutter mit dem Kind. Dabei wechselten die beiden nicht ein Wort. Dann schwang sich die schöne Reiterin mit einem eleganten Satz wieder auf ihr Pferd und ritt von dannen. Aus irgendeinem Grund applaudierten die umstehenden Menschen. Die schlanke Frau mit ihrem inzwischen aufgewachten Töchterchen auf den Armen sah ihr lächelnd hinterher, während der Italiener sich hastig seine Uhr vom Arm riss und laut rief: «Souvenir, mamma mia!» Aber sie war schon fort …

Das stolze Ross bog von der Straße ab und kam an einen Platz, auf dem hinter langen Tischen Touristen saßen, die Kwass* und Fruchtsaft tranken und verschiedene Speisen kosteten, die von den Kellnern aus dem schön geschnitzten Holzhaus serviert wurden. Nebenan wurde ein weiteres Haus gebaut. Zwei Männer brachten gerade an einem Fenster des neuen Gebäudes – wahrscheinlich ein

---

* Kwass: traditionelles russisches, schwach alkoholisches Getränk aus gegorenem Brot, Mehl, Malz u.a. (Anmerkung des Übersetzers)

Laden oder Restaurant – eine kunstvoll geschnitzte Holzverkleidung an. Abgelenkt durch das laute Klappern der Pferdehufe, wandte sich einer der beiden der Reiterin zu, sagte etwas zu seinem Kameraden und sprang von dem Baugerüst. Die schöne Reiterin brachte ihr Pferd zum Stehen, stieg ab, band schnell eine linnene Tasche vom Sattel los, lief zu dem Mann und reichte ihm schüchtern die Tasche.

«Hier, Piroggen mit Apfelfüllung, so wie du sie magst, und noch warm.»

«Du bist mir ja eine ganz Flotte, Jekaterinka», sagte der Mann zärtlich, nahm aus der Tasche eine Pirogge und biss mit vor Wonne zusammengekniffenen Augen hinein.

Die Gäste an den Tischen unterbrachen ihr Essen und Trinken und sahen dem Paar zu. Wie die beiden einander so gegenüberstanden, muteten sie eher an wie zwei frisch Verliebte und nicht wie ein Ehepaar, das bereits Kinder hat. Dieselbe Reitersfrau, die gerade unter den begeisterten Blicken der Touristen fünfzehn Kilometer durch die Lande galoppiert war, voller Kraft und Freiheit, stand jetzt eher scheu vor ihrem Auserwählten. Plötzlich hörte der Mann auf zu essen und sagte: «Jekaterinuschka, sieh nur den nassen Fleck auf deiner Bluse. Höchste Zeit, dass du Wanjetschka die Brust gibst.»

Jekaterina bedeckte verlegen den Milchfleck mit ihrer Hand und antwortete: «Er schläft noch. Ich werde es schon schaffen. Alles werde ich schaffen.»

«Dann beeil dich. Ich komm auch bald nach Hause. Wir sind fast fertig. Schau mal, wie gefällt dir unsere Arbeit?»

Sie betrachtete die Holzschnitzereien an den Fenstern und sagte: «Wirklich sehr schön. Aber ich habe dir noch etwas zu sagen.»

«Dann sprich.»

Sie trat auf Zehenspitzen ganz dicht an ihren Gatten heran, als wollte sie ihm etwas ins Ohr flüstern. Er neigte sich zu ihr und horchte. Doch anstatt etwas zu sagen, gab sie ihm einen flinken Kuss auf die Wange, drehte sich um und sprang auf den Sattel des wartenden Pferdes. Ihr glücklich perlendes Lachen vermischte sich mit dem Klappern der Pferdehufe. Ihr Heimritt führte sie nicht über die Asphaltstraße, sondern über Feldwege und Wiesen. Wie zuvor, sahen ihr all die Touristen noch lange hinterher. Es war schon ein seltsamer, aber umso schönerer Anblick, die junge Mutter von zwei Kindern auf ihrem kühnen Ross durch die Lande reiten zu sehen. Ja, sie sprühte nur so vor Energie. Doch wieso sahen ihr alle Leute so unablässig hinterher? Vielleicht war sie mehr als einfach eine Frau, die auf einem Pferd über die Wiesen ritt? War die junge Schönheit, die nach Hause eilte, um ihr Kind zu stillen und auf ihren Geliebten zu warten, am Ende so etwas wie die Glückseligkeit in Person? Wie dem auch sei, die Leute erfreuten sich am Anblick dieser dahineilenden Glücksfee.

14

Die Stadt an der Newa

«Wie war es in St. Petersburg – fanden dort ähnliche Veränderungen statt wie in Moskau?», fragte ich Anastasia.

«In der Stadt an der Newa verlief die Entwicklung etwas anders. Die Kinder dort hatten noch früher als die Erwachsenen das Bedürfnis, die Zukunft anders zu gestalten. Und so machten sie sich daran, die Stadt umzuwandeln, noch bevor die staatliche Verordnung für Siedlungsgründungen in Kraft trat.»

«Eieiei, schon wieder die Kinder ...»

«An der Ecke Fontanka-Kai und Newski Prospekt* hatten Bauarbeiter einen Graben ausgehoben, in den ein elfjähriger Junge gestürzt war und sich dabei den Fuß verletzt hatte. Ehe er wieder gehen konnte, saß er lange Zeit am Fenster des Fontanka-Kai Nr. 25. Die Fenster der Wohnung hatten keinen Ausblick auf den Fluss, sondern nur in den Hinterhof. Was er sah, war eine nackte Ziegelwand mit abgebröckeltem Putz und das rostige Dach des Nachbarhauses.

Eines Tages fragte der Junge seinen Vater: ‹Papi, stimmt es, dass unsere Stadt als die schönste im ganzen Land angesehen wird?›

‹Natürlich›, antwortete der Vater, ‹sie ist sogar in der ganzen Welt für ihre Schönheit bekannt.›

---

* Der Newski Prospekt ist die Hauptstraße Sankt Petersburgs. Die 4,5 km lange Straße wurde 1709 erbaut und erstreckt sich von der Werft an der Newa bis zur Verbindungsstraße nach Nowgorod. (Anmerkung des Übersetzers)

‹Weswegen eigentlich?›

‹Wieso fragst du? Es gibt hier viele Denkmäler und Museen, und die Architektur im Stadtkern wird von allen bewundert.›

‹Papi, wir leben doch auch im Zentrum – wieso sehen wir nur eine kaputte Wand und ein rostiges Dach?›

‹Die Wand … nun ja, wir hatten halt etwas Pech mit der Aussicht.›

‹Nur wir?›

‹Die einzigen sind wir vielleicht nicht, aber im Allgemeinen kann man sagen …›

Der Junge fotografierte die Aussicht aus dem Fenster, und als er wieder zur Schule gehen konnte, zeigte er das Foto seinen Freunden.

Alle Kinder seiner Klasse machten Fotos mit der Aussicht aus ihrer Wohnung, dann verglichen sie die Fotos – insgesamt machten sie einen recht bedrückenden Eindruck. Mit ein paar Freunden ging der Junge zu einer Zeitungsredaktion und stellte dort die gleiche Frage wie seinem Vater: ‹Wieso heißt es immer, unsere Stadt sei schöner als andere?› Als Antwort erzählte man ihnen von der Alexandersäule, der Eremitage*, der Kasaner Kathedrale und dem legendären Newski Prospekt.

‹Ist der Newski Prospekt wirklich so schön?›, fragte der Junge. ‹Für mich sieht er eher aus wie ein Graben aus Stein mit abbröckelnden Rändern.›

Man gab sich Mühe, ihm den Wert der Architektur und die Form der Fassaden zu erklären. Momentan, so hieß es, habe die Stadt nicht genügend Mittel, um alle Gebäude gleichzeitig zu sanieren, aber bald würde das Geld bereitgestellt, und dann könnten alle sehen, wie schön der Newski Prospekt sei.

‹Aber kann denn ein steinerner Graben schön sein, selbst wenn er etwas aufgebessert wird? Außerdem wird der Putz sowieso bald wieder anfangen abzubröckeln, und dann beginnt die ganze Restaurierung von Neuem.›

---

* Eines der größten und berühmtesten Kunstmuseen der Welt, gelegen am Ufer der Newa. (Anmerkung des Übersetzers)

Der Junge besuchte die verschiedensten Zeitungsredaktionen, zeigte dort seine inzwischen beträchtliche Sammlung von Fotos und stellte allen Redakteuren die gleiche Frage. Zuerst ärgerten sich die Journalisten über seine Aufdringlichkeit, und einmal sagte ein Reporter einer Jugendzeitschrift zu ihm: ‹Du schon wieder mit deinen Mitstreitern? Jedes Mal werdet ihr mehr! Ich weiß schon, unsere Stadt gefällt euch nicht, ihr hasst die Aussicht aus euren Fenstern. Tja, kritisieren ist nicht schwer, aber habt ihr selber schon mal was geleistet? Macht, dass ihr fortkommt, und stört uns nicht bei der Arbeit!›

Ein älterer Journalist hatte das Gespräch mit den Kindern gehört. Während er ihnen nachschaute, sagte er zu dem jungen Reporter: ‹Weißt du, irgendwie erinnert mich das Ganze an ein Märchen.›

‹An ein Märchen? An welches?›, fragte der Jüngere.

‹Es heißt: „Des Kaisers neue Kleider". Und ich fürchte, unser Kaiser ist tatsächlich nackt …›

Eine Zeitlang bedrängte der Junge nicht mehr die Redaktionen mit seinen Fragen und holte auch nicht mehr den Packen Fotos aus seinem Ranzen. Das Schuljahr war zu Ende, ein neues begann. Dann jedoch hörte man in den Redaktionen vom erneuten Auftauchen der Kinder.

Eines Tages sprach der alte Redakteur mit Begeisterung zu seinen Kollegen: ‹Stellt euch vor, die Kinder waren neulich wieder da. Das muss ich euch erzählen. Ich hatte ihnen mitteilen lassen, ich hätte nur zwei Minuten für sie Zeit, das schreckte sie aber nicht ab. Ganze drei Stunden verbrachten sie im Wartezimmer. Als sie dann zu mir ins Büro kamen, breiteten sie auf meinem Tisch einen großen Bogen Zeichenpapier aus. Mir verschlug es glatt die Sprache, denn was ich zu sehen bekam, war ein wahres Meisterwerk. Unentwegt bestaunte ich das Blatt und konnte es nicht fassen. Nach etwa zwei Minuten sagte der Junge: „Die Zeit ist um."

„Was ist denn das!", schrie ich, als sie im Begriff waren zu gehen. Der Junge drehte sich um, und ich spürte den Blick aus einer anderen Zeit auf mir ruhen. Tja, ich denke, wir haben jetzt einigen Stoff zum Nachdenken …›

‹Was hat er dann gesagt? – Nun komm schon, spann uns nicht

auf die Folter. Will er noch mal kommen?›, fragten die versammelten Redakteure.

Der Alte fuhr fort: ‹Er wandte sich um und beantwortete meine Frage: „Was Sie da sehen, ist unser Newski. Bisher ist es nur eine Zeichnung … Wir wollen die ganze Stadt so gestalten." Damit schloss er die Tür hinter sich.›

Die Journalisten steckten die Köpfe zusammen und bestaunten die wundervolle Skizze:

Die Häuser des Newski Prospekt bildeten keine geschlossene Front mehr. Ein Teil der alten Gebäude war geblieben, jedes zweite Haus war weg. In den so entstandenen Zwischenräumen verströmten prächtige grüne Oasen verschiedenste Blütendüfte. In den Kronen der Birken, Kiefern und Zedern nisteten Vögel, und beim Betrachten der Skizze vermeinte man fast ihren Gesang zu hören. Unter den Bäumen gab es Sitzbänke, umgeben von gepflegten Blumenbeeten sowie Himbeer- und Johannisbeersträuchern. Die grünen Oasen traten aus den Häuserreihen ein wenig hervor, und der Newski Prospekt war kein toter Steingraben mehr, sondern eine herrliche grüne Allee. An den Fassaden der Häuser waren zahlreiche Spiegel angebracht. Tausende von Sonnenstrahlen wurden von ihnen reflektiert und spielten auf den Gesichtern der Passanten, auf den Blütenblättern der Blumen und in den feinen Fontänen, die in jeder der grünen Oasen sprudelten. Die Menschen tranken lächelnd das sonnendurchflutete Wasser …»

«Anastasia, ist der Junge noch mal wiedergekommen?»

«Welcher Junge?»

«Na der, der die Zeitungsredaktionen besucht und dort Fragen gestellt hatte.»

«Er ist nie wiedergekommen. Er ist ein großer Baumeister geworden. Zusammen mit seinen Freunden und Mitstreitern hat er die herrlichen Städte und Siedlungen der Zukunft erschaffen, in denen hinfort glückliche Menschen wohnten. Und sein erstes schönes Werk auf Erden war die Stadt an der Newa.»

* * *

«Anastasia, sag mal, in welchem Jahr wird Russlands schöne Zukunft anfangen?»

«Du kannst das Jahr selber bestimmen, Wladimir.»

«Wie kann das sein? Ist denn die Zeit dem Menschen untertan?»

«Jedem, der in der Zeit lebt, sind seine Werke untertan. Alles, was durch einen menschlichen Traum erschaffen wurde, existiert bereits im Raum. Durch die Träume vieler menschlicher Seelen, durch die Träume deiner Leser wird sich der göttliche Traum verwirklichen. Aus deiner Sicht kann das noch dreihundert Jahre dauern oder aber nur einen Augenblick.»

«In einem Augenblick kann doch niemand ein Haus mit Garten bauen. Dafür ist selbst ein Jahr nicht genug.»

«Aber wenn du dort, wo du lebst, in deiner Wohnung, in einem kleinen Blumentopf einen Samen einpflanzt, wird daraus der Ahnenbaum für deinen künftigen Familienlandsitz sprießen.»

«Also bitte, du sprichst ja selber von dem, was in der Zukunft sein wird. In einem Augenblick kann sich kein Traum verwirklichen.»

«Wieso denn nicht? Der kleine Same, den du setzt, ist doch schon der Beginn der Verwirklichung. Der Same nimmt Verbindung auf mit dem Kosmos und wird deinen Traum verwirklichen. Lichte, schöne Energien werden dich umhüllen, und so wirst du Teil des vom himmlischen Vater verwirklichten Traums.»

«Interessant. Dann sollten wir also sofort anfangen zu handeln?»

«Aber ja!»

«Doch wie finde ich die richtigen Worte, um das alles den Menschen klarzumachen?»

«Die richtigen Worte werden von selbst zu dir kommen, wenn du nur aufrichtig und wahrhaftig bist.»

«Na hoffentlich – versuchen will ich es jedenfalls. Zu tief verwurzelt in meiner Seele ist dein Traum, Anastasia. Ich wünsche mir, dass deine Zukunftsvisionen so schnell wie möglich wahr werden.»

15

Schritte in die Zukunft

Als Erstes wollte ich herausfinden, ob sich Menschen finden ließen, die daran interessiert waren, in einer Familienlandsitzsiedlung zu leben und zu arbeiten. Also bat ich die Stiftung «Anastasia»*, Informationen über den Bau einer solchen Siedlung gemäß Anastasias Vision zu verbreiten. In nur zwei Monaten meldeten sich 139 Personen, die bereit waren, eine Siedlung zu gründen, darunter auch einige Exilrussen. Durch den Vertrieb meines Buches über die Zukunft Russlands hoffte ich auf eine Steigerung dieser Zahl um das Hundert- oder Tausendfache, mit Interessenten aus den verschiedensten Regionen. Also musste die Planung für den Bau der Siedlungen an verschiedenen Orten gleichzeitig in Angriff genommen werden. Zu diesem Zweck sammelte die Stiftung Informationen, um Lesern, die Anastasias Ansichten teilen, im Rahmen der juristischen Gegebenheiten Vorschläge zu unterbreiten, wie das geplante Projekt anzugehen sei. Ich möchte im Folgenden auf diese Vorschläge eingehen.

1) Es ist wichtig, zunächst eine regionale Initiativgruppe zu gründen, die später als rechtsfähige Körperschaft fungieren soll. Dabei ist anzunehmen, dass die in verschiedenen Regionen bereits existierenden Leserclubs oder ähnliche Interessengemeinschaften mit Anastasia-Anhängern jene Initiativgruppen bilden können. Wer

---

* In der Stadt Wladimir gegründete kulturelle Stiftung zum Zwecke der Förderung von Projekten im Sinne Anastasias. (Anmerkung des Übersetzers)

in seiner Region keine solche Organisation kennt, kann sich an die Stiftung «Anastasia» in Wladimir wenden, die über eine umfangreiche Adressenliste verfügt. Ich persönlich rechne dabei mit der Unterstützung von Unternehmern, die aufgrund ihrer Erfahrung sogar bereits existierenden Organisationen mit ihrem Rat zur Seite stehen können.

Jede Initiativgruppe sollte, zumindest auf Probezeit, einen bevollmächtigten Vorsitzenden bestimmen, der seine Gruppe in behördlichen Angelegenheiten vertreten kann (zum Beispiel bei Anträgen auf Landzuteilung, bei der Einberufung von Zusammenkünften, usw.). Der Vorsitzende sollte ein maßvolles Gehalt beziehen. Der Posten des Vorsitzenden kann auch von einer juristischen Person eingenommen werden, zum Beispiel von einer Baufirma, die dann gute Chancen hat, der bevorzugte Auftragnehmer für den Bau von Privathäusern und öffentlichen Gebäuden in der Siedlung zu werden. Die Baufirma könnte im Gegenzug für die profitablen Aufträge die aufwendige Arbeit mit Landübertragungen, Baugenehmigungen und Kostenvoranschlägen für das gesamte Projekt übernehmen.

2) Die Initiativgruppe sollte bei der zuständigen lokalen Behörde und unmittelbar beim Vorsitzenden der regionalen Verwaltung einen offiziellen Antrag auf Zuteilung einer Siedlungsfläche stellen, die wenigstens 150 ha groß ist. Die genaue Größe des zu beantragenden Landes hängt von der Anzahl der Interessenten wie auch von den Möglichkeiten der Region ab.

Da in der künftigen Siedlung viele Familien ihren ständigen Wohnsitz haben werden, muss es dort eine Grundschule, eine Sanitätsstelle und ein Clubhaus geben, deren Bau leichter von vielen Menschen zu bewerkstelligen ist. Kleinere Siedlungen werden nicht in der Lage sein, die notwendige Infrastruktur aufzubauen.

3) Im Falle der Freigabe des Landes müssen für die konkrete Planung des Projektes Fachmänner für Flurbereinigung, Architekten und Bauarbeiter herangezogen werden. Auch ist es wichtig festzustellen, wie tief der Grundwasserspiegel auf dem Bauland liegt (um klären zu können, ob die Trinkwasserversorgung für die einzelnen Häuser mithilfe von Bohrlöchern gewährleistet werden kann), wie

tief das Fundament angelegt werden muss und ob es möglich ist, auf jedem Grundstück einen Teich auszuheben. Die Besonderheiten der Landschaft müssen auch bei der Planung der Lage der Schule, öffentlicher Parks und der Zufahrtswege berücksichtigt werden.

Im Auftrag der Stiftung arbeiten kompetente Spezialisten am Entwurf einer typischen Siedlungsstruktur. Nach der Fertigstellung dieses Entwurfs können Initiativgruppen ihn von der Stiftung anfordern, um Kosten zu sparen. Dabei sollten sie den Entwurf den Gegebenheiten ihres Geländes anpassen. Natürlich sind auch Änderungen und neue Ideen willkommen, die dann wiederum von anderen Initiativgruppen aufgegriffen werden können. So kann mit wachsender Erfahrung allmählich ein genereller Projektentwurf entstehen.

4) Nach Beendigung der Planungsarbeit, an der sich natürlich nicht nur Spezialisten, sondern auch die künftigen Bewohner der Siedlung beteiligen können, bekommt jeder Siedler einen detaillierten Flächenplan mit Grundstücken von mindestens einem Hektar Größe. Die Grundstücke können dann – vielleicht durch Verlosung – verteilt werden. Es ist unbedingt wichtig, dass die Verfügung über jedes Grundstück urkundlich festgelegt wird, und zwar auf den Namen des Eigentümers, und nicht auf den Namen einer Organisation, wie es in Auroville der Fall war.

* * *

Liebe Leser, stellen Sie sich vor, Sie stehen jetzt auf Ihrem eigenen Grundstück, auf Ihrem eigenen Hektar. Dies ist Ihr künftiger Familienlandsitz, der Ort, wo Ihre Nachkommen aufwachsen und leben werden, wo sie mit lobenden Worten des Gründers gedenken und vielleicht auch an ihm wegen eventueller Fehler in der Planung hier und da Kritik üben werden. Wie Sie das Grundstück nun gestalten, hängt ganz von Ihnen ab. Was für ein Ahnenbaum wird es sein? Eine Eiche oder eine Zeder? Und wie alt wird er werden? Vielleicht 550 Jahre alt, sodass sich viele Generationen durch ihn an Sie erinnern werden?

Wo werden Sie den Teich graben, wo den Garten und das Gehölz anlegen, wo das Haus bauen und die Blumenbeete pflanzen? Was für einen lebenden Zaun werden Sie um ihr Grundstück ziehen? Soll er so aussehen wie von Anastasia vorgeschlagen, oder wird er vielleicht noch schöner sein und mehr Funktionen haben als der Zaun, den ich im vorigen Band beschrieben habe? Jetzt halten Sie vielleicht noch nicht die Besitzurkunde für das Grundstück in Ihren Händen – vielleicht muss auch die Initiativgruppe erst noch gegründet werden –, aber anfangen mit dem Bauen können Sie schon jetzt. Zumindest können Sie schon jetzt jeden Winkel Ihres künftigen Familienlandsitzes in Gedanken planen.

Vergessen wir nicht: Selbst wenn Sie ein sehr haltbares Haus bauen, wird es spätestens nach hundert Jahren beginnen zu verfallen; die lebendigen, pflanzlichen Elemente auf Ihrem Grundstück hingegen werden im Laufe der Jahrzehnte und Jahrhunderte immer üppiger wachsen. Selbst nach Jahrtausenden können sich so Ihre Nachfahren noch an Sie erinnern.

Aber nicht nur in Gedanken können Sie sich direkt ans Werk machen. Sie können schon jetzt die Samen für die majestätischen Ahnenbäume auf Ihrem Hof säen. Natürlich kann man auch fertige Setzlinge in einer Baumschule kaufen oder junge Ableger direkt im Wald ausgraben, dort, wo der Baumbewuchs besonders üppig ist. Trotzdem möchte ich Anastasias Ansicht den Vorzug geben, dass es am besten ist, die Setzlinge selber zu ziehen, besonders wenn es sich um Setzlinge für einen künftigen Ahnenbaum handelt; denn Setzlinge aus Baumschulen sind wie Kinder aus einem Kinderheim. Auch sollte man nicht nur einen Setzling aufziehen, sondern gleich mehrere. Und bevor Sie die Samen in einen Blumentopf geben, vergessen Sie bitte nicht, sie mit Informationen über sich selbst anzureichern.

Mir ist natürlich klar, dass bei der Überwindung bürokratischer Hindernisse, die in gewissen Regionen zu erwarten sind, eine Unterstützung auf staatlicher Ebene unabdingbar ist. Zumindest aber sollte unsere Regierung unsere Pläne nicht aktiv bekämpfen. Dazu ist jedoch eine entsprechende Politik der gesetzgebenden Organe notwendig. Um nicht einfach nur Däumchen zu drehen, habe ich die Stiftung «Anastasia» gebeten, die Satzung für eine neue Partei auszuarbeiten, die sich insbesondere für die Bewegung der Siedler und für eine Bodenreform einsetzen soll. Die Keimzelle dieser geplanten Partei hat bereits einen Namen: «Schöpfung». In ihren Statuten, die noch als vorläufiger Entwurf zu verstehen sind, wird vor allem auf den Hauptpunkt Wert gelegt: «Der Staat soll jeder Familie, die es wünscht, das lebenslange Nutzungsrecht für einen Hektar Land zur Gründung eines Familienlandsitzes zuteilen.»

Unsere Bewegung ist noch jung und hat bislang keine Führung, aber ich schätze, mit der Zeit werden in ihr auch sachkundige Politiker auftauchen, die das Zeug dazu haben, der neuen Bewegung auf staatlicher Ebene Rechte zu verschaffen. Bis dahin wird die Funktion der Vereinigung «Schöpfung» hauptsächlich darin bestehen, Informationszentren zu betreiben. Je nach den finanziellen Möglichkeiten wird in ihr auch eine juristische Abteilung tätig werden. Momentan wird die Arbeit der Vereinigung «Schöpfung» vom Sekretariat der Stiftung verrichtet.

Die regionalen Initiativgruppen können zum Erfolg der Siedlerbewegung einen wertvollen Beitrag leisten, wenn es ihnen gelingt, die zuständigen Behörden ihrer Region für unsere Sache zu gewinnen. Das ist dann möglich, wenn diese Behörden die großen Vorteile der Siedlungspolitik für die Region verstehen, und diese gilt es aufzuzeigen. Allerdings sind diese Vorteile ganz real und auch sehr bedeutend. Es sollte deshalb versucht werden, das Projekt in der lokalen Presse zur Diskussion zu stellen. Ökologen, Ökonomen, Soziologen und andere Spezialisten sollen ihre Meinung zum Projekt kundtun und ganz konkret seine positiven Auswirkungen auf die jeweilige Region verkünden.

Um auch selber etwas zur Bewilligung des Landes für die Siedler beizusteuern, habe ich mich entschlossen, einen offenen Brief an den Präsidenten Russlands zu schreiben und ihn in diesem Buch zu veröffentlichen.

16

Offener Aufruf

*An den Präsidenten der Russischen Föderation,
Herrn Wladimir Wladimirowitsch Putin*

*vom russischen Staatsbürger
Wladimir Nikolajewitsch Megre*

Sehr geehrter Wladimir Wladimirowitsch!

Ich denke, unsere Generation ist wahrlich vom Glück begünstigt. Wir haben heute die ganz reale Möglichkeit, einen blühenden Staat aufzubauen, der gegen jede Aggression von außen gewappnet ist, aber auch gegen innere Konflikte und Kriminalität, einen Staat, in dem wohlhabende, glückliche Familien leben. Unsere Generation kann nicht nur mit dem Aufbau eines solchen Staates beginnen, sondern wird sogar selbst in ihm leben können, vorausgesetzt, unsere Regierung bringt die Bereitschaft auf, ein Gesetz zu verabschieden, das jeder Familie das Recht auf einen Hektar Land zur Errichtung eines eigenen Familienlandsitzes zuspricht. Dieser einfache Schritt wird einen kreativen Wandel auf allen Ebenen der Gesellschaft hervorrufen.

Die Grundstücke sollen kostenlos auf Lebenszeit vergeben werden, und zwar mit Vererbungsrecht. Die auf diesen Familienlandsitzen erzeugten Produkte sollen nicht besteuert werden.

Sie werden mir sicher beipflichten, Wladimir Wladimirowitsch, dass unsere jetzige Situation weder normal noch logisch ist: Jeder Russe sollte eine Heimat haben, aber wo genau sein eigenes Stückchen Heimatboden ist, diese Frage kann niemand beantworten. Wenn aber jede Familie ihren eigenen Grund und Boden erhält, wird sie ihn in einen blühenden Paradiesgarten verwandeln, und das zum Nutzen der übergeordneten Heimat.

Die gegenwärtigen Pläne zur Entwicklung unseres Landes können die Bevölkerung nicht zum kreativen Schaffen inspirieren, weil sie nicht versteht, auf was für eine Zukunft wir zusteuern. Der Aufbau eines demokratischen, wirtschaftlich entwickelten Staates nach westlichem Muster wird von der Mehrheit der Bevölkerung – vielleicht sogar intuitiv – abgelehnt, und das, wie ich meine, nicht ohne Grund. Denn welchen Sinn ergibt es, einer Staatsform nachzueifern, in der Drogensucht, Prostitution und Kriminalität an der Tagesordnung sind? Und im Westen sind diese Probleme ja schließlich unübersehbar.

Früher ließen wir uns von dem Überfluss an Nahrungsmitteln in den westlichen Ländern beeindrucken, doch mittlerweile wissen wir, dass ihr sogenannter Fortschritt seinen Preis hat: chemischer Dünger, Pflanzenschutzmittel und Gentechnik. Auch haben wir gesehen, dass in Russland einheimische Produkte wegen ihres besseren Geschmacks vorgezogen werden. Die Qualität russischer landwirtschaftlicher Produkte hat sich mittlerweile auch im Ausland herumgesprochen. In Deutschland beispielsweise werden aus Russland importierte Kartoffeln gerne gekauft.

Die Regierungen vieler Länder sind aus Besorgnis über die gentechnische Entwicklung dazu übergegangen, ihre Bürger durch eine Kennzeichnungspflicht vor schädlichen Zutaten zu schützen. Immer mehr Wissenschaftler warnen vor gentechnisch veränderten Lebensmitteln. Die USA und Deutschland sind Vorreiter in der Wachstumsrate gefährlicher Krankheiten wie Krebs. Ist es also ratsam, ihrem Beispiel zu folgen? Kein Wunder, dass solche Aussichten immer weniger Menschen begeistern. Tatsache ist aber, dass Importwaren und die Lebensweise des Westens nach wie vor propagiert werden, dass wir Trinkwasser im Laden kaufen und dass die Bevölkerung Russlands jährlich um 750 000 Menschen schrumpft. Alles ist bei uns schon wie im Westen. Denn auch dort gibt es sinkende Geburtenraten.

In so vieler Hinsicht nehmen wir uns den Westen zum Vorbild. Dabei höre ich immer wieder von Menschen gerade aus diesen Ländern, dass sie hoffen, Russland möge seinen eigenen Weg der Entwicklung finden und der ganzen Welt den Pfad zu einem glücklicheren Leben weisen.

Herr Präsident! Gewiss werden Ihnen immer wieder neue Programme zur Entwicklung unseres Landes vorgelegt. Falls Ihnen mein nachfolgender Vorschlag zweifelhaft erscheint, möchte ich Sie bitten, ihn zumindest in jenen Regionen auszuprobieren, deren Verwaltungen in ihm einen Nutzen erkennen können.

Dieser mein Vorschlag wird detailliert in den Büchern der Reihe *Anastasia* unterbreitet, deren Autor ich bin. Ich kann mir schwer vorstellen, dass Sie angesichts Ihrer vielen Regierungsverpflichtungen die Zeit gefunden haben, diese Bücher zu lesen. Doch einige hohe Beamte haben Bekanntschaft mit ihnen gemacht. Sie sind zu dem Schluss gekommen, dass diese Bücher eine neue Religion verbreiten, und zwar «mit der Geschwindigkeit eines Waldbrandes». Die gleiche Ansicht wird auch in zahlreichen Presseartikeln vertreten. Dieser Schluss hat mich völlig überrascht. Zwar erwähne ich in den Büchern hin und wieder meine Beziehung zu Gott, aber ich habe nie daran gedacht, eine Religion zu gründen. Mein Ansinnen war ganz einfach, über die außergewöhnliche, schöne Einsiedlerin der sibirischen Taiga und ihre Visionen zu berichten. Mag sein, dass die stürmische Begeisterung, die diese Bücher ausgelöst haben – bei Menschen aller Schichten, im Inland wie im Ausland – an religiöse Phänomene erinnert, aber dennoch denke ich, es geht hierbei um etwas ganz anderes. Was die Menschen so mitreißt, sind die Ideen, die Philosophie, die Sprache und das Wissen der sibirischen Einsiedlerin.

Die Analytiker werden wohl noch lange darüber streiten, wer Anastasia wirklich ist, was die Bücher mit ihren Aussagen letztlich zu bedeuten haben, wie man die Reaktionen auf die Bücher verstehen soll, usw. Nur zu, mögen sie all das beurteilen, wie sie wollen, ich hoffe nur, dass dabei Anastasias konkrete Vorschläge nicht untergehen. Aber einmal ganz abgesehen davon, wer Anastasia und wer Wladimir Megre nun sind, wichtiger wäre doch zu beurteilen, ob Anastasias Vorschläge sinnvoll und praktisch sind. Und dies kann mit einfachen Experimenten festgestellt werden, geehrter Wladimir Wladimirowitsch. Dann wird sich zeigen, wie sehr sie mit ihren Behauptungen recht hat.

1) Ich denke, den Mitarbeitern Ihrer Regierung dürfte es kaum schwerfallen, Anastasias Vorschlag zu prüfen, die Luftverschmutzung in Großstädten zu reduzieren. Ihre Anleitung hierzu ist in meinem ersten Band zu finden.

2) Die Heilkräfte des Zedernöls sollten wissenschaftlich untersucht werden. Medizinische Forschungen der Universität Tomsk haben Anastasias Behauptung und die alte Überlieferung bestätigt, dass dieses natürliche Produkt – bei Einhaltung eines bestimmten Gewinnungs- und Verarbeitungsverfahrens – eine der wirksamsten Arzneien der Welt für eine Menge von Krankheiten ist. Es gibt auf der ganzen Welt keine ertragreichere Quelle für die Gewinnung dieses Öls als die Wälder Sibiriens.

Die Gewinnspanne für Russland könnte enorm sein, da unsere Bestände ausreichen, um nicht nur den eigenen Bedarf zu decken, sondern auch den internationalen Markt zu erschließen. Hierfür wäre ein staatliches Programm zur wirtschaftlichen Nutzung der sibirischen Wildnis nötig – allerdings nicht im großen Stil, sondern über die ganze Region verteilt und unter Heranziehung der in den fernen sibirischen Regionen lebenden Menschen. Zur Verwirklichung dieses Programms sind keine großen Investitionen vonnöten, sondern bloß ein gesetzlicher Erlass, der den Taiga-Bewohnern eine dauerhafte Pacht von Taiga-Gelände ermöglicht.

Sehr geehrter Wladimir Wladimirowitsch! Immer wieder zeigt das Leben, dass selbst auf den ersten Blick unglaublichste Dinge wahr werden können. Ich bin persönlich von einer schönen Zukunft unseres Landes überzeugt. Die Frage ist lediglich, ob wir den

Weg dahin beschleunigen oder behindern. Ich wünsche Ihnen aufrichtig, Wladimir Wladimirowitsch, dass wir alle, die wir heute leben, am Aufbau dieser schönen Zukunft mitwirken!

Mit freundlichen Grüßen,
Wladimir Megre

17

Fragen und Antworten

Anastasias Projekt versetzte mich in helle Begeisterung. Jeden Tag wollte ich daran denken und darüber sprechen. Ich wollte es auf jeden Fall beschützen, Spötter von ihm fernhalten und die Zweifel der Skeptiker zerstreuen. Ich sprach über das Projekt auf den Leserkonferenzen in Gelendschik und im Zentralen Haus der Literaten in Moskau. Die große Mehrheit der insgesamt über zweitausend Teilnehmer, darunter Menschen aus verschiedenen GUS-Staaten und aus dem Ausland, bekundete ihr Interesse an diesem Projekt und unterstützte es. Es gab auch viele Fragen und kritische Stimmen, von denen ich hier die wichtigsten abdrucken möchte (jeweils in Kursivschrift), gefolgt von meinen Antworten, die wiederum auf den Aussagen Anastasias und auf meinen eigenen Überzeugungen beruhen sowie auf relevanten Informationen aus verschiedenen Quellen, die ich zu Rate zog.

In der modernen Welt kann sich kein Staat aus dem weltumfassenden Wirtschaftssystem ausklammern. Das Geschehen auf dem Weltmarkt zeugt von der Notwendigkeit, große industrielle Strukturen zu bilden, Wissen über seine Gesetze und seine Strukturen zu entwickeln und den Fluss der Finanzen zu kennen. Es kommt mir so vor, als mangle es Ihnen an grundlegender ökonomischer Bildung. Ihr Vorschlag beruht auf einer kleinkarierten Produktion zum Nachteil der allgemeinen Staatswirtschaft.

Eine ökonomische Ausbildung habe ich tatsächlich nicht. Dennoch stimme ich mit Ihnen völlig darin überein, dass große Konzerne und Betriebe für die Wirtschaft des Staates sehr bedeutend sind. Ich denke aber, auch Sie werden mir beipflichten, dass ein großer Betrieb für den Staat nur dann profitabel sein kann, wenn er auch läuft und Güter herstellt, für die eine Nachfrage herrscht. Wenn ein Großunternehmen zum Stillstand kommt, was hierzulande ja durchaus keine Seltenheit ist und auch im Ausland immer wieder vorkommt, dann bringt das viele Nachteile.

Der Staat muss den Unterhalt der Arbeitslosen zahlen, und Hunderttausende fristen ein elendes Dasein auf der Grundlage solcher staatlichen Almosen. Sie wissen nicht, was sie sonst tun sollen, denn sie sind es gewohnt, sich allein von der Arbeit bei ihrem Betrieb zu ernähren. In solchen Fällen könnten sie ihre freie Zeit zum Arbeiten auf ihrem eigenen Hof benutzen – wenn sie denn einen hätten.

Der eigene Familienlandsitz ist nicht nur eine Stätte, wo man wohnt und seine Freizeit verbringt, sondern eine einträgliche Arbeitsstelle, wo man sogar mehr Geld verdienen kann als durch die Arbeit bei vielen Großunternehmen. Und was den Staat anbelangt, so besteht er meines Erachtens nicht nur aus großen und kleinen Betrieben; vielmehr sind gerade die Familien seine hauptsächlichen Glieder.

In Zeiten staatlicher Krisen kann sich der eigene Hof für die Familien als eine wirksame Rückendeckung erweisen. Meiner Meinung nach ist es nicht schlecht, wenn jede Familie die Möglichkeit hat, für sich selbst zu sorgen, ihre eigene Existenz zu bestreiten. Auch denke ich, dass die persönliche Freiheit ohne ökonomische Freiheit nicht möglich ist. Für eine Arbeiterfamilie in einer modernen Stadtwohnung kann es keine Freiheit geben. Sie ist in so vieler Hinsicht abhängig: vom Arbeitgeber, der den Lohn zahlt, von der Energieversorgung der Stadt durch Wasser und Strom, von dem Angebot an Lebensmitteln in den Läden sowie von den Preisen für Dienstleistungen und Nahrungsmittel. Man kann eigentlich sagen, eine solche Familie führt ein Sklavendasein, und ihre Kinder wachsen mit einer Sklavenmentalität auf.

Russland ist eine Industrienation und eine mächtige Nuklearmacht. Und nur deshalb kann es seinen Bürgern Sicherheit gewähren. Wenn alle Russen sich nur noch mit Landwirtschaft beschäftigen würden, hätten wir bald einen reinen Agrarstaat, und wer soll uns dann gegen Angriffe verteidigen?

Ich denke nicht, dass sogleich alle Menschen darauf umsteigen werden, nur noch auf ihrem Hof zu arbeiten. Das ist ein allmählicher Prozess, und die Gesellschaft wird sich auf die neuen Gegebenheiten einstellen. Außerdem hängt die Macht des Staates nicht nur von der Anzahl atomarer Sprengköpfe ab, sondern auch von der allgemeinen wirtschaftlichen Lage, und dabei spielt auch die ausreichende Versorgung mit genügend hochwertigen Lebensmitteln eine Rolle. Wenn es dem Staat an Lebensmitteln mangelt, ist er gezwungen, seine natürlichen Ressourcen und seine Waffen zu verkaufen, wodurch wiederum potenzielle Feinde gestärkt werden.

Das vorgestellte Projekt ist in der Lage, die Wirtschaftskraft des Staates zu stabilisieren, was wiederum Voraussetzung dafür ist, um auch die Wissenschaft, die Industrie und das Militär in ihrer Entwicklung zu begünstigen. Aber ich denke, dass es nach Einführung der zur Diskussion stehenden Lebensweise nicht lange dauern wird, bis das positive Interesse auch von Bürgern anderer Staaten geweckt wird, darunter auch Staaten, die uns jetzt nicht freundlich gesinnt sind. Und die Menschen dort sind genauso wie unser Volk daran interessiert, ihre eigene Existenz zu fördern. Die Verwirklichung des Projekts in verschiedenen Ländern wird dem Beginn einer friedlichen Koexistenz der Völker dienen.

Ich kann mir durchaus vorstellen, dass Ihr Projekt sich in bestimmten Regionen Russlands verwirklichen lässt. Wäre es aber nicht naiv anzunehmen, das Gleiche sei auch in Schurkenrepubliken wie Tschetschenien möglich?

Eine bedeutende Entspannung der sozialen Gegensätze in den sogenannten heißen Regionen und sogar die Beendigung der Konflikte mithilfe des genannten Projekts scheint mir nicht naiv, sondern im Gegenteil sogar sehr realistisch zu sein. Schauen wir uns zum Beispiel einmal den Nordkaukasus an und dort insbesondere die Krisenregion Tschetschenien. Gegenwärtigen Presseberichten kann man entnehmen, dass der Krieg dort von allem Anfang an ums Erdöl ging. Eine kleine Gruppe von Personen gelangte durch Öl zu Macht und Geld. Dies ist eine ganz typische Ausgangslage für die Entstehung einer Krisenregion, nicht nur in unserer Zeit. Wie kam es dann dazu, dass sich große Teile der Bevölkerung den Kriegshandlungen anschlossen?

In Tschetschenien entstanden Hunderte illegaler, Öl verarbeitender Betriebe, die alle der genannten Gruppe gehörten. In diesen Betrieben waren Zigtausende einheimischer Arbeitnehmer beschäftigt. Als der Staat eingriff, um Ordnung zu schaffen, gab es plötzlich eine Unmenge von Arbeitslosen, die zusammen mit ihren Familien vor dem existenziellen Aus standen. Diese Teile der Bevölkerung schlugen sich auf die Seite des bewaffneten Widerstands, obwohl es ihnen eigentlich um die Sicherung ihres Arbeitsplatzes und damit des Auskommens ihrer Familie ging. Ferner ist es ja bekannt, dass die Söldner nicht umsonst kämpften. Für die Beteiligung am Krieg winkten ihnen im Vergleich zur Arbeitslosenunterstützung recht fette Löhne. Sie kämpfen als Freischärler aufseiten ihrer Arbeitgeber wie die russische Miliz oder ein Offizier der russischen Armee, nur verdienen sie mehr. Folglich würde für viele dieser Kämpfer das Ende der Kriegshandlungen auch das Ende des Wohlstands ihrer Familie bedeuten.

Wie sollten wir es schaffen, die Arbeitslosigkeit in einem Land wie Tschetschenien zu beseitigen, wenn uns dies in keiner anderen Region gelungen ist? Angenommen, unsere Regierung würde dort mit großem finanziellem Aufwand neue Betriebe aufbauen, um den Menschen Arbeit zu geben – dann kämen wir gleich zum nächsten Problem: die Höhe des Lohns. Der tschetschenische Arbeiter ist einen viel höheren Lohn gewohnt als der russische. Woher sollte Russland das Geld nehmen, um die Differenz zu zahlen? Die einzige Möglichkeit wäre, den russischen Steuerzahler zur Kasse zu bitten.

Und selbst dann – wie sollte man sicherstellen, dass die bereitgestellten Mittel am Ende auch wirklich in die richtigen Hände gelangen? Im Endeffekt hätten wir eine ähnliche Situation wie jetzt, nur mit bedeutend höheren Kosten.

Andererseits ist die tschetschenische Republik für landwirtschaftliche Zwecke vorzüglich geeignet. Nehmen wir einmal an, wir hätten in unserem Land bereits ein Gesetz mit dem Recht zum Erhalt eines Familienlandsitzes. Und nehmen wir weiter an, der Staat würde die neuen Siedler vor Übergriffen von außen beschützen. Tschetschenische Familien erhielten dann ihren eigenen Hof, deren Produkte allein ihnen gehörten und den sie an künftige Generationen vererben könnten. Ein solcher Hof würde ihnen nicht nur eine gesicherte Existenz gewährleisten, sondern ein Leben in Frieden. Ihr unterprivilegiertes Dasein in Bomben und Elend hätte auf einen Schlag ein Ende, und sie könnten sich ihr eigenes Stück Heimat aufbauen. Ich bin überzeugt, eine solche Familie würde einem Staat, der ihr diese Möglichkeiten bietet, nicht entgegenstehen, im Gegenteil: Sie würde ihn mit mehr Eifer beschützen, als sie ihn jetzt bekämpft – mit dem gleichen Eifer, mit dem sie jetzt ihr eigenes Dach über dem Kopf beschützt. Jeglicher Art von Aufwiegelei oder Rassendiskriminierung würde sie entgegentreten.

Ich bin überzeugt, eine groß angelegte Aktion zur Organisation von Familienlandsitzsiedlungen im Sinne Anastasias auf dem Territorium Tschetscheniens – und sei es auch nur als Experiment – würde dieses krisengeschüttelte Gebiet nicht nur in eine der zuverlässigsten Regionen Russlands, sondern auch in eines der bedeutendsten spirituellen Zentren der Welt verwandeln. Das würde die ganze Situation um 180 Grad wenden. Nun, dies mag vielleicht nicht so leicht zu akzeptieren sein, aber als Anastasia über Mittel und Wege sprach, um Kriminalität einzudämmen, fiel es auch mir schwer, ihren Worten sogleich Glauben zu schenken. Allerdings zeigte das Leben mir dann immer wieder, wie sehr sie recht hatte. Und was nun die tschetschenische Republik betrifft – an der Leserkonferenz in Gelendschik nahmen über tausend Menschen aus den verschiedensten Regionen Russlands und der GUS-Staaten teil.

Aber was mich am meisten beeindruckte, war, dass auch eine Delegation aus Tschetschenien dort war. Sie waren noch nicht einmal eingeladen worden, sondern von sich aus gekommen. Mit einigen von ihnen führte ich ein längeres Gespräch.

Wenn wir jetzt über Tschetschenien sprechen, sollten wir nicht so tun, als gäbe es in anderen Regionen unseres Landes keine Kriminalität. Kriminalität gibt es überall bei uns, und das in allen möglichen Erscheinungsformen. Einer der Gründe für die grassierende Kriminalität ist die hohe Arbeitslosigkeit, und für einen Gefängnisinsassen ist es so gut wie unmöglich, sich nach seiner Haftentlassung wieder in unserer Gesellschaft zu etablieren. Anastasias Projekt hat auch für solche Fälle eine Lösung parat.

Wenn jede beliebige Familie in Russland einen Hektar Land bekommen kann, wird es bald kein Land mehr geben. Es wird schon für uns selbst nicht reichen, wie also für die kommende Generation?

Zurzeit wird heftig darüber diskutiert, dass es nicht genügend Arbeitskräfte gibt, um das Land zu bewirtschaften. Damit meine ich nicht nur das jetzt brachliegende Gelände, sondern auch gutes Ackerland. Was die kommende Generation betrifft, so sterben bei uns leider jährlich mehr Menschen als geboren werden. Laut Goskomstat verringert sich die russische Bevölkerung jedes Jahr um 750 000 Menschen, sodass es jetzt eher ein Problem ist, wo die neue Generation überhaupt herkommen soll.

Ich hatte auch mal gedacht, dass eine Stadtfamilie irgendwo im fünften Stock eines Wohnhauses weniger Land für sich beansprucht als jemand mit einem eigenen Haus und Grundstück. Das ist aber eine Illusion. Jeder beliebige Mensch, auf welcher Etage er auch wohnt, braucht für seine Ernährung das, was auf dem Lande wächst. Nur wird für ihn zusätzlich noch Platz für Transportwege, Lagerhallen und Geschäfte benötigt, damit er letztlich seine Lebensmittel bekommen kann. Also braucht jeder Mensch ständig ein bestimmtes Stück Land für seinen Unterhalt, ob er sich dessen nun bewusst ist oder nicht.

Natürlich konnte ich, als ich diese Frage mündlich beantwortete, aus dem Stegreif keine konkreten Zahlen nennen, aber ich habe sie später gefunden und möchte sie jetzt in diesem Buch anführen.

Die Gesamtfläche der Russischen Föderation beträgt 1709,8 Millionen Hektar; davon sind 667,7 Millionen Hektar für landwirtschaftliche Nutzung geeignet. Zu Beginn des Jahres 1996 wurden 222 Millionen Hektar (13 Prozent der Gesamtlandesfläche) landwirtschaftlich genutzt, davon 130,2 Millionen Hektar als Ackerland (7,6 Prozent).

Die Bevölkerung der Russischen Föderation beträgt zurzeit insgesamt 147 Millionen Menschen. Es wäre also kein Problem, jeder Familie, die es will, einen Hektar Land zu geben. Woran es in Russland mangelt, ist nicht das Land, sondern die Menschen: Die Bevölkerung schrumpft in drastischem Maße. Statistiker geben folgende Prognose für die Zukunft: Geht man davon aus, dass die zurzeit herrschende Tendenz sich fortsetzt, so wird sich in den Jahren 2000 bis 2045 die Anzahl der Kinder bis zu 15 Jahren auf die Hälfte verringern, während die Bevölkerung im Rentenalter um das Anderthalbfache zunehmen wird. Am Ende dieser Periode wird das Reproduktionspotenzial Russlands praktisch erschöpft sein.

Ein weiteres großes Problem ist der Zustand des Ackerbodens in unserem Land. Auf großen Flächen findet eine Erosion der Humusschicht statt. Geologen sind zu dem Schluss gekommen, dass die fortschreitende Erosion bereits regional und überregional große Ausmaße angenommen hat. Die von Erosion betroffenen und erosionsgefährdeten landwirtschaftlichen Nutzflächen bilden zusammen bereits eine Fläche von 117 Millionen Hektar (das entspricht 63%). In den letzten fünfzig Jahren hat die Geschwindigkeit der Erosionsprozesse um das Dreißigfache zugenommen, insbesondere seit Beginn der neunziger Jahre. Gemäß Schätzungen von FAO-Experten* gehört Russland weltweit zu den zehn Nationen mit der größten Erosionszunahme, und bis zum Jahr 2002 werden 75% der

---

* FAO: *Food and Agriculture Organization,* eine Organisation der UNO. (Anmerkung des Übersetzers)

landwirtschaftlichen Nutzfläche betroffen sein. Mir liegen noch ausführlichere statistische Daten über den Bodenzustand unseres Landes vor; sie sind alles andere als erfreulich. Ich werde sie im Anhang dieses Buches vorstellen.

Auf der Grundlage der oben angeführten Zahlen kann ich mit großer Gewissheit behaupten, dass Anastasias Projekt die Macht hat, den fortschreitenden Missständen mit den Bodenressourcen unseres Landes Einhalt zu gebieten. Außerdem kenne ich dazu keine realistische Alternative. Die Idee dabei ist, die Fruchtbarkeit des Bodens durch natürliche Prozesse wiederherzustellen. Das Projekt erfordert keine staatlichen Investitionen und löst neben ökologischen Problemen auch soziale Probleme wie Arbeits- und Heimatlosigkeit, mit denen wir durch unseren jetzigen Umgang mit der Erde die Zukunft unserer Nachkommen belasten.

Mag sein, dass es in der Natur ein wirksameres und realistischeres Projekt gibt, und wenn jemand davon weiß, so möge er es uns bitte mitteilen. Bei der jetzigen Bodenbeschaffenheit wären Unsummen nötig, um auch nur das alte Niveau der landwirtschaftlichen Produktion zu erreichen. Der Staat hat aber keine Mittel dafür. Am traurigsten jedoch wäre es, wenn solche Gelder durch Kredite ins Land flössen, mit deren Hilfe man dann den Boden durch chemischen Dünger noch mehr verpfuschen würde, da wir ja nicht genügend Naturdünger haben.

Abgesehen davon, dass wir solche finanziellen Hilfen mit Zins und Zinseszins zurückzahlen müssten, würde sich so die Lage des Bodens noch mehr verschlechtern, und wir würden das eigentliche Problem nur auf die Schultern der kommenden Generation abwälzen. Ich werde alles tun, um Anastasias Projekt zu verteidigen. Natürlich ist Anastasia für die meisten Beamten hierzulande keine Autorität, und da ich kein Agrarwissenschaftler bin, wird es mir schwerfallen, unsere weisen Politiker von der Effektivität dieses Projekts zu überzeugen; aber dennoch werde ich mich mit allen mir zur Verfügung stehenden Mitteln dafür einsetzen.

Auch werde ich all denjenigen Lesern dankbar sein, die sich mit der Sprache staatlicher Institutionen auskennen und Anastasias Projekt so in angemessenem Ton präsentieren können. Vielleicht gerät dieses Buch ja auch in die Hände von Leuten mit Entscheidungsgewalt, und daher möchte ich mich an dieser Stelle noch einmal mit Nachdruck für all diejenigen einsetzen, die auf die Gelegenheit warten, ihr eigenes Stück Land zu besiedeln. Ich weiß nicht, wie viele es von ihnen gibt, aber ich bin überzeugt, es werden Millionen sein, und in ihrem Namen möchte ich um Folgendes bitten:

Bitte erlassen Sie ein Gesetz, das es Familien unseres Staates ermöglicht, auf Wunsch kostenlos ihren eigenen Hektar Land zu erhalten. Bitte ermöglichen Sie einer solchen Familie, einen eigenen Familienlandsitz aufzubauen, ihn zu veredeln und sich mit Liebe um dieses Stückchen Heimat zu kümmern. Dann wird auch unsere große Heimat in Schönheit und Glück erblühen, besteht sie doch schließlich aus vielen kleinen Teilen.

In vielen Regionen unseres Landes ist die ökologische Lage recht verworren, um nicht zu sagen: katastrophal. Wäre es nicht besser, sich den bereits bestehenden Bemühungen zahlreicher Organisationen zur Verbesserung der ökologischen Gesamtlage anzuschließen, anstatt seinen eigenen Hof aufzubauen?

Sie sagen, viele Organisationen seien um eine Verbesserung bemüht; Tatsache ist aber, dass sich die Gesamtlage ständig verschlimmert. Heißt das nicht, dass diese Bemühungen allein nicht genug sind? Denn schließlich scheint die Krise ja in eine Katastrophe zu münden. Stellen wir uns mal einen schönen Garten vor und Bäume, die alle auf einem herrlichen Gehöft wachsen: einfach ein paradiesisches Fleckchen Erde. Die Fläche des Grundstücks ist ein Hektar. Das allein ist natürlich nicht genug, um einen Wandel in der Ökologie eines ganzen Landes oder des ganzen Planeten zu bewirken. Aber stellen wir uns nur einmal eine Million solcher blühenden Paradiesgärten vor, verteilt auf den ganzen Globus. Und jeder dieser Gärten wurde natürlich individuell angelegt. Offensichtlich ist das der richtige Schritt – von allgemeiner Besorgnis und Bemühung zu konkreter Handlung.

Denken Sie, eine arbeitslose Familie kann reich werden, einfach indem man ihr einen Hektar Land gibt? Wieso dann die Flaute auf dem Lande heutzutage? Die Menschen dort haben ihr Grundstück, aber sie hungern.

Lassen Sie uns darüber gleich gemeinsam nachdenken. Doch zuvor möchte ich noch weitere Fragen in den Raum stellen: Warum meinen Millionen von Menschen, mit ihren 4 bis 5 Ar Gartenfläche eine wesentliche Existenzhilfe gefunden zu haben, während ihre Mitbürger in den Dörfern, die 15 bis 25 Ar ihr Eigen nennen, sagen: «Es geht uns so schlecht; wir sind am Verhungern.»?

Hängt vielleicht unser Wohlstand auch von unserem Bewusstsein ab? Der Großteil der Landbevölkerung ist der Ansicht, ein gutes Leben sei nur in der Stadt möglich; deshalb haben wir eine starke Landflucht der Jugend zu verzeichnen. Ich meine, die Hälfte dieses Phänomens ist auf die moderne Propaganda zurückzuführen. Erinnern wir uns nur mal an die überschwänglichen Presseartikel der fünfziger und sechziger Jahre: Wer waren damals unsere Helden? Bergleute, Waldarbeiter, Mechaniker, Flieger, Seeleute …

In der Kunst war es das Gleiche: Gemälde mit gigantischen Industrieanlagen und deren qualmenden Schloten. Eher aus Mitleid wurde auch hier und da mal ein Kolchosenbauer gezeigt; ganz schlecht aber kamen Menschen weg, die an ihrem eigenen Stück Land hingen. Auf dem Lande baute man sogar Wohnhäuser nach städtischer Art und enteignete dann die Hofbesitzer, wodurch diese gezwungen waren, auf Feldern der Gemeinde zu arbeiten. Alles war wie in Auroville: Du darfst auf dem Land leben und arbeiten, aber niemals wird dir das Land gehören. Solche Bestrebungen sind von vornherein zum Scheitern verurteilt.

Politiker und Massenmedien sprechen gern von der Verarmung der Landbevölkerung wie auch der Bevölkerung im Allgemeinen. So oft hört man, dass Armut und Landleben schon fast Synonyme zu sein scheinen. Das Ganze ist eine Art Massenhypnose, bei der fast völlig verschwiegen wird, dass der persönliche Wohlstand in erster Linie von der eigenen Bemühung abhängt. Irgendjemand scheint die allgemeine Misere nutzen zu wollen, indem er den Menschen einredet: «Hoffe nicht auf dich selbst. Nur ich kann dich glücklich machen.» Religiöse Führer reden so, Politiker gewinnen so ihre Wählerschaft. Wer weiter in Armut und Elend leben will, schenke ihnen Glauben. Ich aber will nicht darüber sprechen, wie man arm werden kann, sondern wie man reich werden kann. Auf die Frage, ob es möglich ist, mit einem Stück Land sein eigenes Auskommen zu bestreiten, sage ich klar und deutlich: Ja, das ist möglich! Und dazu möchte ich Ihnen ein konkretes Beispiel geben.

1999 erhielt ich eine Einladung von einem befreundeten Moskauer Unternehmer namens Andrej, der *Anastasia* gelesen hatte. Er machte mich neugierig durch seine Ankündigung, er könne auf gleiche Weise den Tisch decken, wie Anastasia es in der Taiga getan hatte. Als ich bei ihm eintraf, war der Tisch noch leer. Nachdem wir uns eine Weile unterhalten hatten, schaute Andrej auf die Uhr und entschuldigte sich für jemanden, der nicht rechtzeitig hatte kommen können.

Bald darauf traf sein Fahrer mit zwei großen Körben ein. Alsbald waren Tomaten, Gurken, Brot und andere Speisen aufgetischt. Das Zimmer füllte sich mit verlockenden Düften. Die Damen des Hauses hatten nicht länger als zwei Minuten gebraucht, um den Tisch zu decken. Wir tranken keine Pepsi-Cola, sondern herrlich aromatischen russischen Kwass; keinen französischen Cognac, sondern hausgemachten Wein, gewürzt mit Wildkräutern. Die Tomaten und Gurken waren nicht so schmackhaft wie jene, die ich bei Anastasia in der Taiga gekostet hatte, aber noch immer viel besser als das Gemüse, das im Supermarkt oder auch auf dem Wochenmarkt verkauft wird. «Woher hast du das alles?», fragte ich ihn erstaunt und erfuhr von ihm Folgendes:

Auf der Rückfahrt von der Stadt Rjasan nach Moskau hatte vor einiger Zeit Andrejs Fahrer den Jeep an einem Marktstand am Straßenrand angehalten. Sie kauften dort ein großes Glas Salzgurken und ein Glas eingeweckte Tomaten. Später legten sie an einem Café eine Essenspause ein. Sie öffneten die beiden Gläser und kosteten die Gurken und Tomaten. Nach dem Essen befahl Andrej seinem

Fahrer, umzukehren und noch mal zu dem Marktstand am Straßenrand zu fahren. Er kaufte der Marktfrau alle Vorräte ab und bot ihr darauf an, sie mit dem Jeep nach Hause zu bringen. Die Frau lebte in einem sehr alten Häuschen mit einem kleinen Gemüsegarten. Ihr Hof lag etwa 15 Kilometer von der Straße entfernt. Andrejs unternehmungslustiger Verstand schaltete schnell, und so geschah es dann ...

Etwa 120 Kilometer von Moskau entfernt kaufte Andrej in einem Dorf am Waldrand ein Haus mit 20 Ar Land. Die ganze Gegend gehörte zu einem ökologischen Schutzgebiet. Er ließ das Haus auf den Namen der Marktfrau registrieren und legte ihr die Papiere und einen Vertrag vor, laut dem er sich verpflichtete, ihr monatlich 300 US-Dollar zu zahlen. Dafür sollte die Frau ihm alle Produkte ihres Gemüsegartens abliefern, mit Ausnahme dessen, was sie für sich selbst brauchte. Die Frau hieß Nadjeschda Iwanowna und war 62 Jahre alt. Sie verstand nicht recht, was er von ihr wollte, und konnte mit dem Vertrag nicht viel anfangen. Darauf bot Andrej ihr an, sie zur Gemeindeverwaltung zu bringen, damit der Vorsitzende des Dorfrats die Dokumente durchlesen und ihre Rechtsgültigkeit bestätigen könne. Der Vorsitzende schaute die Papiere durch und sagte zu der Frau: «Deine verfallende Hütte nimmt dir ja niemand weg, Iwanowna. Du verlierst nichts. Wenn es dir nicht gefällt, kannst du jederzeit zu deinem Haus zurückkommen.» Schließlich willigte Nadjeschda Iwanowna ein.

Mittlerweile lebt sie schon drei Jahre in ihrem neuen Haus. Andrej bestellte Handwerker, die ein Brunnenloch bohrten, eine Zentralheizung mit eigenem Kesselraum einbauten und einen Keller anlegten. Der gesamte Hof wurde eingezäunt, eine Ziege und Hühner wurden angeschafft, dazu neues landwirtschaftliches Gerät, Mischfutter und noch vieles anderes, was auf einem Hof gebraucht wird.

Nadjeschda Iwanowna war zusammen mit ihrer Tochter und ihrer kleinen Enkelin auf den Hof gezogen. Andrej hatte gelesen, was Anastasia über Gemüsezucht sagt, und zieht selber Setzlinge heran, aber die Samen nimmt er nur von Nadjeschda Iwanowna. Andrejs Vater, der früher ein Restaurant geleitet hat und inzwischen in Rente gegangen ist, bringt im Sommer Setzlinge und hilft den Frauen mit Freuden bei der Arbeit. Nadjeschda Iwanowna und ihre Tochter haben so eine Wohnung und eine Arbeit gefunden. Andrejs Familie – er und seine Frau, zwei Kinder und der Großvater – wird im Sommer mit frischem Gemüse und Obst, im Winter mit köstlichem Eingemachtem versorgt. Heilkräuter können sie, wenn nötig, das ganze Jahr über bekommen.

Nun mag man vielleicht meinen, dieser Fall sei eine Ausnahme – doch weit gefehlt! Vor zehn Jahren, als ich Präsident der Interregionalen Gesellschaft der Unternehmer Sibiriens gewesen war, kannte ich viele Unternehmer, die auf ähnliche Weise die Versorgung ihrer Familie oder auch ihrer Mitarbeiter verbessern wollten. Auch heute findet man öfters Zeitungsanzeigen, in denen solche Dienstleistungen angeboten werden. Dabei gibt es jedoch einen Haken: Es ist sehr schwer, einen Menschen zu finden, der so fleißig und kundig arbeitet wie Nadjeschda Iwanowna. Daher sollten wir uns selbst stets erinnern, wie wichtig unsere Beziehung zur Erde ist. Lassen Sie uns Erfahrungen austauschen, und lassen Sie uns reich und glücklich werden auf unserer Erde!

Wladimir Nikolajewitsch, ich bin selbst Unternehmer und weiß daher, dass viele wohlhabende Leute das Angebot von Landbewohnern nutzen, Lebensmittel zu liefern, die den Qualitätsstandard herkömmlicher Waren an Geschmack und Nährwert bei Weitem übertreffen. Aber natürlich wird die Nachfrage bei steigendem Angebot sinken. An wen sollen dann die Familien mit ihrem Hektar Land ihre Tomaten und Gurken verkaufen, wenn es keine Käufer mehr gibt?

Man kann ja noch anderes anbauen außer Tomaten und Gurken. Nehmen wir mal an, die Hälfte aller russischen Familien würde ab sofort ihren eigenen Hof betreiben, dann wären sie für die nächsten zwanzig, dreißig Jahre nicht in der Lage, den Markt zu bedienen, da nicht nur die Russen, sondern auch reiche Ausländer ihre Produkte haben wollten. Die meisten Länder haben sich so sehr auf Monokulturen mit chemischer Düngung festgelegt, dass ihre landwirtschaftlichen Produkte fast ihre ganze ursprüngliche Natürlichkeit eingebüßt haben. Sie sehen nur noch aus wie Obst und Gemüse. Und wenn wir schon über Gurken und Tomaten sprechen, so kann sich jeder selbst davon überzeugen, wie es darum bestellt ist. Gehen Sie in einen mittleren oder einen guten Supermarkt, von denen es in unseren Großstädten heutzutage so viele gibt. In den Regalen werden Sie dort sehr hübsche Importtomaten und -gurken finden. Sie sind alle gleich groß und werden ab dreißig Rubel pro Kilo angeboten, manchmal auch mit Stängel. Aber sie haben keinerlei Geruch oder Geschmack. Es sind genveränderte Früchte, die nur noch vom Aussehen her an wirkliches Gemüse erinnern. Von solchen Attrappen ernährt sich heutzutage der Großteil der Weltbevölkerung. Das ist ja nicht meine Entdeckung. Im Westen gibt es viele Leute, die über diese Entwicklung besorgt sind.

In Deutschland zum Beispiel ist es Pflicht, alle Lebensmittelzusätze auf Etiketten anzugeben. Wer es sich leisten kann, vermeidet solche Waren – denn Produkte aus ökologisch reiner Zucht machen im Westen nur einen Bruchteil des Marktes aus und sind erheblich teurer. Das bestehende System der Landwirtschaft erlaubt es nicht, ökologisch reine Nahrung in größerem Umfang zu produzieren. Aus verschiedenen Gründen ist ein Bauer im Westen praktisch gezwungen, bezahlte Arbeiter anzustellen, moderne Technik zu benutzen sowie chemischen Kunstdünger und Pflanzenschutzmittel zu verwenden. Nicht zuletzt möchte er ja auch seinen eigenen Profit optimieren.

Angenommen, ein westlicher Landwirt möchte ökologisch reine Nahrung produzieren, und zwar nach den Vorgaben Anastasias. Wie Sie sich vielleicht erinnern, soll man sogenanntes Unkraut nicht beseitigen, da es auch seinen Zweck erfüllt, um eine gute Ernte zu ermöglichen. Also lassen Sie uns sagen, ein Landwirt will für seine Familie und seinen Bekanntenkreis solche Produkte anbauen. Da kommt gleich mal das erste Problem daher: Woher bekommt er das Saatgut? Naturbelassenes, unbehandeltes Saatgut gibt es im Westen so gut wie keines mehr. Auch in Russland ist solches Saatgut übrigens sehr selten geworden, besonders seit der Einführung von

Importsaatgut. Nimmt man das Saatgut ausschließlich aus eigenem Anbau, so werden allmählich die ursprünglichen Eigenschaften wiederhergestellt werden; allerdings kann dieser Vorgang Jahrzehnte beanspruchen. Die Armut und die vielen Nebenwirtschaften haben in Russland dazu geführt, dass viele Leute eigenes Saatgut verwenden. Und ich bin mir sicher, dass sich dieser Umstand bald als großer Segen erweisen wird.

Wir sprechen über Saatgut, über die Notwendigkeit, landwirtschaftliche Produkte in ökologischen Schutzgebieten anzubauen, über den Verzicht auf chemischen Dünger. Das ist alles in Ordnung, und darüber wird in vielen Ländern der Welt gesprochen; doch leider gibt es nicht genügend wohlschmeckende, gesunde Produkte, vor allem in den westlichen Industrieländern nicht. Aber damit sind wir noch nicht am Ende. Lassen Sie uns noch etwas zur Verarbeitung sagen: zur Konservierung!

Trotz aller Bemühungen der technokratischen Welt sind Großbetriebe mit modernster Ausrüstung nicht in der Lage, eingemachte Tomaten oder Gurken herzustellen, die auch nur annähernd so gut schmecken wie die vieler russischer Mütterchen. Was ist ihr Geheimnis? Heutzutage weiß man so vieles, aber wer weiß schon, dass vom Ernten der Tomaten und Gurken bis zum Einmachen nicht mehr als fünfzehn Minuten vergehen sollen? Je kürzer dieser Zeitraum, desto besser. So lassen sich das wunderbare Aroma, der Äther und die Aura der frischen Natur bewahren. Das Gleiche gilt für Kräuterzusätze wie Dill.

Von besonderer Bedeutung ist auch das Wasser. Was in aller Welt haben wir davon, totes, chloriertes Wasser zu benutzen? Wir kochen das Wasser vor dem Einmachen ab und sterilisieren die Weckgläser mit Wasserdampf. Es gibt aber auch Leute, die frisches Quellwasser benutzen, mit Zusatz von Preiselbeeren und anderen Zutaten. Wollen Sie es mal probieren? Füllen Sie ein Gefäß zu einem Drittel mit frischen Preiselbeeren, gießen Sie Quellwasser hinzu, und Sie werden das Wasser noch nach einem halben Jahr mit Behagen trinken.

Solches eingemachte Gemüse und Obst, hergestellt von vielen russischen Kleingärtnern vor Einbruch des Winters, ist von hervorragender Qualität. Geschmacklich können diese Lebensmittel spielend mit Markenprodukten der bekanntesten Firmen in der Welt mithalten. Jeder von Ihnen möge sich selbst davon überzeugen. Nun stellen wir uns mal vor, eine Familie hat eintausend Einliter-Gläser Tomaten und Gurken eingemacht, und zwar von erstklassigem Geschmack und höchster ökologischer Reinheit. Leute aus verschiedensten Ländern lernen die Produkte kennen und hätten sie gern bei sich zu Hause auf dem Tisch: ein Milliardär aus Amerika, Urlauber auf Zypern ... Auf den Etiketten ist zu lesen: «Hergestellt auf dem Gutshof Iwanow», «vom Gutshof Petrow», «vom Gutshof Sidorow».

Natürlich ist es für keine Firma interessant, sich mit dem Verkauf von tausend Litern Einmachware zu befassen. Aber angenommen, in einer Siedlung gibt es dreihundert Familien – 300 000 Gläser könnten selbst für eine große Firma ein lukratives Geschäft bedeuten. Ich vermute, zu Beginn werden die Preise ähnlich sein wie die im Supermarkt – vielleicht ein Dollar pro Glas –, aber wenn sich die Qualität herumspricht, können die Preise durchaus auf das Zehnfache steigen.

Gurken und Tomaten sind natürlich nur ein willkürliches Beispiel für die Produkte unserer Ökohöfe. Dort kann noch vieles andere hergestellt werden: Wein zum Beispiel, Fruchtlikör, Branntwein aus den verschiedensten Beeren – Johannisbeeren, Himbeeren, Brombeeren oder süßen Vogelbeeren –, und alles von höchst erlesenem Aroma, besser als die teuersten Qualitätsweine. In der ganzen Welt gibt es keine Trauben, von denen man so guten Wein keltern kann wie von den russischen. Außerdem kann man durch das Zusetzen von Kräutern sogar heilsame, vitaminreiche Weine herstellen.

Anastasia sagt, die größte Mode der Welt werde bald der handbestickte Kosoworotka* sein. Handarbeiten aller Art sind ebenfalls auf dem Weltmarkt denkbar, zum Beispiel kleine Holzschnitzereien, die im Winter in den russischen Siedlungen hergestellt werden. In die-

---

* Kosoworotka: über der Hose getragenes Hemd mit Stehkragen und seitlichem Verschluss (auch «russisches Hemd» genannt). (Anm. des Übersetzers)

sem Zusammenhang gibt es eine Volksweisheit: «Willst du glücklich sein, dann sei einfach glücklich.» In ähnlicher Weise könnte man auch sagen: «Willst du reich sein, dann werde einfach reich.» Dabei kommt es vor allem darauf an, die negative Programmierung des Geistes auszuschalten und sich auf Reichtum einzustimmen. Man muss darüber nachdenken, wie man reich werden kann, und sich nicht einreden, dies sei nicht möglich ...

Anastasia behauptet, junge Paare würden sich viel eher unter den Bedingungen eines Familienlandsitzes lieben als in einer herkömmlichen Wohnung. Haben Sie sich darüber schon mal mit Psychologen unterhalten, die sich mit Familienproblemen beschäftigen, und wenn ja, haben die eine wissenschaftliche Erklärung dafür, wieso das so ist?

Nein, mit Wissenschaftlern habe ich darüber noch nicht gesprochen. Warum genau die Liebe unter bestimmten Umständen besser floriert, interessiert mich auch nicht so sehr, ehrlich gesagt. Wichtig ist doch, dass es so ist. Dass es aber tatsächlich so ist, davon können Sie sich selbst überzeugen. Sagen Sie doch mal selbst: Wo würden Sie lieber Ihren Sohn oder Ihre Tochter aufwachsen sehen: in einer Stadtwohnung, einer Zelle aus Stein, oder aber in einem Haus, das von einem wunderschönen Garten umgeben ist?
Und überlegen Sie mal: Womit möchten Sie Ihren Sohn, Ihre Tochter oder Ihre Enkel ernähren – mit Konserven oder mit frischen, ökologisch reinen Produkten? Wollen Sie lieber, dass Ihre Kinder gesund sind oder ständig zur Apotheke rennen müssen? Und fragen Sie eine junge Frau, wenn sie die Wahl hätte zwischen zwei ansonsten identischen Beziehungen mit Männern – der eine plant, mit seiner Familie in einer Plattenwohnung zu leben, der andere in einem Haus mit Garten. Wen würde sie wohl vorziehen? Ich denke, den letzteren.

Die Wiederaufrichtung eines Landes muss auf geistiger Ebene beginnen. Auch einige Mitglieder unserer Regierung und unser Präsident haben das erkannt und haben begonnen, darüber zu sprechen. Anastasia wird von den meisten Lesern als geistig orientierte Persönlichkeit wahrgenommen, die nach den Gesetzen Gottes lebt. Sie spricht auch viel über geistige Werte; Sie aber fordern die Menschen in erster Linie dazu auf, auf ihrem eigenen Hof zu leben. Lenken Sie sie dadurch nicht vom geistigen Pfad ab?

Ich bin davon überzeugt, dass nichts und niemand den Menschen die spirituellen Werte wegnehmen kann. Es ist gut, dass die modernen Regierenden über geistige Dinge sprechen. Was Anastasias Äußerungen angeht, so habe ich zu Beginn längst nicht alles verstanden; oft erst dann, wenn ihre Aussagen in meinem Leben konkrete Formen annahmen. Reale Tatsachen sind für mich klarer als philosophische Konzepte, daher spreche ich meistens über konkrete Dinge, sogar was die geistige Ebene betrifft. Es gibt in unserer Welt ja einiges an konkreten Vorstellungen über die geistige Welt und Gott. Durch meinen Umgang mit Anastasia sind auch mir einige von ihnen klar geworden. Für mich ist Gott eine Person. Er ist gut, weise und lebensbejahend. Er ist um das Wohl all Seiner Kinder besorgt – jeder einzelne Mensch und auch die Menschheit im Allgemeinen sollen glücklich sein. Er ist der allliebende Vater, der jedem Menschen volle Freiheit gewährt. Er ist der Weiseste von allen, stets bestrebt, Seinen Kindern Gutes zu tun. Es ist Seine Sonne, die jeden Tag aufgeht; Sein Gras und Seine Blumen, die zu unserer Freude sprießen; Seine Bäume, die in den Himmel wachsen; Seine Wolken, die an uns vorüberziehen, und Sein Wasser, das sanft plätschert und stets da ist, unseren Durst zu stillen.

Ich will und kann nicht glauben, dass für unseren weisen Vater nur Gespräche über geistige Themen zählen, jedoch keine konkreten Handlungen.

Nach dem Fall des sogenannten Eisernen Vorhangs wurde unser Land von allen möglichen geistigen Lehrern und Predigern überschwemmt, und auch einheimische selbsternannte Gurus tauchten plötzlich massenweise auf. Sie alle wollen uns weismachen, sie wüssten, was der Vater von uns will. Einige sagen, man müsse auf bestimmte Weise essen, andere lehren, mit welchen Worten man sich an Ihn wenden solle, und wieder andere, zum Beispiel die Krishna-Anhänger, sagen, man müsse von morgens bis abends wie ein Wilder umherhüpfen und Mantras jaulen. Für mich ist so etwas einfach Irrsinn. Solchem Gehopse und Gejohle zuschauen zu müssen ist für Gott sicher eine schlimme Tortur. Jeder liebevolle Vater, jede liebevolle Mutter möchte, dass ihre Kinder ihre Werke fortführen und kreativ voranbringen. Kann es eine höhere Ausdrucksform der Gottesliebe geben als unseren behutsamen Umgang mit Seiner Schöpfung, als uns mithilfe Seiner göttlichen Werke den Verantwortungen unseres Lebens und des Lebens unserer Kinder zu stellen?

Niemand hierzulande ist durch solches Herumspringen und Meditieren glücklich geworden, und zwar deshalb nicht, weil wir uns dadurch von Gott und der Wahrheit nur entfernen. Je mehr solcher äußerlichen Pfade wir beschreiten, desto mehr entfernen wir uns von Gott. Die sogenannten göttlichen Lehren kommen und gehen. Manche halten sich jahrhundertelang, andere rufen nur Spott hervor und verschwinden nach ein paar Jahren wieder. Sie werden nach und nach wie Müll entsorgt, nur ruinieren sie zuvor gar manches Menschenleben.

Einmal hatte ich Anastasia gefragt: «Warum sind wir gezwungen, über Gott aus dem Munde von Predigern zu hören? Warum spricht Gott nicht selbst zu uns?»

Sie hatte entgegnet: «Gott hat Seine eigene Sprache. Im Gegensatz zu den menschlichen Sprachen, die sehr unterschiedlich sind und in viele Zweige und Dialekte aufgeteilt werden können, gibt es nur eine göttliche Sprache, und die ist universal. Gott spricht zu uns durch das Rascheln des Laubes, den Gesang der Vögel und das Rauschen der Meereswogen. Gottes Sprache hat auch Düfte und Farben. In dieser Sprache antwortet Gott auf jedes Gebet.»

Gott spricht zu uns in jedem Augenblick. Ist es nicht unsere eigene spirituelle Trägheit, wenn wir Ihn nicht hören wollen? Wir ziehen es vor, Mantras zu singen, herumzuhüpfen und darauf zu warten, dass das Manna und das Glück vom Himmel fallen. Vielleicht werde ich ja von Gott auserwählt … Das ist alles, was wir zu tun bereit sind. Natürlich ist das viel leichter, als jahrelang das eigene

Paradies aufzubauen, zu warten, bis die Bäume heranwachsen und Blüten und Früchte geben. Dazu sind wir uns zu fein. Nicht nur lehnen wir Gott ab, wir beleidigen Ihn sogar. Eigentlich sollten wir uns unserer sogenannten Gebete und unserer Verherrlichung Gottes schämen.

Natürlich wird nicht jeder auf Anastasia hören wollen, auf mich vielleicht erst recht nicht. Aber gehen Sie doch mal in den Frühlingswald oder in Ihren Garten und lauschen Sie einfach in sich selbst hinein. Ganz gewiss werden Sie dann die Stimme des Vaters hören. Erinnern Sie sich noch an das von Anastasia wiedergegebene Gespräch zwischen Gott und der Energie der Liebe im letzten Band? Die Energie der Liebe fragte dort Gott, was Er tun wolle, wenn sich auf Erden Niedergang und Zerstörung breitmachen und falsche Propheten in Seinem Namen auftreten. Gott antwortete: «Ich werde bei Tagesanbruch erscheinen, als die Morgenröte. Die Sonne, die alle Geschöpfe mit ihren Strahlen liebkost, wird Meinen Söhnen und Töchtern helfen zu verstehen, dass jeder durch seine Seele mit Meiner Seele sprechen kann.» Er hat immer an uns geglaubt und tut es auch jetzt noch. Schließlich hat Er ja auch gesagt: «Es gibt ein Haupthindernis für die vielen Gründe, warum alles in einer Sackgasse, im Nichts enden könnte, und dies wird allem, was Lug und Trug ist, im Wege stehen: das Streben nach der Erkenntnis der Wahrheit, das meinen Söhnen und Töchtern zu Eigen ist. Die Lüge hat immer ihre Schranken, die Wahrheit hingegen ist unbegrenzt, und sie wird immer im wachen Bewusstsein Meiner Söhne und Töchter wohnen.»

Niemand sollte also zu faul sein, die Erkenntnis seiner selbst als Sohn Gottes aus seiner eigenen Seele zu beziehen. Es ist nicht nötig, wie ein sklavenhafter, schwachsinniger Bioroboter herumzuhüpfen.

Wie oft wollen wir unseren himmlischen Vater noch bitten: «Gib uns, schenke uns, erlöse uns»? Wäre es nicht an der Zeit, Ihm auch mal eine Freude zu bereiten? Anastasia hat mir einmal eine einfache Methode erklärt, wie man geistige Ideologien und Bewegungen prüfen kann. Sie sagte: «Wenn deine Seele von den Behauptungen irritiert wird, die jemand im Namen Gottes ausspricht, so brauchst du nur zu beobachten, wie dieser Prediger lebt, und dir dann vorzustellen, was mit der Menschheit geschähe, wenn alle so lebten wie er.» Dieser einfache Test kann enorm aufschlussreich sein. Ich habe also versucht, mir vorzustellen, was aus der Menschheit würde, wenn jeder von morgens bis abends Mantras sänge, wie es die Krishna-Anhänger tun. Das Ergebnis dieser Betrachtung war: Es würde das baldige Ende der Welt bedeuten. Und nun stellen Sie sich vor, was geschieht, wenn jeder Mensch auf der Erde seinen eigenen Garten pflegt: Die ganze Erde wird sich in einen Paradiesgarten verwandeln.

Als ehemaliger Unternehmer ist es für mich nur natürlich, alles an konkreten Ergebnissen zu beurteilen, und daher steht für mich fest: Als spiritueller Mensch kann jemand gelten, der so tätig ist, dass er der Erde, seiner Familie und seinen Eltern und schließlich auch Gott etwas Gutes tut. Wer sich als spirituellen Menschen bezeichnet, aber sich selbst, seine Frau, seine Familie und seine Kinder nicht glücklich machen kann, ist ein Heuchler und Schwindler.

Anastasia hat über eine neue Art der Erziehung gesprochen. Ist eine solche Erziehung eigentlich nur in einer der von Ihnen erwähnten Siedlungen möglich oder auch in einer modernen Großstadt? Was meint Herr Schtschetinin dazu? Bereits im ersten Band ist Anastasia auf die Wichtigkeit der Kindeserziehung eingegangen. Auch danach ist sie immer wieder darauf zu sprechen gekommen. Ich habe aber den Eindruck, dass Sie dieses Thema eher meiden. In Ihren Büchern findet man nicht viel Konkretes dazu. Wieso nicht?

Michail Petrowitsch Schtschetinin hat seine Internatsschule in einem Wald aufgebaut. Sobald der erste Grundstein für eine Volkssiedlung gelegt ist, werden wir Michail Petrowitsch bitten, ein konkretes Programm für die künftige Schulbildung auszuarbeiten. Und ich will ihn persönlich darum bitten, möglichst selbst an dieser Schule zu lehren und die weiteren Lehrkräfte selbst auszuwählen. Auch möge er zur Unterstützung seine besten Schüler an diese Schule schicken.

Das Einrichten einer solchen Schule in einer modernen Großstadt halte ich nicht für möglich. Vergessen wir mal einen Augenblick Anastasia und erinnern uns nur mal an unsere eigene Schulzeit zurück. Was uns in der Schule erzählt wurde, war anders als das, was wir auf der Straße hörten. Zu Hause wiederum galt eine dritte Wahrheit. Dein halbes Leben kann vorbei sein, bis du herausfindest, was nun eigentlich stimmt. Ich glaube, wir müssen zuerst lernen, selber normal zu leben, bevor wir uns daran machen, unsere Kinder zu erziehen. Zuerst sollten wir uns darum bemühen, eine menschenwürdige Existenzform zu verwirklichen, dann können wir uns, in Zusammenarbeit mit einer Schule, um die Erziehung unserer Kinder kümmern.

Und ja, Anastasia spricht tatsächlich oft über Kindeserziehung, aber was sie sagt, lässt sich kaum zu einem geordneten Stundenplan zusammenfügen. Viele ihrer Aussagen kann ich fast nicht nachvollziehen. So sagt sie zum Beispiel, die Erziehung des Kindes beginne damit, sich selbst zu erziehen, für sich selbst ein glückliches Leben aufzubauen und zu versuchen, mit Gottes Gedanken in Berührung zu kommen. Und eine der Grundvoraussetzungen der Erziehung ist für sie eben der Familienlandsitz.

18

Die Philosophie des Lebens

Ich bin dreimal bei einem älteren Herrn zu Besuch gewesen. Er wohnt in einem angesehenen Vorort Moskaus, in dem es zahlreiche Datschen gibt. Seine beiden Söhne, die ziemlich hohe Posten in der Regierung bekleiden, haben für ihn eine große, einstöckige Villa gebaut und eine Pflegerin angestellt. Sie sehen ihren Vater aber höchstens mal an seinem Geburtstag.

Sein Name ist Nikolaj Fjodorowitsch, und er ist schon über siebzig. Wegen eines Beinleidens verbringt er fast die ganze Zeit in seinem teuren, aus dem Westen importierten Rollstuhl. Die Hälfte der unteren Etage seiner riesigen Villa, eingerichtet in bestem europäischem Stil, nimmt seine Bibliothek ein, die Bücher in allen möglichen Sprachen enthält. Zum größten Teil handelt es sich dabei um gebundene Ausgaben mit philosophischen Themen, darunter so manche Liebhaberexemplare. Bis zu seiner Pensionierung hatte Nikolaj Fjodorowitsch an der Moskauer Universität Philosophie gelehrt und alle möglichen Titel und Ehrungen erworben. Danach hatte er seine Villa bezogen und brütete fast die ganze Zeit über seinen Büchern.

Ich hatte ihn durch seine Haushaltsgehilfin Galina kennengelernt, die an einer meiner Leserkonferenzen teilgenommen hatte. Ich bin ihr dankbar dafür, diese Bekanntschaft geknüpft zu haben.

Nikolaj Fjodorowitsch hatte die Bücher über Anastasia gelesen, und ich führte interessante Unterhaltungen mit ihm. Trotz seiner

Gelehrtheit wusste er Anastasias Äußerungen mit verblüffend einfachen Worten zu erklären und neue Bedeutungen in ihnen zu entdecken.

Nach dem Erscheinen des dritten Bandes, *Raum der Liebe,* erhielt ich vom Sekretariat der Stiftung «Anastasia» diverse Briefe, in denen religiöse Führer sehr aggressiv gegen Anastasia argumentierten. Sie nannten sie eine «Zimtzicke» und ein «ehrloses Luder». Ein längerer Brief enthielt sogar Bezeichnungen, die ich hier nicht wiedergeben kann.

Mir wollte es einfach nicht in den Kopf, wieso Anastasia auf einmal solche Aggressionen vonseiten religiöser Führer hervorrief, und so leitete ich diese Briefe an Nikolaj Fjodorowitsch weiter, um seine Meinung einzuholen. Zwei Monate später suchte mich seine Pflegerin Galina in meinem Hotel auf und bat mich eindringlich, mit ihr auf der Stelle zu Nikolaj Fjodorowitsch zu kommen und mit ihm zu sprechen, da sie sich wegen seiner Gesundheit Sorgen mache. Ich begleitete sie also, ganz abgesehen einmal davon, dass es sowieso keinen Zweck gehabt hätte, sich ihrer Bitte widersetzen zu wollen.

Nikolaj Fjodorowitschs Haushälterin war eine hochgewachsene Frau mit üppigen Formen. Sie war nicht korpulent, einfach eine physisch starke, russische Frau im Alter von vierzig oder vielleicht fünfundvierzig Jahren. Ihr ganzes vorheriges Leben hatte sie in einem ukrainischen Dorf verbracht, wo sie als Traktorfahrerin und Tierpflegerin gearbeitet hatte. Sie konnte sehr gut kochen und kannte sich vorzüglich mit Wildkräutern aus. Wenn sie sich aufregte, sprach sie mit deutlich ukrainischem Akzent.

Ich habe keine Ahnung, wie die Söhne Nikolaj Fjodorowitschs bei ihrer Suche nach einer Pflegerin für ihren Vater auf Galina gekommen waren – es war schon etwas seltsam anzusehen, wie der intellektuelle alte Philosophieprofessor mit dieser eher simplen, rustikalen Bäuerin umging. Sie bewohnte ein Zimmer im gleichen Haus wie der Professor. Eigentlich hätte sie sich um den Haushalt kümmern sollen, aber irgendwie wollte sie bei meinem Gespräch mit Nikolaj Fjodorowitsch unbedingt dabei sein. Also nahm sie sich auffallend viel Zeit für das Staubwischen im Zimmer des Professors und dachte sich immer neue Pflichten in unserer Nähe aus.

An jenem Tag nun kam mich Galina mit ihrem «Niva»* abholen, den Nikolaj Fjodorowitschs Söhne ihr gegeben hatten, damit sie Lebensmittel oder Medizin für ihren Vater in der Stadt einkaufen oder frische Kräuter aus dem Wald besorgen konnte. Ich verschob ein paar Dinge, die ich zu erledigen hatte, und fuhr mit ihr. Auf dem Wege durch Moskau schwieg Galina, weil der starke Stadtverkehr ihre ganze Aufmerksamkeit erforderte. Bis wir die Moskauer Ringautobahn erreichten, schwitzte sie sogar vor Anstrengung. Erst als wir auf eine ihr bekannte, breite Landstraße einbogen, atmete sie erleichtert auf und platzte in einer Mischung aus Russisch und Ukrainisch heraus:

«Er war eigentlich immer ein ganz ruhiger Mensch. Den ganzen Tag saß er in seinem Rollstuhl, las seine Bücher, dachte nach. Am Morgen kochte ich Buchweizen- oder Hafergrütze und konnte nach dem Frühstück auf den Markt fahren oder in den Wald, um Kräuter zu sammeln. Ich brauchte mir keine Sorgen zu machen, weil ich wusste, er wird in seinem Rollstuhl sitzen und nachdenken oder ein Buch lesen. Jetzt aber, seit ich ihm deine Briefe gebracht habe, ist er wie verändert. Er begann sie zu lesen, und nur zwei Tage später sagte er zu mir: ‹Hier, nehmen Sie dieses Geld, Galina Nikiforowna. Kaufen Sie davon eine Menge Bücher über Anastasia. Damit gehen Sie auf den Markt. Lassen Sie sich nur Zeit. Wenn Sie einen traurigen oder kränklichen Menschen sehen, schenken Sie ihm eines der Bücher.› Ich habe das auch schon ein paar Mal gemacht, zweimal hab ich das gemacht, aber er gibt keine Ruhe. ‹Lassen Sie sich nur Zeit mit dem Mittagessen, Galina Nikiforowna›, hat er gesagt. ‹Ich komme schon allein zurecht, wenn ich Hunger kriege.› Ich bin trotzdem immer pünktlich zum Mittagessen zurück.

Neulich komme ich vom Markt zurück und gehe auf sein Zimmer, um ihm seinen Kräutertee zu bringen. Ich guck, doch sein Rollstuhl ist leer. Da sehe ich ihn doch auf dem Teppich liegen, mit

---

* Niva: Eine Automarke (ein Geländewagen). (Anmerkung des Übersetzers)

dem Gesicht nach unten. Ich lauf zum Telefon und wähl die Nummer für den Notarzt, die mir seine Söhne gegeben haben. ‹Hilfe, kommen Sie schnell!›, rufe ich in den Hörer. Da hebt er doch seinen Kopf und sagt: ‹Legen Sie wieder auf, Galina Nikiforowna, mit mir ist alles in Ordnung. Ich treibe nur etwas Sport.› Ich springe sofort auf ihn zu, hebe ihn hoch, setze ihn in seinen Rollstuhl und sage: ‹Was soll denn das für ein Sport sein, wo jemand wie ein Toter auf dem Fußboden liegt?› Er aber entgegnet: ‹Ich hab Liegestütze gemacht und musste gerade verschnaufen. Machen Sie sich keine Sorgen.›

Am nächsten Tag das Gleiche. Wieder finde ich ihn auf dem Fußboden liegen. Dann habe ich ihm Hanteln gekauft – Quatsch, was sage ich, Expander heißt das, so ein Ding mit Griffen und Gummizügen zum Auseinanderziehen. Du fängst an mit einem Gummi, und wenn du zu Kräften kommst, kannst du bis zu vier Stränge dranmachen. Ich ihm also diesen Expander gekauft, aber er mit seinem Dickkopf hat darauf bestanden, aus seinem Rollstuhl aufzustehen, wie ein unvernünftiges Kind – sein Herz ist doch nicht mehr das jüngste. In seinem Alter darf er sich nicht überanstrengen. Er muss sich schonen. Aber er will ja nicht hören, wie ein bockiges Kind ist er! Ich bin jetzt schon fünf Jahre bei ihm angestellt, aber so was ist mir noch nie passiert. Ich weiß einfach nicht, was ich davon halten soll. Rede du doch mal mit ihm und sag ihm, er soll seine Übungen etwas ruhiger machen, wenn er das unbedingt tun will. Sag ihm, er soll sich schonen ...»

Als ich Nikolaj Fjodorowitschs geräumiges Arbeitszimmer betrat, sah ich dort ein Kaminfeuer brennen. Der alte Professor saß nicht wie gewöhnlich in seinem Rollstuhl, sondern an seinem großen Schreibtisch und schrieb oder zeichnete etwas. Auch sein Aussehen hatte sich verändert. Statt seines üblichen Schlafrocks trug er Hemd und Krawatte. Er begrüßte mich schwungvoller als sonst, bat mich, Platz zu nehmen, und redete ohne Höflichkeitsfloskeln gleich drauf los, viel temperamentvoller, als ich es von ihm gewohnt war: «Wissen Sie, Wladimir, welch wunderschöne Zeit der Erde bevorsteht? Ich denke gar nicht mehr ans Sterben, so sehr wünsche ich mir, auf einer solchen Erde zu leben! Ich habe die Korrespondenz mit den Schmähungen gegen Anastasia gelesen. Vielen Dank, dass Sie sie mir zugeschickt haben. Ich habe dadurch vieles verstanden. Die Taiga-Einsiedlerin Anastasia wurde in diesen Briefen als Hexe oder Zauberin bezeichnet, doch in Wirklichkeit ist sie die größte Kriegerin. Ja, ja, stellen Sie sich nur vor, Anastasia ist die größte Streiterin für die lichten Kräfte. Es ist unseren Nachkommen bestimmt, ihre wahre Bedeutung und Größe zu begreifen. In den uns bekannten Legenden und Heldensagen finden wir keine kühne Heldin wie sie. Das heißt, unser menschliches Bewusstsein, unser Verstand und unsere Gefühle sind nicht in der Lage, sie sich auch nur vorzustellen. Jetzt wundern Sie sich bitte nicht, Wladimir, ich weiß schon, was Sie jetzt wieder denken … Ja, gut, sie ist auch eine normale Frau von ganz menschlichem Wesen, mit allen weiblichen Schwächen und Stärken, mit mütterlichen Gefühlen, aber gleichzeitig ist sie eine Kriegerin von unvergleichlicher Größe … Ach du meine Güte, ich sollte wohl versuchen, mich etwas klarer auszudrücken. Das Ganze ist in einer philosophischen Konzeption enthalten. Sehen Sie mal die vielen Bücher auf meinen Regalen hier, Wladimir. Es sind die Werke philosophischer Denker verschiedener Epochen und Erdteile.»

Nikolaj Fjodorowitsch wies mit der Hand auf verschiedene Bücherregale und erklärte dazu: «Dort sind die Rhetoriker der Antike, die vom Kern, vom Urgrund des Lebens sprachen. Daneben stehen Bücher über Sokrates, der ja selber nichts geschrieben hat. Weiter rechts kommen Lukrez, Plutarch und Mark Aurel. Dort unten stehen Nezamis fünf Epen, danach kommen Werke von Aruni, Descartes, Franklin, Kant, Laplace, Hegel und Stendal. Sie alle haben versucht, zum Wesen des Seins vorzudringen und die Gesetze des Universums zu verstehen.

Der spanische Literaturkritiker Agustin Durán schrieb über sie: ‹Die Philosophiegeschichte beschreibt im Wesentlichen die Bemühung großer Denker, den sozialen Zerfall durch die Schaffung weltlicher moralischer Gebote zu verhindern, welche die überweltlichen Gebote ersetzen sollten, die sie selbst abgeschafft hatten.›

Jeder der großen Denker versuchte auf seine eigene Art, sich dem Begriff des Absoluten zu nähern. Ihre philosophischen Konzeptionen brachten religionsartige Strömungen hervor und bedeuteten andererseits das Ende alter Weltbilder und Denkgebäude. Um es kurz zu machen: Aus diesem Hin und Her kristallisierte sich schließlich die Auffassung heraus, dass wir alle einem höheren Bewusstsein untergeordnet seien. Wo sich dieses Bewusstsein befindet – ob in den Weiten des Kosmos oder in der menschlichen Seele –, ist dabei unwichtig. Wichtig ist etwas anderes, und zwar das allumfassende Prinzip der Unterordnung und der Verehrung. Wem oder was man sich unterordnet, ist auch wieder ein Detail – ob einem Lehrer, einem Guru oder einem Ritual.

Auf jenen Regalen stehen die Prophezeiungen des Nostradamus. In all diesen Büchern findet man die Auffassung, der Mensch sei vergänglich, unbedeutend und lasterhaft und müsse noch vieles erkennen. Gerade diese Auffassung ist es aber, die die menschliche Seele zerstört. Ein Anhänger dieses Weltbilds kann nicht glücklich sein, ja kein Mensch auf Erden kann glücklich sein, solange ein derartiges Weltbild herrscht. Es bedrückt sowohl Philosophen als auch Menschen, die noch nie ein philosophisches Werk angerührt haben. Es bedrückt Neugeborene wie Alte und sogar Embryos im Mutterleib. Heutzutage gibt es sehr viele Anhänger dieser Auffassung. Es gab sie zu den verschiedensten Zeiten, und heute flößen ihre Anhänger den Menschen ein, sie seien vergänglich und unbedeutend. Aber damit wird bald Schluss sein! Wie ein flammendes Licht sind die Worte Gottes in mich eingefahren, die Anastasia überbracht hat.

Sie, Wladimir, haben diese Worte aufgezeichnet, und ich erinnere mich noch, wie Gott von Adam gefragt wurde: ‹Wo ist die Grenze des Universums? Was werde ich tun, wenn ich sie erreiche, wenn ich alles mit mir ausfülle und ich all meine Gedanken verwirklicht habe?›

Und Gott hat Seinem Sohn, hat uns allen wie folgt geantwortet: ‹Mein Sohn, das Universum selbst hat sich aus Gedanken entfaltet. Aus den Gedanken ist zunächst ein Traum hervorgegangen, der in Form der materiellen Manifestation teilweise sichtbar ist. Wenn du an das Ende von allem gelangst, wird dein Geist das Tor zu einem neuen Anfang und einer Fortsetzung aufstoßen. Gleichsam aus dem Nichts wird eine neue Verkörperung deiner selbst stattfinden, die dein Trachten, deine Seele und deinen Traum reflektiert. Mein Sohn, du bist unendlich, denn du existierst in deinen eigenen Traumschöpfungen ewig fort.›

Was für eine wundervolle, tief-philosophische, treffende und lakonische Antwort! Sie enthält mehr als alle philosophischen Aussagen der Weltliteratur. Auf den Regalen meiner Bibliothek sehen Sie so viele Bücher, Wladimir, doch was mir fehlt, ist das Hauptbuch, das Buch, dessen Lektüre wertvoller ist als die aller gedruckten philosophischen Werke zusammengenommen. Viele Menschen sehen dieses Buch, doch nicht jedem ist es gegeben, auch darin lesen zu können. Die Sprache dieses Buches lässt sich nicht erlernen, nur erfühlen.»

«Was ist das für eine Sprache?»

«Die Sprache Gottes, Wladimir. Wenn ich mich recht erinnere, hat Anastasia über sie gesagt: ‹Unter den Erdvölkern gibt es so viele verschiedene Sprachen und Mundarten, und doch gibt es eine Sprache für alle: Sie besteht aus dem Rascheln des Laubes, dem Gesang der Vögel und dem Rauschen der Wogen. Gottes Sprache hat sogar Farben und Düfte. In dieser Sprache gibt Gott Antwort auf jedes Gebet.› Anastasia kann diese Sprache erfühlen und verstehen, aber wir? Wie konnten wir sie nur seit Jahrhunderten unbeachtet lassen?! Dabei ist es doch völlig logisch: Wenn Gott die Erde und die Natur um uns herum erschaffen hat, dann sind das Gras, die Bäume, die Wolken, das Wasser und die Sterne nichts anderes als Seine manifestierten Gedanken.

Doch wir beachten diese Dinge nicht, durch die Gott spricht, im Gegenteil – wir zerstören sie, wir zertrampeln und entstellen sie, und dann sprechen wir noch von Glauben! Was ist das für ein Glaube? Und wen verehren wir eigentlich? Anastasia hat gesagt: ‹An der Reinheit des Wassers kann man alles messen. Es wird mit jedem Tag schmutziger. Und mit jedem Tag wird einem auch das Atmen mehr und mehr erschwert. Mögen die Herrscher dieser Welt auch noch so prunkvolle Tempel errichten, die Nachwelt erinnert sich jeweils nur an den Schmutz, den sie hinterlassen haben.› So etwas kann nur ein wahrhaft großer Philosoph sagen. Wir alle sollten darüber nachdenken. Überlegen Sie mal, Wladimir, jedes menschliche Konstrukt dieser Welt – ob geistig oder weltlich – ist vergänglich. Die Religionen mit ihren Tempeln und Kathedralen, die Philosophien mit ihren Generationen von Denkern, sie alle kommen und gehen. Das Wasser jedoch existiert seit Anbeginn dieser Schöpfung, genauso wie wir selbst. Unser Körper besteht ja auch zum größten Teil aus Wasser.»

«Nikolaj Fjodorowitsch, wieso halten Sie denn Anastasias Aussagen für richtig?»

«Weil sie jenem Hauptbuch entnommen sind. Und ihre Logik, Wladimir, ist die Logik der Philosophie. Anastasia führt in einem Buch auch eine weitere Aussage Gottes an. Er wird dort von den kosmischen Energiewesen gefragt: ‹Was ist es, das Du so dringlich Dir wünschst?› Seine Antwort war: ‹Das gemeinsame Schaffen und die Freude von uns allen beim Betrachten der Schöpfungen.›

Welch prägnante Aussage – ein paar Worte nur! Und in diesen wenigen Worten ist das Streben und Wünschen Gottes enthalten. Keiner der großen Philosophen hätte eine treffendere Erklärung geben können. ‹Die Realität muss jeder für sich selbst bestimmen›, hat Anastasia gesagt. Alle Eltern, die ihre Kinder lieb haben, sollten sich überlegen, ob sie nicht den gleichen Traum haben. Wer von uns – die wir Söhne und Töchter Gottes sind – würde sich nicht wünschen, gemeinsam mit unseren Kindern zu erschaffen und diese Werke dann mit Freuden zu betrachten?

Die größte Kraft und Weisheit ist in Anastasias philosophischen Betrachtungen enthalten. Sie sind für die Menschheit von schicksalhafter Bedeutung und voller Wirkkraft! Die Masse der Menschen, die an die kommende Finsternis glauben, wird versuchen, sich ihnen zu widersetzen. Es werden noch mehr Schmähungen Anastasias folgen wie diejenigen, die Sie mir bereits geschickt haben. Sie werden von verschiedener Art sein. Die meisten von ihnen werden von schwächlichen Predigern kommen, die nur wenige Anhänger gewinnen können und die denen, die zu faul sind, für sich selbst zu denken, angeblich die Wahrheit verkünden.

Anastasia hat bereits von ihnen gesprochen: ‹He, all ihr selbsternannten Seelenführer, schweigt nur ganz stille, denn ein jeder soll es jetzt wissen: Der Schöpfer hat jedem von Anfang an alles gegeben. Ihr begingt den Frevel, die Wahrheit mit der Dunkelheit eurer Dogmen zu verdecken, mit der Finsternis eurer aus Stolz geborenen Spekulationen und Lügen – angeblich zur Ehre des großen Schöpfers. Stellt euch nicht zwischen Gott und die Menschen! Der kosmische Vater will mit jedem selbst sprechen. Gott braucht keine Mittler.› Diese falschen Prediger werden sich mit Sicherheit gegen Anastasia wenden, denn mit dem Licht der Wahrheit verbrennt Anastasia ihre Dogmen. Ihre philosophische Konzeption bedeutet das Ende der Herrschaft der Finsternis. Ich spreche von unserer jetzigen Realität. Wir sind die Zeugen dieser wunderschönen Wandlung und können selbst daran teilnehmen. Wir stehen an der Schwelle des neuen Jahrtausends, an der Schwelle zu einer neuen Realität – ja wir leben schon jetzt in dieser Realität.»

«Warten Sie mal, Nikolaj Fjodorowitsch! Das mit der Wirkkraft und der Realität habe ich nicht ganz verstanden. Also gut, ein Philosoph hat irgendwas gesagt, ein anderer etwas anderes, und auch Anastasia spricht alles Mögliche, aber was hat das mit der Realität und mit Wirkkraft zu tun? Das sind doch alles nur Worte. Philosophen mögen daherreden, was sie wollen, aber das Leben nimmt seinen eigenen Lauf.»

«Das Leben jeder menschlichen Gesellschaft ist schon immer unter dem Einfluss philosophischer Weltbilder verlaufen. Das ist auch heute noch so. Die Philosophie der Juden bringt eine bestimmte Lebensweise hervor, die Philosophie der Kreuzritter eine andere. Hitler hatte seine Philosophie und die Sowjetunion die ihre. Eine Revolution ist nichts anderes als der Wechsel von einem philosophischen Weltbild zu einem anderen. Bislang hatten diese Weltbilder lokale Auswirkungen. Das Wirken von Anastasia hingegen ist schon jetzt weitaus globaler, und es wird sich auf die gesamte Menschheit ausweiten, auf jeden Einzelnen von uns. Sie hat gesagt: ‹Ich werde die Menschheit aus dem Zeitalter der Dunkelmächte entrücken.› Das hat sie bereits getan, Wladimir. Sie hat für jeden eine Brücke über den Abgrund gebaut. Es liegt jetzt an uns, darüberzuschreiten oder nicht.

Ich bin Philosoph, Wladimir, und habe all dies klar vor Augen ... nicht nur das, ich spüre es auch. An der Schwelle zum neuen Jahrtausend ist ihre philosophische Konzeption wie ein heller Strahl aufgeflammt. Unsere Handlungen werden von unseren philosophischen Überzeugungen bestimmt. In jeder Stunde kommen diese Überzeugungen so zum Ausdruck, Wladimir. Wandeln sich unsere Überzeugungen, so wandelt sich auch unser Tun. Ich zum Beispiel saß seit Langem in meinem Arbeitszimmer, las die verschiedensten philosophischen Werke und bedauerte die Menschheit auf ihrem Pfad in den sicheren Untergang. Ich dachte an meine eigene Beerdigung und daran, ob meine Söhne und Enkel wohl die Zeit aufbringen würden, daran teilzunehmen. Ich bemitleidete die ganze Menschheit und dachte an meinen eigenen Tod. Durch Anastasia hat sich mein gesamtes Weltbild verändert, und auch meine Handlungsweise ist wie verwandelt.»

«Inwiefern hat sich Ihr Leben verändert? Was tun Sie jetzt anderes als zuvor?»

«Vieles ... Ich werde es Ihnen zeigen. Ich werde jetzt aufstehen und auf der Grundlage meiner neuen Überzeugung zu handeln beginnen.»

Nikolaj Fjodorowitsch hielt sich mit den Händen an seinem Schreibtisch fest und erhob sich. Auf seinen Lehnstuhl und andere Möbel gestützt, wankte er langsam zu einem Bücherregal. Er studierte die Titel auf den Buchrücken, zog ein Buch mit teurem Einband heraus und schleppte sich damit zum Kamin. Dann warf er das Buch in die Flammen und erklärte dazu:

«Das waren die Prophezeiungen des Nostradamus über furchtbare Katastrophen und über den Untergang der Erde. Erinnern Sie sich noch an Anastasias Worte in diesem Zusammenhang, Wladimir? Sie sollten sich daran erinnern. Mir jedenfalls klingen sie noch ganz deutlich in den Ohren: ‹He, Nostradamus! Die furchtbaren

Katastrophen, von denen du sprachst, waren nicht etwa Prophezeiungen, nein, sie sind deinem eigenen Geist entsprungen! Viele Menschen hast du dazu gebracht, deine Visionen zu übernehmen, und durch deren kumulative Gedankenkraft wurden die Katastrophen vorbereitet. Jetzt schweben deine Ideen wie ein Damoklesschwert über diesem Planeten und versetzen die Menschen in Angst und Schrecken.›

So konnte nur ein wahrhaft großer Philosoph und Denker sprechen, jemand, der versteht, dass eine Prophezeiung nichts anderes ist als eine bewusste Gestaltung der Zukunft. Je mehr Menschen an eine große Katastrophe glauben, desto mehr gedankliche Energie bezieht diese Vision, und schließlich wird sie Realität. Sie kann deshalb Realität werden, weil der menschliche Gedanke etwas Materielles ist und materielle Konsequenzen hat. Ganze Sekten gehen freiwillig in den Feuertod, weil sie an das nahende Ende der Welt glauben. Diejenigen, die an das Ende der Welt glauben, stürzen sich in die Flammen, und diejenigen, die an die Zukunft glauben, leben weiter.

Anastasia aber richtet sich gegen die Hoffnungslosigkeit und zerstört den Glauben an das Ende der Welt: ‹Weiche von der Erde, du dunkle Macht, greife mich an! Ich bin ein Mensch, ein Mensch des Ursprungs! Ich bin Anastasia. Und ich bin stärker als du.› Und weiter: ‹Mit meinem Strahl werde ich im Nu all die jahrhundertealten Dogmen zu Asche verbrennen.› Sie hat den Kampf mit den unzähligen Horden der Finsternis aufgenommen. Mit Millionen von Bestien, die auf den Untergang der Menschheit hinarbeiten. Und uns will sie aus diesem Kampf sogar heraushalten. Sie will allein, dass wir glücklich werden, wie sie es in ihrem Gebet sagt:

Möge die Zukunft ganz Deinem Traum gehören!
So soll es sein, so will ich es, ich, Deine Tochter,
O mein Vater, der Du allgegenwärtig bist!

Sie wird nach der Erfüllung ihrer Träume streben. Ihre Philosophie ist außergewöhnlich stark. Die künftigen Jahrhunderte gehören dem göttlichen Traum, den paradiesischen Gärten auf Erden. Sie wird sich aber kein Denkmal ihrer selbst errichten. Die Zeit der Denkmäler wird vorbei sein, denn alle werden die wahren menschlichen Werte von selbst verstehen. Die Menschen werden die Schönheit von Gottes Schöpfung genießen und sich nicht an Anastasia erinnern. Aber in den Gärten werden Blumen blühen, und eine schöne Blume wird den Namen Anastasia tragen.

Ich bin schon alt, aber es ist mein Bestreben, als gewöhnlicher Soldat an ihrer Seite zu kämpfen. Denken Sie nicht, Philosophie sei nichts weiter als schöne Worte, Wladimir. Denn die Worte, die irgendwo in der Taiga gesprochen wurden, haben mein Herz mit Begeisterung erfüllt, und siehe da, diese Worte haben ganz konkrete materielle Handlungen zur Folge. Was nun verbrennt, sind nicht die Menschen, sondern die Prophezeiungen, die den Untergang der Menschheit voraussagten. Das ist es, was die Anhänger der Weltuntergangstheorie so aufregt, denn ihre Philosophie beruht ja auf dem angeblich unvermeidlichen Ableben der Menschen.»

«Aber hat sich denn vor Anastasia niemand gegen die Theorie vom Ende der Welt aufgelehnt?»

«Es gab ein paar zahme, unbedeutende Versuche, die kaum Beachtung gefunden hatten. So direkt wie Anastasia ist noch niemand aufgetreten. Niemand hat Worte gesprochen, die so sehr die Herzen bewegten, noch hat je eine philosophische Konzeption die Menschen so begeistert. Sie aber hat es geschafft. Sie verbrennt die jahrhundertealten Dogmen zu Asche.

Wie ihr das gelingt, können wir nicht begreifen. In ihren Worten gibt es einen ungewöhnlichen Rhythmus und eine große Logik, aber es ist noch etwas anderes ... ja, ganz gewiss! Sie selbst sagt ja: ‹Der Schöpfer ließ eine neue Energie verströmen und sprach auf neue Art über Dinge, die wir jeden Tag sehen ...›

Mit Sicherheit ist jetzt diese neue Energie im Universum erschienen, und mit ihr beginnen mehr und mehr Menschen, Wunder zu wirken. Es ist eine Tatsache, dass es normalerweise Jahrzehnte oder gar Jahrhunderte dauert, bis sich eine bedeutende philosophische Auffassung durchsetzt. Anastasia jedoch erreicht all dies in nur ein paar Jahren ... phantastisch! Ihrer Meinung nach spricht sie mit ganz einfachen Worten. Aber ihre Worte sind von solcher Kraft erfüllt, dass diese Hände hier ...»

Er hob eine Hand, schaute sie dabei an und fuhr fort: «... dass sogar meine alten Hände ihre Worte verwirklichen können. Das Ende der Welt geht in Flammen auf, und das Leben wird fortdauern. Diese meine Hände werden zur Fortdauer des Lebens beitragen. Sie sind die Hände eines gewöhnlichen Soldaten in Anastasias Armee.»

Sich auf den Möbeln abstützend, kam Nikolaj Fjodorowitsch zu seinem Schreibtisch zurück, nahm eine Karaffe mit Wasser in die Hand und humpelte damit langsam zum Fenster, wo ein schöner Blumentopf stand. Aus der Erde in dem Topf war ein ganz junger, grüner Trieb gesprossen. «Wie prächtig mein kleines Zederlein wächst! Jetzt werde ich es gießen und damit die Worte, die dem Herzen so nah stehen, verwirklichen.»

Nikolaj Fjodorowitsch lehnte sich seitwärts an den Fenstersims, hob mit beiden Händen die volle Wasserkaraffe und sagte: «Ob das Wasser wohl zu kalt ist für dich?» Nachdenklich nahm er etwas Wasser in den Mund, behielt es eine Weile darin, tastete sich mit beiden Händen am Fenstersims entlang und ließ das Wasser in einem dünnen Strahl neben dem Zedernsprössling herablaufen.

Galina hatte es mal wieder verstanden, im Zimmer zu bleiben und unser Gespräch zu verfolgen. Erst hatte sie uns Tee gebracht, dann nicht vorhandenen Staub gewischt, und die ganze Zeit hatte sie etwas vor sich hin gemurmelt – leise Kommentare zu dem, was sie gehört und gesehen hatte. Nachdem Nikolaj Fjodorowitsch jedoch aufgestanden war, wurden ihre Kommentare lauter: «Das ist ja wohl ... Wenn ich das jemandem erzählen würde ... Auf seine alten Tage noch so was zu unternehmen. Statt im Rollstuhl zu fahren, läuft er auf seinen kranken Beinen umher. Genug zu essen hat er, eine warme Wohnung hat er, aber nein, das ist alles nicht gut genug. Erbarmung – wo gibt's denn so was!»

Mir fiel plötzlich ein, dass Galina um Nikolaj Fjodorowitschs Gesundheit besorgt war und mich gebeten hatte, ihn vor etwas zu warnen – ich konnte mich nur nicht erinnern, wovor. Und so fragte ich ihn: «Was haben Sie vor, Nikolaj Fjodorowitsch?»

Er antwortete erregt, aber mit fester Stimme: «Ich habe eine große Bitte an Sie, Wladimir. Bitte erweisen Sie meinem Alter Respekt.»

«Es würde mich freuen, wenn ich Ihre Bitte erfüllen kann.»

«Wie ich gehört habe, suchen Sie nach Leuten, die am Aufbau einer Ökosiedlung mitwirken wollen. Wollen Sie beim Staat die Freigabe der Ländereien für die Familienlandsitze beantragen?»

«Ja, das habe ich vor. Bei den Verwaltungen einiger Regionen haben wir die Anträge schon eingereicht. Die Stiftung hat sich darum gekümmert. Aber bis zur Bewilligung kann es schon noch etwas dauern. Das Problem ist, dass wir meistens nur kleinere Flächen zur Verfügung gestellt bekommen. Wir brauchen aber mindestens eine Gesamtfläche von 150 Hektar, sonst kann sich die notwendige Infrastruktur nicht entwickeln.»

«Das Land werden Sie schon bekommen, Wladimir, da bin ich mir sicher.»

«Das wäre erfreulich. Aber was ist Ihre Bitte?»

«Wenn die Behörden damit anfangen, das Land für die Familienlandsitzsiedlungen auszuwählen – und das werden sie ganz bestimmt in jeder Region Russlands tun –, dann bitte ich Sie, Wladimir, vergessen Sie nicht Ihren alten Freund. Nehmen Sie auch mich in eine solche Gemeinschaft auf, denn bevor ich sterbe, möchte ich ein Stückchen Heimat aufbauen ...» Nikolaj Fjodorowitsch wurde wieder unruhig und begann leidenschaftlich und schnell zu sprechen: «... für mich selber, für meine Kinder und für meine Enkel. Diesen Zedernsprössling ziehe ich jetzt auf, um den Setzling später mit meinen eigenen Händen auf meinem Stück Heimatboden einzupflanzen. Ich werde den Leuten bestimmt nicht zur Last fallen. Ich werde meinen Hektar ganz allein bewirtschaften. Einen Garten werde ich anlegen und einen lebenden Zaun. Außerdem kann ich auch den Nachbarn helfen. Wissen Sie, ich habe etwas auf die hohe Kante gelegt ... einige meiner Artikel werden noch immer honoriert. Und meine Söhne sind jederzeit bereit, mich finanziell zu unterstützen. Ein kleines Häuschen kann ich mir leisten für mich selber, und es wird auch reichen, um den Nachbarn bei ihren Aufwendungen beizustehen.»

«Das wird ja immer toller!», fiel da Galina ein, noch lauter als zuvor. «Denkt denn dieser Mensch überhaupt nicht nach, wie er mit seinen kranken Beinen einen Garten bewirtschaften soll ... und dann noch den Nachbarn helfen?! Was sollen die Leute denken, wenn sie das hören? Da bauen ihm seine Söhne ein solches Haus, doch statt sich des Lebens zu freuen und seinen Kindern und Gott zu danken ... Was ist nur in diesen alten Herrn gefahren?»

Nikolaj Fjodorowitsch hatte sehr wohl Galinas Worte gehört, schien ihr aber keine Beachtung zu schenken, sondern fuhr unbeirrt fort: «Ich kann mir vorstellen, Wladimir, dass mein Entschluss recht emotional klingt, aber ich habe mir alles gut überlegt. Mein jetziges Leben erscheint vielleicht ganz passabel, aber der Schein trügt. Zwar habe ich ein eigenes Haus mit allem Drum und Dran – eine gute Pflegerin ist auch dabei –, und meinen Söhnen geht es auch nicht schlecht; doch in Wirklichkeit war ich wie tot, bevor ich Anastasia kennenlernte. Ja, Wladimir, so ist es. Stellen Sie sich vor, ich lebe jetzt bald fünf Jahre in diesem Palast. Die meiste Zeit verbringe ich in diesem Zimmer, niemand braucht mich, und ich kann rein gar nichts mehr in dieser Welt bewegen. Und meine Söhne und Enkel erwartet das gleiche Los: sich schon im Leben wie ein Toter zu fühlen.

Der Mensch gilt als tot, Wladimir, wenn sein Körper aufhört zu atmen, aber das stimmt nicht. Er ist tot, wenn niemand ihn mehr braucht und nichts mehr von ihm abhängt. Um meine Villa herum leben viele Nachbarn mit einfacheren Häusern, aber unter ihnen habe ich keine Freunde. Meine Söhne haben mir sogar nahegelegt, meinen Nachnamen geheim zu halten. Es gibt so viele Neider hier in der Gegend, die gern wüssten, wem dieser Palast eigentlich gehört. Wüssten sie das, so kämen sicher Fragen auf wie: Woher kommt das Geld für einen solchen Prunkbau? Es könnte jemand zur Presse laufen und üble Nachrede verbreiten. Das Geld wurde zwar durch ehrliche Arbeit erworben, aber das muss man dann erst mal beweisen ... So sitze ich hier also in meinem Zimmer wie lebendig eingemauert. Die zweite Etage betrete ich nie – wozu auch? Ich habe viele philosophische Abhandlungen geschrieben, aber seit ich Anastasia kenne ... Ich werde Ihnen jetzt etwas sagen, Wladimir. Bitte tun Sie es nicht gleich als senilen Schwachsinn ab, denn ich bin durchaus in der Lage, die Stichhaltigkeit meiner Schlussfolgerung zu beweisen. Sehen Sie, Wladimir, ich denke, in diesem Augenblick findet das Jüngste Gericht statt.»

«Das Jüngste Gericht? Wo denn und wie? Und wieso weiß niemand davon?»

«Wissen Sie, Wladimir, wir haben uns das Jüngste Gericht immer vorgestellt wie ein bedrohliches Wesen mit seinem Gefolge, das vom Himmel herabsteigt und dann urteilt, ob wir Menschen in unserem Leben gerecht waren oder nicht. Dann wird das Wesen ein Strafmaß festlegen und uns entweder in die Hölle oder ins Paradies schicken. Das Ganze ist eine recht primitive Vorstellung; aber Gott ist nicht primitiv. Er kann kein solches Gericht abhalten, denn Er hat dem Menschen ewige Freiheit gewährt, und jedes Gericht wäre Gewaltanwendung und somit gleichbedeutend mit dem Entzug der Freiheit.»

«Und wieso sagen Sie dann, das Jüngste Gericht finde jetzt statt?»

«Ich wiederhole es sogar: Das Jüngste Gericht findet in diesem Augenblick statt. Wir sind unsere eigenen Richter. Ich habe verstanden, dass Anastasias Philosophie, ihre Kraft und ihre Logik diesen Prozess enorm beschleunigen. Stellen Sie sich vor, Wladimir, wie viele Menschen ihr glauben und ihre Idee der göttlichen Siedlungen verwirklichen werden. Diese gläubigen Menschen werden in ihrem eigenen Paradiesgarten leben. Wer aber nicht glaubt, wird dort bleiben, wo er sich jetzt befindet. Jedem das Seine.

Solange ein Ungläubiger nichts anderes kennt als sein eigenes Leben, hält er es meist für erträglich. Viele wähnen sich nur glücklich, weil sie nicht wissen, wie unglücklich sie sind. Doch sobald sie etwas zum Vergleichen haben, erkennen sie, dass sie bis zum Hals in der Hölle stecken. Dass genau jetzt das Gericht Gottes stattfindet, ist übrigens nicht allein meine Meinung. Eine ähnliche Ansicht fand ich in der Arbeit einer Psychologin aus Nowosibirsk, die die Reaktionen verschiedener Bevölkerungsgruppen auf Anastasia untersucht hat. Ich kenne sie nicht persönlich, ich las lediglich ihre Schlussfolgerungen in einer Publikation.

Auch in vielen Städten spüren die Menschen die Bedeutsamkeit dessen, was zurzeit geschieht. So spricht zum Beispiel auch Professor Jerjomkin, dessen Gedichte Sie ja selbst veröffentlicht haben, über die Erscheinung Anastasias. Ich möchte Sie nur an eines dieser Gedichte erinnern, wo er schreibt:

Des Menschen Leitstern sah ich in dir in einer fernen Zeit,
Wo meine Enkel, unter Göttinnen, dein Abbild werden sein.

Ich habe diese schönen Gedichte im Gedächtnis behalten. Ich will, dass auch meine Enkel unter Göttinnen leben, und deshalb möchte auch ich etwas zu dieser Vision beitragen, indem ich beginne, ein Stückchen Heimat aufzubauen. Einen Hektar Land oder mehr zu kaufen ist für mich kein Problem. Die Frage ist, wer um mich herum leben wird; denn ich will im Kreise von Gleichgesinnten meinen Landsitz aufbauen – für meine Enkel. Einer von ihnen wird ganz bestimmt dort leben wollen. Und meine Söhne werden auch kommen, um sich von der Hast des Alltags in den schönen väterlichen Gärten zu erholen. Zurzeit kommen sie mich nur selten besuchen, doch zu dem von mir angelegten Garten werden sie ganz sicher kommen. Ich werde sie bitten, mich in diesem Garten zu beerdigen. Ja, meine Söhne werden kommen ...

Tja, ich spreche viel über meine Söhne und Enkel, vor allem aber bin ich es mir selbst schuldig, mein eigenes Wesen als Mensch auszuleben. Verstehen Sie, Wladimir ... Ich habe plötzlich wieder den Wunsch zu leben, etwas zu schaffen. Und ich kann es auch. Ich werde als gewöhnlicher Soldat für Anastasia kämpfen.»

«Ein ruhiges, glückliches Leben können Sie doch auch hier führen. Warum nicht hier?», fiel Galina wieder ein.

Diesmal entschied sich Nikolaj Fjodorowitsch, auf ihren Einwand zu antworten. Er wandte sich zu ihr und sprach: «Ich verstehe durchaus Ihre Besorgnis, Galina Nikiforowna. Sie fürchten um Ihre Arbeit und Ihre Unterkunft. Machen Sie sich bitte keine Sorgen, ich werde Ihnen helfen, ein kleines Häuschen in meiner Nachbarschaft zu bauen. Sie sollen Ihr eigenes Häuschen mit Land haben, und womöglich werden Sie sogar heiraten und ein neues Leben anfangen.»

Galina richtete sich plötzlich zu voller Größe auf, warf den schneeweißen Putzlappen auf das Zeitungstischchen, auf dem sie während des Gesprächs immer wieder Staub gewischt hatte, stemmte ihre Hände in die Seiten ihres massigen Körpers und wollte etwas sagen. Sie brachte aber nichts hervor, denn ihr blieb vor Empörung die Luft weg. Dann jedoch sammelte sie nochmals alle Kraft und sagte leise: «Wer sagt denn, dass ich in einem Haus mit einem solchen Nachbarn leben möchte? Und was das Häuschen betrifft, so kann ich es selber bauen, sobald ich mein eigenes Land habe. Als Mädchen habe ich schließlich meinem Vater beim Hausbau geholfen. Etwas gespart habe ich auch. Und was diese Arbeit hier anbelangt, sie liegt mir sowieso nicht. Für wen putze ich denn dieses Riesenhaus, das sowieso fast nicht benutzt wird? Ich putze mich dumm und dämlich für nichts und niemanden. Ich kann jedenfalls darauf verzichten, einen so begriffsstutzigen Nachbarn zu haben.»

Galina drehte sich um und lief in ihr Zimmer. Doch es dauerte nicht lange, und die Tür öffnete sich wieder. Galina hielt in ihren Händen zwei Blumentöpfe, in denen ähnliche Sprösslinge zu sehen waren wie in dem verzierten Blumentopf Nikolaj Fjodorowitschs. Sie ging zum Fensterbrett und stellte ihre Töpfe darauf. Dann ging sie wieder in ihr Zimmer und kehrte gleich darauf mit einem großen Korb zurück, in dem sich viele zu Beuteln geknotete Tücher befanden. Sie stellte den Korb Nikolaj Fjodorowitsch vor die Füße und sagte: «Das sind Samen – echte Samen, die ich den ganzen Sommer und Herbst über im Wald gesammelt habe. Es sind auch verschiedene Heilkräuter dabei. Samen, die auf den Feldern angebaut und in der Apotheke verkauft werden, haben nicht die gleiche Kraft. Wenn Sie diese Samen mit eigener Hand aussäen, dann werden Sie durch die Kräuter umso mehr Kraft und Gesundheit bekommen.

Im Winter können Sie sie trocknen und einen Sud daraus kochen. Und damit es der einen Zeder nicht langweilig wird, habe ich ihr gleich zwei Gesellen mitgebracht.» Galina zeigte auf das Fensterbrett, wo jetzt die drei Töpfe mit Sprösslingen standen. Damit ging sie langsam auf die Tür zu und sagte noch: «Leben Sie wohl, Sie Philosophen. Die Philosophie des Todes kennen Sie ja bereits. Die Philosophie des Lebens aber werden Sie noch lernen müssen.»

Galina war offenbar stark gekränkt, und dies schien mir ihr Abschied für immer zu sein. Nikolaj Fjodorowitsch machte einen Schritt hinter ihr her und geriet ins Wanken, denn er hatte vergessen, sich abzustützen. Er wollte sich mit einer Hand an einem Stuhl festhalten, doch der Stuhl kippte weg, und so versuchte er, das Gleichgewicht zu halten, indem er die Arme von sich streckte. Ich eilte ihm zu Hilfe, doch ich kam zu spät. Galina hatte sich beim Poltern des Stuhls umgedreht und war blitzartig auf Nikolaj Fjodorowitsch zugesprungen. Gerade noch hatte sie es geschafft, den bereits im Fallen begriffenen Alten mit ihren starken Armen aufzufangen. So ruhte er kurz an ihrem üppigen Busen, dann machte sie eine Hand frei, packte ihn an den Beinen, hob ihn hoch wie ein kleines Kind und setzte ihn in seinen Rollstuhl. Während sie seine Beine in eine warme Decke packte, schmunzelte sie: «Einen schönen Soldaten hat Anastasia da bekommen. Er ist ja höchstens mal ein Rekrut!»

Nikolaj Fjodorowitsch legte seine Hand auf die Hand Galinas, schaute sie aufmerksam an und duzte sie auf einmal: «Verzeih mir, Galja, ich dachte, du machst dich über meine Ansichten lustig, aber jetzt sehe ich ...»

«Ich mich lustig machen? Habe ich etwa völlig den Verstand verloren?», erwiderte Galina schnell. «Jeden Abend denke ich an meinen schönen Burschen, wie er wieder zu Kräften kommt, wenn ich Heilkräuter für ihn pflanze, wenn ich ihm frischen Schtschi* aus eigenem Anbau zu essen gebe und kuhwarme Milch zu trinken. Wenn ich ihn wieder richtig aufpäpple, kann ich ihm vielleicht so-

---

* Russische Kohlsuppe. (Anmerkung des Übersetzers)

gar ein Kind schenken ... Und lustig gemacht habe ich mich gar nicht. Mit meiner Frage wollte ich nur sehen, wie ernst es dir mit deinem Entschluss ist.»

«Doch, Galina, ich bin fest entschlossen.»

«Dann lass uns auf einem Grundstück leben und nicht getrennt als Nachbarn. Und erzähl mir nichts mehr von einem anderen Gemahl.»

«Ich wollte dich nicht loswerden, Galja. Ich konnte mir einfach nicht vorstellen, dass du einverstanden bist, mir in ein einfaches Landhaus zu folgen. Ich bin sehr froh über deinen Wunsch. Vielen, vielen Dank. Ich hätte nie gedacht ...»

«Wieso nicht? Welche Frau würde von der Seite eines solch entschlossenen Soldaten weichen? Als ich über Anastasia las – es dauerte lange, denn Lesen ist nicht gerade meine Stärke –, habe ich sofort verstanden. Wir Frauen müssen alle werden wie Anastasia, zumindest müssen wir ihr nacheifern. Und da habe ich mich entschlossen, für dich ein bisschen Anastasia zu sein. Sie hat bisher keine starken Soldaten, nur Rekruten ohne Ausbildung, und wir Frauen müssen ihnen den Rücken stärken.»

«Ich danke dir sehr, Galina ... Sie haben also über Anastasia gelesen, Galina Nikiforowna, und an den Abenden über sie nachgedacht ...»

«Ja, ich habe alle Bücher über Anastasia gelesen ... Übrigens denke ich, die Förmlichkeiten können wir uns sparen. Ich möchte lieber einfach Galja sein.»

«Gut, Galja. Ich fand es übrigens sehr interessant, als Sie sagten: ‹Die Philosophie des Todes kennen Sie ja bereits. Die Philosophie des Lebens aber werden Sie noch lernen müssen.› Wie treffend Sie diese beiden philosophischen Richtungen hier unterscheiden: Philosophie des Lebens und Philosophie des Todes. Das stimmt genau. Anastasia vertritt die Philosophie des Lebens. Ja, genauso ist es, natürlich!»

Nikolaj Fjodorowitsch streichelte begeistert und zärtlich Galinas Hand und fügte hinzu: «Sie sind eine Philosophin, Galina. Das hätte ich nie gedacht.»

Dann wandte er sich wieder mir zu und sagte: «Kein Zweifel, es gibt noch vieles zu durchdenken auf den Gebieten der Philosophie und der Esoterik. Ich versuche, in Anastasia einen Menschen zu sehen, und wir alle sollten uns nach ihrem Vorbild richten. Doch einige ihrer unerklärlichen Fähigkeiten machen es uns sehr schwer, sie als einen gewöhnlichen Menschen zu sehen.

Wladimir, Sie haben eine Episode beschrieben, wo Anastasia aus der Ferne Menschen vor der Folter bewahrt hat. Dadurch hat sie diese Leute zwar gerettet, aber sie selbst verlor das Bewusstsein, und aus ihrem Gesicht wich alle Farbe. Sogar das grüne Gras um sie herum verblich im Nu. Wie ist dieses Phänomen zu erklären? Etwas Ähnliches habe ich nirgends entdecken können, obwohl ich mehrere Esoteriker, Physiker und Philosophen danach fragte.»

«Wieso soll das unerklärlich sein?», unterbrach die zu Füßen des Professors sitzende Galina das Gespräch. «Die Augen sollte man denen auskratzen, allesamt.»

«Die Augen auskratzen – wem denn? Haben Sie vielleicht eine Meinung zu diesem Phänomen?», wandte sich Nikolaj Fjodorowitsch verblüfft an Galina.

Sie antwortete bereitwillig: «Ist doch klar wie Kloßbrühe! Wenn ein Mensch eine schlechte Nachricht erhält, wenn er bedroht wird oder ihm jemand seinen Zorn an den Kopf wirft, dann erblasst oder erbleicht er. Das geschieht vor allem dann, wenn er das Böse nicht reflektiert, sondern es in sich hineinlässt. Dafür gibt es viele Beispiele. Anastasia verbrennt solches Böse eben im Innern. Und das Gras ist deshalb ausgeblichen, weil es ihr helfen wollte. Wenn es nach mir ginge, gehören unreine Augen ausgekratzt.»

«In der Tat, es erblassen viele Menschen», sagte Nikolaj Fjodorowitsch erstaunt, wobei er Galina aufmerksam anschaute. «Auch stimmt es, dass man dann erblasst, wenn man den Ärger in sich einlässt oder in sich hineinfrisst, statt ihn zurückzugeben. Diese schlechte Energie wird dann im Innern verbrannt. Wie einfach das alles ist! Anastasia verbrennt also die auf sie gerichtete Energie der Aggression. Würde sie die Energie an sich abprallen lassen, dann würde diese einen anderen befallen. Anastasia will nicht, dass das jemandem geschieht. Natürlich sind viele solcher üblen Energien auf sie gerichtet, die sich im Lauf der Jahrhunderte angesammelt haben und die auch jetzt von den Anhängern der Philosophie des Todes hervorgebracht werden. Halte durch, Anastasia! Halte durch, du tapfere Kriegerin!»

«Sie wird durchhalten. Und wir werden ihr helfen. Bald nachdem ich begonnen hatte, auf dem Markt Bücher zu verschenken, bemerkte ich, dass sich die Frauen, die die Bücher lasen, an einer Straßenecke versammelten. Ich habe ihnen dann ein paar Zedernsamen geschenkt, und sie haben sie eingepflanzt. Ich erzählte ihnen auch von den Heilkräutern. Da sagten die Frauen: ‹Es muss etwas geschehen.› Natürlich werden wir nicht die Männer vertrimmen, wie es eine von ihnen vorschlug. Aber wir werden darüber nachdenken müssen, von wem wir Kinder bekommen wollen.»

«Wie bitte, Galina?», fragte Nikolaj Fjodorowitsch verwundert. «Habt ihr etwa schon eure eigene Frauenkampfgruppe?»

«Ach was! Was denn für eine Kampfgruppe? Wir stehen an der Straßenecke und plaudern über das Leben.»

«Und was war das dann mit eurer Idee, die Männer zu verprügeln? Was hat euch dazu bewogen?»

«Die sind doch selber schuld! Sie wollen Kinder von uns, aber sich um das Heim für die Kinder kümmern, das können sie nicht. Und wozu Kinder haben ohne ein richtiges Zuhause? Wie kann eine Frau mit ihrem Mann zufrieden sein, wenn es für die Kinder keine Zukunft gibt? Wir haben schon zweimal mit einer Lehrerin gesprochen. Sie hat von einem psychologischen Faktor gesprochen, der die Männer daran hindert, an sich selbst zu glauben. Alles, was sie tun, ist, auf ein Darlehen von einer ausländischen Bank zu warten. Ein Syndrom nennt sie das – sie trauen sich selber nichts zu. Dieses psychische Syndrom ist der Grund dafür, dass sie sich nicht um das eigene Nest kümmern.

Außerdem hat die Lehrerin uns verraten, dass man dieses Darlehen nach einigen Jahren zurückzahlen muss. Wie viele Jahre das genau waren, weiß ich nicht mehr, vielleicht zwanzig oder dreißig. Jedenfalls muss man am Ende einiges mehr bezahlen, als man bekommen hat. Ist das nicht das Gleiche, als wenn die Männer ihre eigenen Kinder verkauften?»

«Wie kommst du denn auf einen solchen Vergleich, Galina?»

«Was soll man sonst dazu sagen, dass sich die Männer Geld leihen? Wer muss denn letzten Endes den Zaster zurückzahlen? Natürlich die Kinder, die jetzt noch klein oder noch nicht einmal geboren sind – und das mit Zins und Zinseszins! Sobald eine Frau dieses Zukunftsbild einmal klar vor Augen hat, wird sie wie eine Bestie für ihr Kind kämpfen. Kein Wunder, dass die Frauen ihre Männer am liebsten vermolschen würden. Ich hab mir aber überlegt, dass es Zeit wird, dass wir Frauen selber etwas unternehmen und den mittellosen Männern unter die Arme greifen.

Einmal habe ich Importwurst probiert. Das machte mich so verdrießlich, dass ich den Wunsch hatte, diesem Wurstmacher echten ukrainischen Speck und hausgemachte Wurst zu schicken. Du liebe Güte! Diese Ausländer haben schon keinen blassen Schimmer mehr, was gute Wurst ist. Ich sag euch, von solchen Leuten sollte man sich kein Geld borgen, denn das Geld aus ihren Ländern wird nur Schaden bringen. Und was den Plan betrifft, die Männer zu verdreschen, das war, wie gesagt, nur der Plan von einer von uns. Die anderen Frauen stimmten dieser Idee nicht zu. Und wieso auch? So würden wir ihnen am Ende noch ihr letztes Gehirn herausprügeln. Daher erzählen die Frauen einander bloß, wie ihre Männer ihnen das Leben versauen. Ich aber berichte ihnen, wie mein Mann Vernunft angenommen hat und plant, ein Heim zu bauen.»

«Dein Mann? Wer ist denn das?»

«Na wer wohl? Ich habe ihnen von dir erzählt. Dass du mich gebeten hast, dir ein Reißbrett zu bringen mit einem großen Lineal – das da auf dem Ständer.» Galina zeigte auf ein großes Zeichenbrett, das neben dem Schreibtisch stand. «Ich erzählte ihnen, wie du mich fragtest, was für Bäume man am besten als Umzäunung für den Hektar Land pflanzt, und wie du Skizzen zeichnetest für eine Siedlung, in der lauter gute Menschen leben werden. Auf den Papierbögen war nicht genug Platz, und so batst du mich, ein größeres Zeichenbrett mit größerem Lineal und größeren Blättern zu besorgen. Das erzählte ich meinen Freundinnen, und wir gingen alle zusammen einkaufen. Am Ende kauften wir das größte und beste Reißbrett. Die Frauen sagten zu mir: ‹Jetzt spare nur nicht am falschen Ende, Galina!› Sie halfen mir, aber ihre Augen waren voller Neid. Diese Weibsstücke beneiden mich darum, dass mein Kind in einem wunderschönen Garten und auf eigenem Heimatboden geboren werden wird, unter guten Menschen. Ihren Neid nehme ich ihnen aber nicht allzu krumm, im Gegenteil, ich wünsche ihnen alles Gute. Sie haben zusammengeschmissen, um mir einen Fotoapparat zu kaufen, mit der Bitte um ein Foto von dem Siedlungsplan. Sie erklärten mir, auf welchen Knopf ich drücken muss und wo ich durchschauen muss. Ich hab mich nur nicht getraut, dich um Erlaubnis zu fragen, und so habe ich den Plan noch nicht geknipst.»

«Gut gemacht, Galina. Mach kein Foto von dem Projekt ohne meine Zustimmung. Wenn ich fertig bin, werde ich die Skizze vielleicht veröffentlichen – als Beispiel für eine zukünftige Familienlandsitzsiedlung.»

«Dann wird es also noch eine ganze Weile dauern ... Die Frauen haben aber keine Geduld mehr. Sie wollen schon jetzt einen Blick werfen auf die wunderschöne Zukunft. Die Zeichnung auf dem großen Blatt ist doch prima ...»

«Wieso denkst du, dass es noch lange dauert? Die Zeichnung und die Farbskizze sind schon fast fertig.»

«Sag ich ja, dass das Bild toll ist. Nur veröffentlichen kann man es nicht – dann könnte es jeder nachmachen. Aber den Frauen auf dem Markt können wir es schon zeigen, denke ich. Ich kann ihnen ja sagen, dass es ein bisschen falsch ist.»

Nikolaj Fjodorowitsch fuhr mit seinem Rollstuhl schnell zu dem Reißbrett, und ich gesellte mich zu ihm. Ich sah eine farbige Skizze mit mehreren Grundstücken. Auf der Zeichnung gab es ein paar Häuser, Gärten, grüne Zäune, bestehend aus verschiedenen Baumarten, sowie Teiche. Das Ganze ergab eine prächtige Landschaft; alles war sehr schön angelegt.

«Was ist denn der Fehler, von dem du sprachst?», wollte Nikolaj Fjodorowitsch von Galina wissen.

«Du hast auf dem Bild keine Sonne gezeichnet, und deshalb gibt es auch keine Schatten auf dem Bild. Hättest du die Sonne und die Schatten mitgezeichnet, dann wäre dir aufgefallen, dass auf der Ostseite keine hohen Bäume gepflanzt werden sollten, weil sie die schöne Aussicht verbauen. Sie sollten auf die gegenüberliegende Seite versetzt werden.»

«Tatsächlich ... ja, da hast du wohl recht. Das hättest du mir aber auch früher sagen können. Aber es ist ja nur eine Skizze ... Sag mal, Galina, willst du wirklich noch ein Kind haben?»

«Na klar! Du musst dann aber auch jeden Morgen deine Übungen machen. Und wenn du dann deinen Heimatboden betrittst, wirst du deine Katakomben hinter dir lassen. Ich werde dir Dinge zu essen geben, die auf deinem eigenen Land gewachsen sind, und du sollst heilsamen Kräutertee zu trinken bekommen. Wenn der Frühling kommt, wirst du sehen, wie alles auf deinem Stück Heimatland zum Leben erwacht und aufblüht, und du wirst deine eigenen Kräfte spüren. Dann werde ich dir ein Kind gebären.»

Galina nahm wieder auf dem Teppich zu Nikolaj Fjodorowitschs Füßen Platz und legte ihre Hände in die Hand des alten Philosophieprofessors, die auf der Armlehne des Rollstuhls ruhte. Galina war längst nicht mehr jung, aber mit ihren festen, üppigen Formen wirkte sie irgendwie anmutig und sogar schön. Ihr Gespräch nahm nun einen vertraulicheren Ton an. Ich hatte den Eindruck, sie tauchten jetzt in die Philosophie des Lebens ein. Ich konnte kaum mehr folgen und kam mir allmählich überflüssig vor, und so unterbrach ich schließlich ihre traute Zweisamkeit: «Also dann alles Gute, Nikolaj Fjodorowitsch. Für mich wird es Zeit, sonst verpasse ich noch mein Flugzeug.»

«Warte, ich werde dir schnell Piroggen und Marmelade einpacken, zum Mitnehmen. Außerdem bringe ich dich auch zum Flughafen.»

Nikolaj Fjodorowitsch stützte sich mit einer Hand am Tisch ab, richtete sich langsam auf und reichte mir zum Abschied die Hand. Sein Händedruck war kräftig, gar nicht mehr wie der eines Greisen.

«Grüßen Sie Anastasia ganz herzlich von mir, Wladimir. Und richten Sie ihr bitte aus: Die Philosophie des Lebens wird bei uns siegreich sein. Danken Sie ihr.»
«Wird gemacht.»

# 19

Wer lenkt den Zufall?

Nachdem der erste Band über Anastasia verkauft war, erschienen zahlreiche wissenschaftliche Artikel, die zu Anastasia Stellung bezogen. Oft war darin auch von mir die Rede. Wenn ich in Bezug auf meine Person weniger schmeichelhafte Rezensionen zu hören bekam oder las, rastete ich in der Regel für ein oder zwei Tage aus, doch spätestens nach einer Woche war mein Zorn verraucht, und ich hatte mich wieder gefasst. Einmal jedoch ...

Während eines Treffens in Moskau überreichte mir ein Leser eine Audiokassette. Er sagte, es handle sich dabei um einen Vortrag des Leiters einer wissenschaftlichen Forschungsgruppe, die sich mit dem Phänomen Anastasia befasse.

Ein paar Tage darauf spielte ich das Tonband ab. Was ich zu hören bekam, war grauenvoll. Als mir der Inhalt mehr und mehr klar wurde, verlor ich nicht nur meine Fassung; es kam mir so vor, als sei ich für immer am Boden zerstört. Eigentlich hatte ich geplant, Anastasia und meinen Sohn in der Taiga zu besuchen, aber nachdem ich mir die Kassette angehört hatte, entschloss ich mich, nicht nach Sibirien zu fahren. Im Folgenden möchte ich den Inhalt der Kassette leicht verkürzt wiedergeben.

«Verehrte Kollegen, ich möchte Ihnen heute die Schlussfolgerungen vorstellen, zu denen ich und meine wissenschaftlichen Mitarbeiter nach dreijähriger Forschung über das Phänomen ‹Anastasia› gekommen sind.

Ich werde in meinem Vortrag den Namen ‹Anastasia› nicht nur der Einfachheit halber benutzen, sondern auch deshalb, weil uns das von uns untersuchte Objekt unter diesem Namen vorgestellt wurde. Dabei will ich nicht die Möglichkeit ausschließen, dass in Zukunft eine wissenschaftlich zutreffendere Bezeichnung gefunden werden kann. Das ist im Moment noch nicht möglich, denn wir haben es meiner Meinung nach mit einem Forschungsobjekt zu tun, das den Rahmen der traditionellen wissenschaftlichen Disziplinen und vielleicht sogar der modernen Wissenschaft an sich sprengt. Unsere Arbeit umfasste zunächst drei Punkte: 1) die Glaubwürdigkeit der in den Büchern von Wladimir Megre dargelegten Ereignisse; 2) die Bücher Wladimir Megres an sich; 3) die Reaktionen der Leser auf die Bücher Wladimir Megres.

Nach einem halben Jahr wurde uns klar, dass die Glaubwürdigkeit bzw. Unglaubwürdigkeit der in den Büchern dargelegten Geschehnisse unbedeutend ist. Die stürmische emotionale Reaktion der Mehrheit der Leser von Wladimir Megres Büchern hat mit der Realität der in den Büchern beschriebenen Geschehnisse direkt nichts zu tun. Die Reaktion der Leser ist durch ganz andere Faktoren zu erklären. Immerhin haben unsere Aufwendungen in Form von Zeit, Geldmitteln und geistigem Potenzial zu einem interessanten Schluss geführt: Das Bestreben gewisser Menschen, darunter auch Soziologen und andere Wissenschaftler, Anastasias Existenz infrage zu stellen, hilft nur ihrer Popularität.

Gerade diese Frage – gibt es sie oder gibt es sie nicht? – hat es besagtem Phänomen ermöglicht, ungehindert alle Schichten der Gesellschaft zu durchdringen. Die Negierung von Anastasias Existenz hat genau das Gegenteil des beabsichtigten Effekts bewirkt. Gibt es sie nicht, dann gibt es auch kein Forschungsobjekt und nichts, dem entgegenzuwirken wäre. Doch die offenkundigen Reaktionen in der Gesellschaft auf Anastasias Äußerungen zeugen von der Notwendigkeit der Forschung sowie der Bestimmung ihrer Identität und ihrer intellektuellen Fähigkeiten.

Was nun die Glaubwürdigkeit der in den Büchern dargelegten Geschehnisse betrifft, so können wir zunächst feststellen:

In seinen Schilderungen stellt der Autor sich nicht nur selbst unter seinem eigenen Namen vor, er belässt auch die Namen von Personen und Orten und beschreibt detailliert selbst peinliche Situationen. So wird zum Bespiel im ersten Band lang und breit geschildert, wie Wladimir Megre während einer Schiffsreise in Anwesenheit des Kapitäns mit einer Gruppe Dorfmädchen flirtete. Die Besatzung des Schiffes bestätigte nicht nur die Richtigkeit dieser Episode, sondern auch, dass am gleichen Abend eine schweigsame junge Frau mit Kopftuch auf dem Schiff war, dass Wladimir Megre ihr das Schiff zeigte und sich dann mit ihr in seine Kajüte zurückzog. In besagtem Buch erfahren wir, dass dies das erste Treffen der sibirischen Einsiedlerin Anastasia mit Wladimir Megre war.

Viele in dem Buch beschriebene Ereignisse konnten durch Zeugenaussagen und Dokumente chronologisch belegt werden. Es ist uns außerdem gelungen, einige Geschehnisse zu rekonstruieren, die Wladimir Megre in seinen Schilderungen nicht vollständig oder nur am Rande erwähnt hat. Besondere Beachtung verdient in diesem Zusammenhang zum Beispiel Wladimir Megres Aufenthalt im städtischen Krankenhaus von Nowosibirsk. In der Patientenkartei sind seine Krankengeschichte mit ausführlichen Diagnosen seiner langwierigen Krankheit sowie seine plötzliche Besserung festgehalten.

Wie wir ermitteln konnten, erfolgte seine unerwartet schnelle Genesung nach Einnahme von Zedernöl, das eine unbekannte Frau ins Krankenhaus gebracht hatte.

Ich möchte nicht verschweigen, dass sich uns im Eifer unserer Forschung nach der Glaubwürdigkeit der im Buch beschriebenen Geschehnisse auch die Möglichkeit eröffnete, die Dienstleistungen der Kriminalistik in Anspruch zu nehmen, und dass wir so noch vieles hätten bestätigen oder aufklären können. Wir wurden jedoch aufgehalten durch die stürmischen Reaktionen auf die Bücher W. Megres in unserer Gesellschaft, genauer gesagt, auf die darin wiedergegebenen Äußerungen Anastasias. Denn wie sich bald zeigte, interessierten sich die Leser nicht für die Einzelheiten von Megres Leben und seine intimen Abenteuer, sondern vor allem für die Monologe Anastasias.

Bereits die ersten Erforschungen der Leserreaktionen – insbesondere in deren heutigen Erscheinungsformen – haben deutlich gezeigt, dass jenes Phänomen, das sich Anastasia nennt, einen nicht zu leugnenden Einfluss auf die Gesellschaft ausübt.

Der Wirkungskreis dieses Einflusses nimmt auch heute noch zu. Selbst die unglaublichsten Schlussfolgerungen sollten wir sehr ernst nehmen und sollten versuchen, sie zu ergründen und zu verstehen. Das Phänomen ‹Anastasia› verfügt aller Wahrscheinlichkeit nach über Kräfte, die zu verstehen wir mit unserem Verstand nicht in der Lage sind.

In dem Kapitel ‹Die Entrückung aus dem Zeitalter der Dunkelmächte›, das ebenfalls im ersten Band Wladimir Megres veröffentlicht wurde, sagt das Phänomen nicht nur das Erscheinen des Buches voraus, sondern auch die Art und Weise, wie es das Bewusstsein der Leser beeinflussen wird. In einem ihrer Monologe erklärt Anastasia, sie habe die besten Klangschwingungen aller Zeiten zu Buchstabenkombinationen vereint, die die Menschen positiv beeinflussen würden. Sie behauptet, dies zu tun sei ganz einfach: ‹Wie du siehst, handelt es sich dabei lediglich um eine Übersetzung der Zeichenkombinationen der tiefen Ewigkeit und des endlosen Kosmos, eine genaue Übersetzung nach dem Sinn, der Bedeutung und dem Zweck.›

Wir in unserer Gruppe haben diese Behauptung einstimmig für eine Fiktion erklärt. Unsere Überzeugung gründet sich auf dem folgenden logischen und für uns unumstößlichen Schluss: Wenn im Buch tatsächlich so außergewöhnliche Klangschwingungen vorhanden sind, können sie keinen Einfluss ausüben, da es kein Instrument zu ihrer Wiedergabe gibt. Ein Buch kann nicht klingen, also können die Klangschwingungen aus dem All auch nicht in unser Ohr dringen.

Später jedoch gab Anastasia folgende Erklärung hierzu: ‹Ja, das Buch selbst klingt nicht. Es dient als eine Art Notenblatt. Der Leser erzeugt beim Lesen innerlich unwillkürlich die entsprechenden Klänge. So geben die im Text verborgenen Kombinationen den ursprünglichen Klang unverfälscht in der Seele des Menschen wieder. Sie tragen in sich Wahrheit und Heilung und spenden der Seele Begeisterung. Mit einem technischen Gerät ist die Wiedergabe solcher Seelenmusik nicht möglich.›

Dieser Dialog Anastasias mit Wissenschaftlern wird von Wladimir Megre im dritten Band, *Raum der Liebe,* wiedergegeben, allerdings gekürzt – warum, ist uns nicht bekannt. Gehen wir jedoch davon aus, dass auch das Phänomen selbst an der Veröffentlichung dieser Bücher beteiligt ist, so wird uns die Fortsetzung von Anastasias Antwort womöglich vorsätzlich vorenthalten. Doch wieso? Vielleicht um ihre ungläubigen Gegner nicht allzu sehr zu provozieren? Tatsache ist, dass es für Anastasias unglaubliche Behauptungen Beweise gibt. Ich werde nun die Fortsetzung des Dialogs zwischen Anastasia und den Wissenschaftlern wiedergeben. Der opponierende Wissenschaftler hatte gesagt: ‹Noch nie wurde das Erscheinen eines Tons in einem Menschen festgestellt, der nicht seine Redeorgane gebraucht.›

Darauf entgegnete Anastasia: ‹Doch, und ich kann dafür ein Beispiel anführen.›

‹Aber es muss ein Beispiel sein, das vielen geläufig ist.›

‹Also gut: Ludwig van Beethoven.›

‹Wie meinen Sie das?›

‹„An die Freude" – so heißt die 9. Symphonie von Ludwig van Beethoven. Er schrieb sie für ein großes Symphonieorchester mit Chor.›

‹Also gut, aber wie soll das Ihre Behauptung beweisen, Töne entstünden im Leser? Solche Töne hat noch niemand gehört.›

‹Die Laute, die beim Lesen eines Buches im Innern entstehen, hört nur der Lesende.›

‹Na sehen Sie – niemand sonst. Also gibt es auch keine Beweise. Und Ihr Beispiel mit der Beethoven-Symphonie ist wenig überzeugend.›

‹Als Ludwig van Beethoven seine 9. Symphonie schrieb, war er taub …›, antwortete Anastasia.

Dies wird übrigens in Beethovens Biographie bestätigt. Außerdem hat dieser taube Komponist die Uraufführung seiner Symphonie selber dirigiert.

Nachdem Anastasia diese zutreffende historische Tatsache angeführt hatte, stieß sie mit ihrer nächsten Äußerung schon auf offenere Ohren: ‹Jeder gesprochene Buchstabe, jede Kombination von Buchstaben in einem beliebigen Text kann in Klang umgewandelt werden. Jede gedruckte Textseite kann man mit einem Notenblatt vergleichen. Die Frage ist nur, von wem diese Buchstabennoten zusammengefügt werden, und wie. Sie können eine große Symphonie oder einen hoffnungslosen Klangsalat bilden. Außerdem fragt es sich, ob der Leser auch in der Lage ist, die Symphonie im Innern richtig wiederzugeben.›

Daraufhin ist unsere Forschungsgruppe zu dem Schluss gekommen: ‹Anastasias Äußerungen bezüglich folgender Punkte verdienen die volle Aufmerksamkeit der Wissenschaft: blitzartige Implosion, Antrieb für Raumschiffe auf der Grundlage von Vakuumbildung, Reinigung der Luft durch Autofilter, Revolutionierung der Agrartechnik, die Heilwirkung von Zedernöl und die gestaltende Kraft des menschlichen Denkens.›

Wir sind aber nicht die Ersten, die sich mit dem Phänomen Anastasia befasst haben. Ähnliches tat eine Gruppe von Wissenschaftlern in Nowosibirsk, zumindest gleichzeitig, wenn nicht sogar etwas früher als wir. Davon zeugt der Auftritt des Leiters des Klubs nowosibirskischer Wissenschaftler, Speranski.

Eine Psychologin namens Zschutikowa schloss ihre soziologische Studie ‹Glaube ist gesünder› mit den Worten: ‹Die Akzeptanz Anastasias ist nicht von Hochschuldiplomen oder wissenschaftlichen Graden abhängig, hingegen sehr vom Charakter des Menschen, von der Hierarchie seiner Werte und seinen bewussten und unbewussten Neigungen, das heißt von der Persönlichkeit des Menschen. Sie ist davon abhängig, ob sich jemand Anastasias Existenz wünscht oder nicht, ob jemand für das Neue, Ungewöhnliche offen ist. Was sich uns öffnet und wie es das tut, ist abhängig vom Zeitgeist und dem Niveau unseres Selbstbewusstseins.›

Wahrscheinlich könnten die Forschungen der sibirischen Wissenschaftler unsere eigene Arbeit bedeutend voranbringen, aber die Gelder wurden von der sibirischen Abteilung der Akademie der Wissenschaften nicht bewilligt. Unsere Gruppe hingegen hat einen

Forschungsauftrag und kann daher auf gewisse finanzielle Mittel zurückgreifen. Dank unserer Forschung können wir schon heute mit großer Gewissheit die folgende Tatsache konstatieren: Unsere Zivilisation ist mit einer Erscheinung konfrontiert, die bislang noch nicht erforscht wurde und die sich bis heute einer wissenschaftlichen Definition entzieht. Die Forschung sollte unter Heranziehung moderner wissenschaftlicher Disziplinen wie Physik und Psychologie betrieben werden, aber auch spirituelle Wissenschaften und Esoterik sollten dabei zu Wort kommen. Die in unserer Gesellschaft unter dem Einfluss des Phänomens Anastasia stattfindenden Prozesse sind eine offenkundige Tatsache, die wir nicht außer Acht lassen können und dürfen.

Einige Dinge, die in den Büchern Wladimir Megres beschrieben sind, sehen auf den ersten Blick wie Lügenmärchen aus, und wir haben versucht, sie in Zweifel zu ziehen. Die folgenden Ereignisse, die in Zusammenhang mit dem Autor stehen und nicht in seinen Büchern erwähnt werden, erscheinen uns besonders unglaublich. Aber solche unglaublichen Dinge geschehen nun mal, und demzufolge sind wir gezwungen, Schlüsse zu ziehen, die Unglaubliches in sich tragen.

Eine dieser Schlussfolgerungen lautet: Wladimir Megre existiert nicht. Schaut man sich seine Biographie an, so lässt sie keine Erklärung des tatsächlich Geschehenen zu.

Diese auf den ersten Blick unglaublich anmutende Schlussfolgerung erklärt in Wirklichkeit eine ganze Reihe von Unglaublichkeiten, und zwar:

Wie konnte ein gewöhnlicher sibirischer Unternehmer ein Buch schreiben – inzwischen schon eine ganze Reihe –, das auf einmal zu einem der beliebtesten Bücher Russlands wurde?

Die in der Presse hierfür vorgebrachte Erklärung hält einer näheren Prüfung nicht stand: ‹Ruinierter Unternehmer beschloss, seinen Unterhalt durch literarisches Schaffen ins Lot zu bringen.› Ruinierte Unternehmer gibt es viele, doch keiner von ihnen wurde ein bekannter Schriftsteller. ‹Es ist ihm gelungen, eine phantastische Geschichte zu spinnen› – doch die Geschichte selbst hat mit dem Erfolg der Buchserie eigentlich nichts zu tun. Jede Woche erscheinen in zahlreichen esoterischen Publikationen sensationelle Berichte über außergewöhnliche Erscheinungen, Superheiler, Ufos, Außerirdische, doch werden sie kaum beachtet, wenngleich die Autoren professionelle Schriftsteller und Journalisten sind.

‹Hinter all dem Rummel um Megres Bücher steckt nichts weiter als eine teure Werbekampagne›, so lautete ein weiterer gegenstandsloser Vorwurf. Ferner versuchen viele Zeitschriften ihre Auflagenzahlen zu erhöhen, indem sie im Kielwasser von Wladimir Megres Büchern schwimmen. Wie wir mit Gewissheit ermitteln konnten, wurden die ersten Bücher nicht einmal in Buchläden verkauft. Alle drei Bände von Megres Serie wurden nicht von einem Verlag herausgebracht, sondern von der Elften Moskauer Druckerei, die noch nicht einmal über ein eigenes Vertriebsnetz verfügt. Die Bücher wurden unter der Hand verkauft. Sie waren aber so beliebt, dass eine ganze Serie herauskam und dass in der Folge Großhändler dem Autor im Voraus für das Recht bezahlten, seine Bücher vertreiben zu dürfen.

Nach Ansicht diverser Buchhändler verbreiteten sich Megres Bücher gegen alle Regeln des Buchmarktes. Auch Wirtschaftsspezialisten hatte keine Erklärung für die explosionsartige Nachfrage.

Es fragt sich also: Ist Wladimir Megre aus heiterem Himmel zum Genie geworden? Die Antwort lautet nein. Ich wiederhole: Der in Sibirien bekannte Unternehmer Wladimir Megre existiert heute einfach nicht mehr. Die Beweise für diese Schlussfolgerung kann man bei aufmerksamem Lesen des ersten Bandes finden, wo Anastasia zu Wladimir sagt: ‹Du wirst dieses Buch schreiben und dich dabei ausschließlich von deinen Gefühlen und deiner Seele leiten lassen. Anders kannst du es nicht tun, denn die Kunst zu schreiben beherrschst du nicht, aber mithilfe der Gefühle ist Alles möglich. Diese Gefühle sind bereits in dir, sowohl meine als auch deine.›

Beachten Sie die letzten Worte Anastasias: ‹Diese Gefühle sind bereits in dir, sowohl meine als auch deine.› Das bedeutet, zur Gefühlswelt Wladimir Megres kommt die Gefühlswelt Anastasias hinzu. Wir wollen jetzt einmal dahingestellt sein lassen, wie genau sich diese beiden Gefühlswelten vermischen oder addieren. Uns mag die einfache Feststellung genügen: Wenn man zu einer bestimmten Größe eine andere hinzufügt, so kommt als Summe davon eine dritte, eigenständige Größe heraus.

Folglich ist zum Beispiel das Geburtsdatum in Megres Papieren nicht mehr gültig. Vielmehr sollte dieses Datum auf das Jahr 1994 gelegt werden, als Wladimir Megre Anastasia begegnete.

Das neue Individuum gleicht zwar rein äußerlich der Gestalt Wladimir Megres, ist jedoch mit auffallend anderen Kräften ausgestattet, die in seinem literarischen Schaffen zum Ausdruck kommen und auch in seiner Fähigkeit, fünf Stunden und länger dauernde Reden zu halten und dabei das Publikum zu fesseln, was unter anderem bei zwei Leserkonferenzen in Gelendschik offenkundig wurde. Seine neuen Fähigkeiten schlugen sich außerdem nieder in der Herausgabe einer Reihe von periodischen Publikationen.

Viele Analytiker und Journalisten, die sich mit Einzelheiten aus dem Leben Wladimir Megres befasst haben, sind zu dem Schluss gekommen: ‹So etwas ist einfach nicht möglich.›

Sehr geehrte Kollegen, ich neige zu der Ansicht – und zwar nicht ohne Grund, wie Sie in Anbetracht der folgenden Informationen sehen werden –, dass besagte Schlussfolgerung nichts anderes ist als eine Schutzreaktion des Bewusstseins. Unser Verstand kann sich diese Tatsachen einfach nicht erklären.

Wladimir Megre selbst – oder vielmehr ein Teil seines Ichs – ist sogar noch weniger in der Lage, diese Umstände zu erklären. Er gewöhnt sich allmählich an sie, indem er die unglaublichsten Dinge für selbstverständlich hält, vielleicht unbewusst, um sich vor einem psychischen Zusammenbruch zu schützen. Meines Erachtens hat er, wie auch viele Leser, dieser Aussage Anastasias, die sie bereits beim ersten Zusammentreffen mit Wladimir Megre in der Taiga gemacht hatte, keine besondere Bedeutung beigemessen. Auf seinen Einwand: ‹Ich werde nicht einmal versuchen, etwas zu schreiben›, hatte Anastasia entgegnet: ‹Doch, du wirst schreiben. SIE haben bereits ein ganzes System von Umständen ersonnen, die dich dazu bringen werden, es zu tun.›

Dieser Dialog kommt im ersten Band vor, doch in den Folgebänden unternimmt Megre keinen Versuch, auf die Frage einzugehen: Wer sind diese mysteriösen ‹Sie›? Nach dem Erhalt einer bestimmten Information haben sich die Mitarbeiter unserer Gruppe noch einmal in die Dialoge des ersten Bandes vertieft und dabei insbesondere auf die hier und da auftauchenden ‹Sies› geachtet. Ich möchte hier die betreffenden Aussagen Anastasias anführen:

‹Hätten Sie und ich nicht nachgeholfen, wäre deine zweite Schiffsreise nicht möglich gewesen.›

‹Ich will einfach, dass du geläutert wirst. Deshalb habe ich deine Pilgerreise und dein Buch geplant. Und Sie haben meinen Plan übernommen. Obwohl die dunklen Kräfte immer mit Ihnen kämpfen, siegen sie nie in den wirklich wichtigen Dingen.›

‹Mein Plan war exakt und realistisch, und Sie haben ihn angenommen.›

‹Sie haben sich schon an die Durchführung dieses Planes gemacht, Sie, die nur Gott zu Diensten stehen.›

Aus diesen Worten Anastasias kann man den Schluss ziehen, dass irgendwelche Kräfte für Megre bestimmte Lebensumstände arrangieren, die ihn dazu bringen, vorprogrammierte Handlungen zu begehen. Wenn dem so ist, dann kommt Megre, was die Autorenschaft seiner Bücher betrifft, nur eine sehr untergeordnete, wenn überhaupt eine Rolle zu. Scheinbar zufällig werden ihm von seiner unbekannten geistigen Leitung Umstände serviert, die ihn veranlassen zu handeln. Das alte Ego Wladimir Megres handelt also quasi unter Zwang.

Wir überlegten uns Folgendes: Würde es uns gelingen, gewisse Unstimmigkeiten im Verhalten Megres festzustellen oder, noch besser, eine Art System in jenen sogenannten Zufällen zu entdecken, dann wäre es uns möglich, Schlüsse zu ziehen auf die Glaubwürdigkeit der Geschehnisse in der Taiga, auf die Rolle von Megres Persönlichkeit in den Umwälzungen des gesellschaftlichen Bewusstseins und auf die Existenz von Kräften, die in der Lage sind, das Schicksal des Menschen zu beeinflussen.

Die beste Gelegenheit bot sich uns, als wir im Laufe des Jahres 1999 das Verhalten Megres studieren konnten, der damals auf Zypern weilte und dort am vierten Band mit dem Titel *Schöpfung* arbeitete. Er durchdachte gerade nochmals Anastasias Monologe über die Schöpfung der Erde und des Menschen. Was dann auf Zypern geschah, kann man nur mit dem Satz charakterisieren: ‹Wie ist so etwas bloß möglich?› Ich werde nun den Gang der Ereignisse schildern.

Ende Mai 1999 kam Wladimir Megre mit der Fluggesellschaft ‹Transavia› auf Zypern an. Er gehörte keiner Touristengruppe an, hatte keine Bekannten auf der Insel und konnte sich auch nicht in einer der Landessprachen verständigen. Die Touristikgesellschaft ‹Leptos›, die für die Unterbringung von Reisenden aus Russland zuständig war, quartierte Megre in einem Einbettzimmer auf der zweiten Etage eines kleinen Hotels ein. Von der Loggia seines Zimmers hatte er Ausblick auf einen großen Swimmingpool, in dessen Nähe sich Touristen, hauptsächlich aus Deutschland und England, vergnügten und erholten.

Die russische Reisegesellschaft, die Wladimir Megre an die Firma Leptos vermittelt hatte, hatte Herrn Megre dem Geschäftsführer von Leptos als russischen Schriftsteller vorgestellt. Bei dem renommierten Unternehmen, das häufig weltberühmte Gäste empfängt, dürfte diese Information jedoch wenig Aufsehen erregt haben. Für die Angestellten von Leptos war er ein gewöhnlicher Tourist. Dennoch wurde Megre gleich am zweiten Tag von Herrn Nikos, dem leitenden Geschäftsführer, zu einer Führung durch die Stadt und die von Leptos erbauten Touristensiedlungen eingeladen. Die Führung wurde begleitet von einer russischsprachigen Dolmetscherin namens Marina Pawlowa. Sehr geehrte Kollegen, ich möchte Ihnen jetzt mitteilen, was wir aus einem Interview mit dieser Dolmetscherin erfahren haben. Sie teilte uns mit:

‹Ich habe Herrn Nikos, den Geschäftsführer des Unternehmens Leptos, und Herrn Megre bei ihrer Besichtigungstour begleitet und für sie gedolmetscht. Herr Megre unterschied sich von den vielen russischen Touristen durch sein kompromissloses, fast schon taktloses Auftreten. Zum Beispiel bestiegen wir einen Berg und hatten von oben einen wunderschönen Ausblick auf das Meer und die Stadt Paphos. Herr Nikos sagte wie üblich: „Schauen Sie sich diese Pracht der anmutigen Natur an." Ich übersetzte für Herrn Megre, und er antwortete: „Ein bedrückender Anblick. Bei dieser Wärme und dieser Nähe des Meeres hätte ich eine üppige Vegetation erwartet. Ich sehe aber nur hier und da ein paar mickrige Sträucher. Das ist doch widernatürlich für dieses Klima."

Herr Nikos erklärte: „Früher gab es hier dichte Zedernwälder, aber als die Römer die Insel eroberten, rodeten sie den Wald, um aus dem Holz ihre Flotte aufzurüsten. Außerdem regnet es hier sehr selten."

Herr Megre entgegnete: „Es ist sehr lange her, seit die Römer hier waren. In der Zwischenzeit hätte man einen neuen Wald anpflanzen können, aber das ist einfach nicht geschehen."

Herr Nikos versuchte zu kontern, es regne auf Zypern so selten, dass sogar spezielle Sammelbehälter für Trinkwasser gebaut würden.

Doch Herr Megre fiel ihm ins Wort: „Regnen tut es nur nicht, weil es hier keinen Wald gibt. Der Wind bläst die Wolken einfach weg. Gäbe es hier Wälder, dann würden die niederen Luftschichten aufgehalten werden, was die Bewegung der Wolken verzögern würde, und dann würde es hier öfter regnen. Der Grund, warum hier keine Wälder angelegt werden, scheint mir zu sein, dass man alles als Bauland verkaufen will." Damit wandte er sich von uns ab. Wir beide wussten nichts zu entgegnen, und so herrschte betretenes Schweigen.

Als wir uns am nächsten Tag alle drei im Café trafen, fragte Herr Nikos seinen Gast, was er zu seiner besseren Erholung beitragen könne. Herr Megre antwortete allen Ernstes: „Ich wünsche mir, dass auf der Insel mehr Russisch gesprochen wird, dass es im Restaurant sibirischen Fisch zu essen gibt und nicht irgendwelche Plötzen, dass ich in meinem Zimmer Ruhe habe und dass es ringsumher Wälder gibt. Außerdem mag ich kein künstliches Lächeln."

Später wurde Megre vom Chef der Firma Leptos empfangen. Wie es dazu kam, ist mir schleierhaft. Der Chef dieser Firma hat noch nie einen Gast persönlich empfangen, ja nicht einmal alle Angestellten haben ihn je zu Gesicht bekommen. Ich wohnte diesem Empfang als Dolmetscherin bei. Wieder hatte Herr Megre etwas zu bemängeln. Er meinte, die Planung der Touristensiedlungen sollte geändert werden. Jedes Grundstück sollte nicht weniger als einen

Hektar messen, und darauf sollten auch Bäume gepflanzt werden. Auf diese Weise könne das Antlitz der gesamten Insel gewandelt werden. Andernfalls würde Zypern in naher Zukunft für Touristen seinen Reiz verlieren, was sich natürlich negativ auf die Bilanz von „Leptos" auswirken würde.

Der Chef schwieg eine Weile und begann dann selbstsicher über die legendären Sehenswürdigkeiten der Insel zu sprechen, in erster Linie über das Bad der Göttin Aphrodite. Schließlich fragte er Herrn Megre nach einem Wunsch. Dem Chef von „Leptos" wäre es ein Leichtes gewesen, die Wünsche vieler westlicher Millionäre zu erfüllen, doch was er von Herrn Megre zu hören bekam, hatte er sicher nicht erwartet. Herr Megre sagte mit ernster Miene: „Ich muss die Enkelin der Göttin Aphrodite sprechen." Ich gab mir alle Mühe, den Satz als Scherz zu übersetzen, doch niemand lachte.

Herr Megre erwarb sich schnell den Ruf eines Sonderlings, und nach einiger Zeit begannen die Angestellten des Hotels ihn zu belächeln. Herr Nikos teilte mir mit, dass in Herrn Megres Verhalten deutliche Zeichen von Abnormität sichtbar seien.

Jeden Morgen hatte ich mit Herrn Nikos dienstlich im Hotel zu tun, und jedes Mal fragte er im Scherz den diensthabenden Portier, ob Aphrodites Enkelin bereits eingetroffen sei. Der Portier antwortete: „Bisher noch nicht, aber ihr Zimmer ist bereits gemacht."

Wenn Herr Megre abends in die Bar oder morgens zum Frühstück herunterkam, waren ihm die belustigten Blicke des Personals wohl unangenehm. Auch mir war der Spott über meinen Landsmann peinlich, aber ich konnte nichts dagegen tun.

Am Morgen von Herrn Megres Abreise kam ich wie gewöhnlich mit Herrn Nikos ins Hotel. Herr Nikos wollte sich von seinem seltsamen Gast verabschieden. Wie immer wandte er sich mit seinem Scherz an den Portier, doch diesmal erhielt er nicht die übliche Antwort. Stattdessen teilte der Portier ihm aufgeregt mit, Herr Megre habe nicht in seinem Zimmer übernachtet und sei zurzeit gar nicht im Hotel. Weiter berichtete der Portier ohne jovialen Unterton, am Abend zuvor sei die Enkelin der Göttin Aphrodite in einem Auto vorgefahren und habe Herrn Megre mitsamt seinem Gepäck mitgenommen. Weiter habe sie dem diensthabenden Portier auf Griechisch gesagt, Herr Megres Zimmer könne bereits anderweitig benutzt werden, da er nicht mehr im Hotel übernachten werde. Auch solle seine Rückreise aufgeschoben werden. Herrn Nikos habe sie ausrichten lassen, dass sie Herrn Megre am nächsten Morgen zum Abschied vorbeibringen werde. Mit dem Hotelpersonal habe die Enkelin Aphrodites Griechisch gesprochen, mit Herrn Megre hingegen Russisch. – Sprachlos setzten wir uns ins Foyer des Hotels und warteten auf 10 Uhr.

Um Punkt 10 Uhr öffneten sich die Glastüren des Hotels, und herein kam Wladimir Megre mit einer schönen jungen Frau. Ich hatte sie bereits zuvor gesehen, aber nicht sogleich erkannt. Es handelte sich um eine Russin: Jelena Fadejewa, die in Zypern lebte und für eine Moskauer Reiseagentur arbeitete. Jelena Fadejewa sah an diesem Morgen unglaublich schön aus. Sie trug ein langes Kleid, hatte eine tolle Frisur, und ihre Augen glänzten vor Glück. Ihre Erscheinung war so auffällig, dass die Angestellten in der Halle sofort alles stehen und liegen ließen. Die Barmixer, die Zimmermädchen und der Portier bestaunten die sich uns nähernde Schönheit. Sie teilte uns mit, dass Herr Megre beschlossen hätte, einen Monat länger auf Zypern zu bleiben als geplant. Als Herr Megre zur Bar ging, bekam Herr Nikos Gelegenheit, sich mit Jelena allein zu unterhalten. Er meinte, Herr Megre sei hoffentlich nicht allzu ungehalten darüber, dass niemand im Hotel seine Forderungen hatte erfüllen können. Er sei allerdings schon ein recht anspruchsvoller, wenn nicht gar eigensinniger Gast. Darauf entgegnete Jelena: „Ich habe alle seine Wünsche erfüllt. Ich denke, ich könnte ihm auch noch weitere Wünsche erfüllen, wenn er sie ausspricht."

Herr Nikos bohrte nach und wollte von Jelena wissen, wie sie Herrn Megre in nur zwölf Stunden all seine außergewöhnlichen Wünsche hatte erfüllen können. Wie habe sie es geschafft, den von ihm so begehrten sibirischen Fisch zu besorgen, über Nacht Zedern wachsen zu lassen und den Zyprioten auf einmal Russisch beizubringen? Und wo habe sie ihn untergebracht, dass niemand seine Ruhe stören konnte, wenn er allein sein wollte?

Jelena antwortete, dass sie Megre das alles rein zufällig habe bieten können. Ein Quartier habe sie für ihn in ihrer leer stehenden Villa gefunden, unweit von Paphos, am Rande des Dorfes Peja, wo ihn niemand belästigen könne. Um ihn mobil zu machen, habe sie einen Motorroller ausgeliehen. Den sibirischen Fisch habe sie von ihrer Bekannten Alla bekommen, die ebenfalls aus Russland sei und in Zypern arbeite. Zedern wüchsen auf einer Anhöhe vor der Villa, und zwei kleine Bäumchen, die Herr Megre aus Russland mitgebracht habe, stünden jetzt an seiner Haustür. Eine sprachliche Barriere werde es für ihn auch nicht mehr geben, denn sie habe ihr Handy ständig eingeschaltet und in allen Institutionen, Geschäften und Cafés gebe es Telefon. Wenn nötig, könne sie also alles übersetzen, was Herr Megre jemandem sagen wolle.

Als Jelena und Wladimir unter den unablässigen Blicken des Personals das Foyer verließen, erinnerte ich Herrn Nikos daran, dass er vergessen habe zu fragen, wie Jelena Herrn Megres Wunsch erfüllt habe, Aphrodites Enkelin zu begegnen. Herr Nikos schaute mich erstaunt an und erwiderte: „Wenn dieses russische Mädchen nicht selbst eine Verkörperung von Aphrodite ist oder ihre Enkelin, so können wir zumindest sagen, dass sie von Aphrodites Geist erfüllt ist."›

Sehr geehrte Kollegen, nach dieser Einführung in die Ereignisse während Wladimir Megres Zypernaufenthalt erhebt sich folgende Frage: Wurden die Wünsche Wladimir Megres durch eine Kette von Zufällen erfüllt oder durch jemand anders – vielleicht durch Anastasia oder durch die mysteriösen Kräfte, die sie als SIE bezeichnet hat? Bitte beachten Sie: Nachdem es sich im Hotel ergeben hatte, dass die Leute, mit denen Megre Kontakt hatte, sich über ihn wunderten, wurde er auf rätselhafte Weise aus ihrem Blickfeld entfernt und zog in Jelena Fadejewas Villa um. Somit brach für sie die Zufallskette um Wladimir Megre ab. Es interessierte uns jedoch, ob sie damit auch wirklich aufhörte, und es gelang uns, mithilfe weiterer Aussagen von Jelena Fadejewa und ihren Bekannten einiges zu rekonstruieren. Und was fanden wir heraus? Die Verquickung von Zufällen wurde nur noch rätselhafter. Ich werde mich bei meiner Schilderung der Zusammenhänge auf das Wichtigste beschränken.

Wladimir Megre lebte also allein in der kleinen, gemütlichen Villa Jelena Fadejewas. Höchstwahrscheinlich dachte er über Anastasias Worte nach, ihre Worte über Gott sowie die Schöpfung der Erde und des Menschen. Denn genau diesen Teil des Buches schrieb er damals nieder. Aber vieles darin war ihm selbst nicht wirklich klar. Und wie es sein Wesen ist, wollte er vor der Veröffentlichung des Buches Bestätigung finden für die außergewöhnlichen Aussagen Anastasias. Hin und wieder rief er Jelena an und bat sie, ihn mit dem Auto irgendwohin zu fahren. Das Mädchen erfüllte jedes Mal unverzüglich seine Bitte, sogar dann, wenn sie dafür eigene Pflichten aufschieben oder abgeben musste. In zwei Fällen entging ihr ein beträchtliches Einkommen, als sie den Empfang von Touristengruppen aus Russland einer Bekannten überantwortete.

Wohin fuhr Megre? Zum einen zu gewöhnlichen Touristenorten, dann aber auch zu Stellen, wo kaum jemand hinkommt: zwei Kirchen, ein entlegenes Kloster und eine Burgruine im Trodos-Gebirge. Mehrmals bestieg er auch die Felsenhöhe in der Nähe seiner Villa und spazierte unter den dort wachsenden Zedern umher. Jelena wartete auf ihn am Wegesrand. Weiter konnten wir feststellen, dass Megres Fahrten zu den Kirchen und dem Kloster nicht geplant waren, sondern spontan stattfanden. Genau genommen gehörten sie alle zu einer Kette von Zufällen. Jelena Fadejewa schilderte den nächtlichen Besuch Wladimir Megres in einer Kirche folgendermaßen:

‹Etwa um neun Uhr abends kam ich zu Wladimir, gleich nach seinem Anruf. Er sagte, dass er mit mir einfach durch die Gegend fahren wollte. So kamen wir nach Paphos. An diesem Abend war Wladimir sehr nachdenklich und sprach fast nicht. Wir mochten vielleicht eine Stunde unterwegs gewesen sein. Als wir die Uferpromenade entlangfuhren, schlug ich vor, in einem der vielen dortigen Cafés zu Abend zu essen. Er lehnte ab. Auf die Frage, wo er denn dann hinwolle, antwortete er: „Ich möchte in eine leere Kirche."

Ich wendete das Auto und fuhr mit hoher Geschwindigkeit zu einem kleinen Dorf, in dem ich eine wenig besuchte Kirche kannte – warum gerade zu dieser Kirche, weiß ich selbst nicht. Wir fuhren dicht an den Eingang heran und stiegen aus. Ringsumher war keine Menschenseele, allein das Meeresrauschen war zu hören. Dann gingen wir zur Tür. Die Kirche war verschlossen, doch mit der Hand ertastete ich einen großen Schlüssel, der unterhalb der Türklinke im Schloss steckte. Ich drehte ihn um und öffnete die Tür. Wladimir ging hinein und blieb eine ganze Weile unter der zentralen Kuppel stehen, während ich am Eingang wartete. Dann ging er zu einer Seitenöffnung, die wahrscheinlich der Eingang für die Priester während der Messe war, und machte dort Licht, sodass es in der ganzen Kirche etwas heller wurde. Ich ging wieder hinaus und setzte mich ins Auto. Nach einiger Zeit kam auch Wladimir, und wir fuhren weiter.›

Nun noch ein zweiter ‹zufälliger› Ausflug, von dem Jelena Fadejewa erzählte:

‹Ich wollte Wladimir ein entlegenes Dorf zeigen, damit er einen Eindruck vom Alltagsleben auf dem Lande bekommen konnte. Die Bergstraße verzweigte sich ein paar Mal, und wahrscheinlich bin ich irgendwo falsch abgebogen, jedenfalls verpassten wir das Dorf und gelangten plötzlich vor die Tore eines kleinen Klosters. Wladimir wollte sofort hinein und bat mich, ihn zu begleiten, um bei seinen Begegnungen mit den Mönchen zu dolmetschen. Ich erklärte ihm jedoch, dass ich nicht mitkommen konnte, denn im kurzen Rock und ohne Kopfbedeckung hätte man mich nicht hineingelassen. Also wartete ich vor dem Eingang und sah Wladimir in den Hof gehen. Vor ihm tauchte ein junger Mönch auf. Beide blieben stehen und sprachen lebhaft miteinander. Erst als sie etwas näher kamen, konnte ich hören, dass der Mönch russisch sprach. Dann kam ein älterer, ergrauter Mönch auf Wladimir zu – der Abt, wie ich später erfuhr. Die beiden setzten sich auf eine Bank und sprachen lange miteinander. Ich stand zu weit entfernt, um ihr Gespräch verfolgen zu können. Dann begleiteten der Abt und einige Mönche Wladimir zum Ausgang. Dort blieb Wladimir plötzlich stehen, drehte sich um und ging quer über den Innenhof zur Kapelle. Niemand folgte ihm, wir alle warteten am Tor auf ihn.›

Wie Sie sehen, verehrte Kollegen, reißt die Kette der Zufälle nicht ab. Rekapitulieren wir noch einmal: Wladimir Megre denkt über Anastasias Worte über Gott nach. Und gerade dann, als er eine leere Kirche besuchen will, ist zufällig Jelena Fadejewa zur Stelle, die eine solche Kirche kennt. Ob wohl auch rein zufällig der Schlüssel in der Kirchentüre steckte? Ob wohl Jelena auch zufällig die Abzweigung verpasste und Megre so zu dem abgelegenen Kloster fuhr? Und kam ihm vielleicht auch zufällig ein russisch sprechender Mönch entgegen? Wir haben es hier mit einer Kette von Ereignissen zu tun, die scheinbar zufällig eines dem anderen folgen, aber auf ein ganz bestimmtes Ziel hinauslaufen.

Nachdem wir nun die Kette der ‹Zufälle› betrachtet haben, können wir vielleicht auch etwas über die Zufälligkeit der in Megres Büchern präsentierten philosophischen Schlussfolgerungen sagen. Wurden Megre die Worte Gottes, die im vierten Band abgedruckt sind, offenbart, als er nachts allein unter der Kuppel der Kirche stand?

Immer wieder schenkten wir der Aneinanderreihung von ‹Zufällen› in Megres Geschichte besondere Aufmerksamkeit. Unter anderem hat uns dabei die vermeintlich zufällige Begegnung mit Jelena Fadejewa interessiert. Wir möchten nicht darüber spekulieren, ob in diese junge Frau tatsächlich der Geist der Göttin Aphrodite eingegangen ist. Derartige Überlegungen seien der Esoterik überlassen. Wir wollen uns aber einmal überlegen, warum dieses Mädchen auf Megres Anruf hin alles stehen und liegen ließ, warum sie für ihn regelmäßig Borschtsch kochte und ihn mit ihrem Auto auf Zypern umherfuhr. Warum hat sie sich nach ihrer Begegnung mit Megre auch äußerlich so stark verändert – woher kam das plötzliche Leuchten in ihren Augen, von dem ihre Bekannten berichteten? Etwa von ihrer Begeisterung für den großen Star Megre? Als Vertreterin des Reiseunternehmens bei einer renommierten Moskauer Konzertagentur hatte sie regelmäßig mit größeren Berühmtheiten zu tun als mit Megre. War es das Geld? Viel Geld konnte Megre nicht besessen haben, andernfalls hätte er wohl kaum in einem Dreisternehotel gewohnt. Es kann nur eine Schlussfolgerung geben: Jelena Fadejewa hatte sich in Megre verliebt. Und was sie selbst gegenüber einer Bekannten äußerte, bestätigt diese Vermutung. Auf die Frage: ‹Hast du dich in Megre verliebt, Lena?› antwortete sie: ‹Weiß nicht, es ist ein ganz neues Gefühl … Wenn er es nur wollte …›

Noch so ein unglaublicher Zufall … Ein dreiundzwanzigjähriges Mädchen, schlank, sympathisch, attraktiv, selbstständig und pragmatisch, verliebt sich Hals über Kopf in einen neunundvierzigjährigen Mann. Sie werden mir sicher beipflichten, dass solche Zufälle äußerst selten sind.

Wir haben versucht, den Moment der Begegnung zwischen Wladimir Megre und Jelena Fadejewa so genau wie möglich zu untersuchen. Also unterhielten wir uns mit den Angestellten des Cafés ‹Maria›, die Augenzeugen der Begegnung waren. Aus den Worten Jelenas rekonstruierten wir das genaue Datum der Begegnung. Schließlich stießen wir auf einen weiteren ‹Zufall›, aber auf was für einen! Dank dieses Zufalls verliebte sich Jelena sogar schon in Wladimir, bevor sie ihm überhaupt begegnet war. Solche Zufälle können folglich nicht nur auf das Bewusstsein, sondern auch auf das Unterbewusstsein des Menschen einwirken.

Stellen Sie sich vor: Jelena Fadejewa sitzt am Steuer ihres Autos und fährt zum Café ‹Maria›. Sie hat kurz zuvor einen Anruf von einer Kellnerin dieses renommierten Cafés erhalten mit der Bitte, möglichst sofort zum Café zu kommen. An einem kleinen Tisch dort sitze ein ungehaltener russischer Gast. Der Name des Cafés und auch die Speisekarte seien in kyrillischer Schrift geschrieben, sodass der Mann auch einen russischsprachigen Kellner erwartet habe, den es aber nicht gebe … Und sie könne sich mit dem Gast nicht verständigen.

Jelena lehnt zunächst ab, da sie zu tun hat. Doch dann ergibt sich in ihrer Arbeit eine kleine Pause. Sie setzt sich kurz entschlossen hinters Steuer und fährt geradewegs zu dem Café mit dem unzufriedenen Gast. Vor dem Losgehen pudert sie sich noch schnell den leichten Sonnenbrand auf ihrer Nase ein und nimmt auf gut Glück eine Audiokassette mit, die sie während der Fahrt abspielt. Es erklingt ein populäres russisches Lied. Ich werde Ihnen jetzt den Text dieses Liedes vortragen, und Sie, verehrte Kollegen, mögen dann ihren eigenen Schluss ziehen. Hier also die Worte des Liedes, das

Jelena sich anhörte, ein paar Minuten bevor sie den im Café sitzenden Megre traf:

Ein ziemlich junger Gott bin ich,
Hab wohl sehr viel Erfahrung nicht,
Doch könnt ich, mein Mädchen, dein Sehnen beenden
Und wahre Freude im Leben dir spenden.

Zu helfen bin ich dir bereit,
Nur hast du leider keine Zeit.
Kaum eine Pause gönnst du dir,
Doch wart, es ist mir ein Pläsier,
Dir bald Gelegenheit zu geben,
Noch heute soll dein Herz dir beben.

Du puderst dir die Nase ein
Und gehst in das Café hinein,
Dort sitzt er in der hintern Nische
An einem kleinen runden Tische.

Sein Ticket hat er schon gebucht
Mit einem Flugzeug oder Zug.
Wenn er jetzt geht, so ist's für immer,
Lass ihn nicht ziehn, erlaub's ihm nimmer.

Was schweigst du plötzlich? Schau ihn an,
Hab keine Angst, jetzt bist du dran.
Seit Jahren hab ich dran gewoben,
Nimm das Geschenk, es kommt von oben.

Irgendetwas – ob nun Jelena oder jemand, der durch sie handelte – hinderte Megre an seiner Abreise, erfüllte ihm seine Wünsche und verhalf ihm zu neuen Informationen, die seine philosophischen Schlüsse stützten. Als er dann nach Russland zurückkehrte, konnte er das fertige Manuskript für den vierten Band abliefern.

In gewisser Hinsicht ähnelt Wladimir Megres Leben dem des dummen Iwan aus dem russischen Volksmärchen, nur mit dem Unterschied, dass die Erfahrungen Megres real sind.

Nachdem wir Gelegenheit hatten, uns von der Glaubwürdigkeit des Phänomens zu überzeugen, kommen wir nicht umhin, auf die Existenz gewisser Mächte zu schließen, die zielgerichtet das Schicksal bestimmter Menschen beeinflussen können. Es erhebt sich dabei die Frage, ob diese Mächte auch in der Lage sind, das Schicksal der ganzen Menschheit zu lenken. Wie waren diese Kräfte in der Vergangenheit tätig, insbesondere in unserem Jahrhundert? Was für Mächte sind das? Die Geschehnisse lenken unsere Aufmerksamkeit wiederum auf die Aussagen Anastasias.

Verehrte Kollegen, die meisten Mitglieder unseres Forschungsteams neigen zu folgender Hypothese: Die sibirische Einsiedlerin Anastasia übernimmt tatsächlich die Lenkung der Menschheit. Zwar lässt sie die Regierungen bisher in ihren Posten und ergreift nicht direkt die Macht, aber sie dirigiert die Geschehnisse aus dem Hintergrund.

Die Mehrheit der Leser von Wladimir Megres Büchern entwickelt den Wunsch, ihre Lebensweise zu verändern. Es gibt mittlerweile über eine Million Leser – Tendenz steigend –, und bald dürfte eine kritische Masse erreicht sein, die aktiv auf die Beschlüsse der Machtorgane einwirken kann. Schon jetzt gibt es in der Verwaltung des Staatsapparats Anhänger der in den Büchern präsentierten Schlussfolgerungen.

Unserer Gesellschaft steht also ein ähnlicher Wandel bevor, wie ihn auch Wladimir Megre durchgemacht hat. Ich hoffe, meine verehrten Kollegen, niemand von Ihnen zweifelt mehr an der Tatsache, dass Wladimir Megre durch besagte Kräfte in eine Lage völliger Unterwerfung gebracht wurde. Und was die Einsiedlerin Anastasia betrifft, so sollten wir uns nach besten Kräften gemeinsam bemühen, die folgenden Fragen zu beantworten: Wer ist sie, und wo befindet sie sich? Welche Fähigkeiten hat sie? Welche Kräfte helfen ihr? Und was wollen diese Kräfte in unserer Gesellschaft bewirken? Die moderne Wissenschaft muss diese Fragen dringend untersuchen.«

20

Eine tiefe Sinnkrise

Ich hörte mir den Vortrag des mir unbekannten Menschen, dessen Stimme aus dem Kassettengerät ertönte, gleich zweimal an. Es war mir völlig egal, wer er war – seine Schlussfolgerungen wirkten so tief auf mich ein, dass ich nicht nur jeglichen Wunsch verlor, weiter zu schreiben, sondern dass mir gleich mein ganzes Leben sinnlos erschien.

Ich hatte begonnen, mich mit Anastasias Auffassung über den Menschen anzufreunden. Es hatte mir gefallen, dass jeder Mensch ein geliebtes Kind Gottes sei und dass er sein Glück auf Erden finden könne, wenn er nur seine Bestimmung verstünde. Ich hatte an Anastasia geglaubt und an die Möglichkeit, durch die Veränderung unserer Lebensweise und insbesondere durch die Errichtung der neuartigen Siedlungen wichtige Impulse zu setzen. Doch durch diese Kassette war mein ganzer Glaube in Grund und Boden zerstört worden. Denn der Vortragende hatte völlig recht: All die von ihm genannten Dinge, die mir scheinbar zufällig zugestoßen waren, entsprachen den Tatsachen, und die Gesetzmäßigkeiten, die er darin erblickt hatte, waren durchaus glaubwürdig. Es war sogar noch schlimmer, denn natürlich hatten meine Beschatter längst nicht alle sogenannten Zufälle in meinem Leben entdeckt.

All das bedeutete im Klartext, dass ich lediglich eine Puppe in irgendjemandes Händen war – ob nun in Anastasias Händen oder in denen von irgendwelchen Mächten, spielte keine Rolle. Wichtiger war, dass ich als Mensch ein Nichts war – es gab mich eigentlich gar nicht. Natürlich existierte ich, doch jemand lenkte meinen Körper durch programmierte Zufälle. Eine bittere Erkenntnis, aber bitte, meinetwegen, wenn es sich denn wenigstens nur um mich handeln würde. Denn ist es nicht genauso gut denkbar, dass auch andere Menschen von oben manipuliert werden? Könnte nicht gar die gesamte Menschheit marionettenhaft von unsichtbarer Hand gelenkt werden, ohne dass wir es je merken?

Ich wollte niemandes Werkzeug sein, aber die im Vortrag geschilderten Tatsachen und Zusammenhänge waren unbestreitbar. Mir wurde klar: Ich war eine unbedeutende Null, ich wurde ferngesteuert.

Dabei wirkte sich all das, was ich in Zypern erlebt hatte, für mich keineswegs zum Schlechten aus, ganz im Gegenteil. Aber darum geht es hier nicht. Wenn jemand heute eine Kette von Zufällen schmieden kann, die mir Glück bringen, könnte es ihm dann nicht morgen einfallen, jemand anders durch ähnliche Zufälle ins Elend zu stürzen? Ein solcher Mensch ist nicht mehr als ein Spielzeug. Und wie steht es mit der Menschheit im Allgemeinen? Wieso war ich eigentlich nicht früher auf den Gedanken gekommen, dass gewisse Mächte mit der Menschheit spielen wie Kinder mit Zinnsoldaten?

Als Anastasia in der Taiga über Gott und die Schöpfung gesprochen hatte, war es immer so gewesen, als wäre ein dichter Schleier verpufft. Zum ersten Mal war Gott nicht mehr ein formloses, unbegreifliches Wesen, den ich mir meist als alten Mann auf einer Wolke vorgestellt hatte, sondern eine fühlende Person, die erlebt, wirkt und träumt. Die Empfindungen, die Anastasias Beschreibungen in mir hervorgerufen hatten, waren klarer und lichter gewesen als alles, was ich zuvor über dieses Thema gelesen oder gehört hatte. Außerdem waren ihre Worte Balsam für meine Seele, ich fühlte mich nicht mehr so allein. Also musste es Ihn doch geben! Er war weise und gut. Und Seine Geschöpfe – die Zedern, das Gras, die Vögel und all die anderen Waldtiere – waren eine weitere Bestätigung für Seine Existenz. Auf jener Taiga-Lichtung waren selbst die wilden Tiere gar nicht aggressiv, sondern irgendwie gutmütig. Wir haben uns jedoch so sehr an Seine Geschöpfe gewöhnt, dass wir sie praktisch gar nicht mehr bemerken und ständig versuchen, Gott anhand unserer eigenen Maßstäbe zu beurteilen. So versuchen wir Ihn durch sogenannte Geheimlehren zu verstehen. Wir irren auf dem Planeten umher auf der Suche nach verborgenen Stätten und nach erleuchteten Meistern. Das ist alles blanker Unsinn! Wenn wir Gott als gütigen Vater betrachten, wie können wir dann argwöhnen, Er verberge sich vor Seinen Kindern? Er hat nichts und niemanden zu verbergen – im Gegenteil, Er ist bestrebt, immer in unserer Nähe zu sein. Welche Kraft widersetzt sich Ihm? Welche Kraft benebelt uns so sehr, dass wir das gesamte Leben auf diesem Planeten, der uns von Ihm geschenkten wunderschönen Erde, durch unseren Lebensstil in den Mahlstrom einer allumfassenden Katastrophe gelenkt haben? Was für eine Kraft spielt hier mit uns?

Wenn wir am Abend unsere Städte betrachten, sehen wir in unzähligen Wohnungen Lichter brennen, und in jeder Wohnung leben eine oder mehrere Personen. Doch wie viele von ihnen sind wirklich glücklich in dieser Welt? Wir reden von Moral und Kulturliebe; wir versuchen einen anständigen Eindruck zu machen und uns ordentlich zu kleiden. Doch wie sieht die Wirklichkeit aus? Mindestens jeder zweite dieser anständig gekleideten Männer geht fremd. Insbesondere seiner eigenen Familie verheimlicht er diese Seitensprünge, um den Schein zu wahren und seine kleine Welt intakt erscheinen zu lassen.

Welche Produkte gehören wohl zu den einträglichsten in unserem Land? Wodka und Zigaretten. Um sich das Monopol an diesem lukrativen Geschäft zu sichern, hat sich der Staat per Gesetz das alleinige Verkaufsrecht für Tabak und Alkohol im Lande genommen. Wer aber sind die Trinker? Die Schnapsleichen, die an Zäunen und vor Hauseingängen ihren Rausch ausschlafen? Natürlich, sie auch. Aber sie haben nicht das Geld, um das Blühen von Hunderten von Betrieben zu gewährleisten, die alkoholische Getränke herstellen. Die Hauptkonsumenten sind äußerlich anständige, respektable Männer.

Unser Staat unterhält eine riesige Miliz, und darüber hinaus gibt es massenweise Schutz- und Detektivdienste. Wozu das alles? Um die Säufer und Ruhestörer auszuschalten? Unsinn! Das Innenministerium könnte dafür sorgen, sie alle an einem Tag einzubuchten. Das wahre Problem sind wiederum äußerlich wohlanständige Bürger.

Überlegen wir nur einmal: Es gibt ein Heer von Spezialdiensten, und ihre Mitarbeiter sitzen nicht untätig herum. Das muss ja wohl bedeuten, dass sie es ebenfalls mit einer ganzen Armee zu tun haben. Er herrscht also ständig Krieg, und wir befinden uns zwischen den Fronten. Wir sind bestrebt, die Ausrüstung unserer rechtsschützenden Organe zu verbessern, aber die andere Seite tut das Gleiche und bezieht ihre Ausstattung ebenfalls von uns. Geld hat immer nur eine Quelle: menschliche Arbeit. So geht der innere Krieg weiter und weiter, und zwar auf technisch immer höherem Niveau. Ich spreche hier nicht von einem oder zwei Jahren, sondern von Jahrtausenden. Niemand weiß, wo der Anfang dieses Krieges liegt und wer ihn je beenden kann. Und wir stehen mitten auf dem Schlachtfeld. Keiner von uns ist neutral, wir sind alle an diesem unaufhörlichen Krieg beteiligt – entweder direkt oder indirekt. Einige von uns helfen freiwillig oder unfreiwillig bei der Finanzierung, andere stellen die Waffen her. Dabei sind wir stets bestrebt, die Maske des anständigen Bürgers zu wahren, und reden nach außen hin über Wissenschaft, Technik und Kultur.

Wir sprechen gern über den wissenschaftlich-technischen Fortschritt unserer progressiven Zivilisation. Warum nur fließt dann aus unseren Wasserhähnen eine solch stinkige Brühe? Liegt da nicht irgendwo ein Denkfehler, wenn man Trinkwasser kaufen muss und es noch dazu Tag für Tag teurer wird?

Wir weigern uns, unsere Maske der Rechtschaffenheit und Ehrbarkeit abzulegen. Aber wieso? Wieso machen wir uns auf diese Weise Jahr für Jahr das Leben immer mehr zur Hölle? Wieso reiten wir unseren gesellschaftlichen Karren tiefer und tiefer in den Dreck? Ja, genau das tun wir, nur wollen wir es nicht wahrhaben. Wieso reißt niemand das Steuer herum?

Bei uns gibt es viele Glaubensrichtungen und Sekten, doch keine von ihnen kann unseren selbstmörderischen Kurs auch nur abbremsen, geschweige denn aufhalten. Wenn unsere Zivilisation so progressiv ist, wieso haben dann immer weniger Frauen den Wunsch, Kinder zu bekommen? Aus Statistiken ist ersichtlich, dass unsere Nation auf dem besten Wege ist auszusterben. Welche Mächte machen uns Menschen zu Vollidioten?

* * *

Eine geschlagene Woche verbrachte ich in tiefer Depression und Apathie. Ich lag einfach im Bett und aß fast nichts. Am Ende packte mich die Wut. Ich wollte irgendetwas unternehmen, trotz jener Mächte, mochten sie nun licht oder dunkel sein. Ich wollte unbedingt beweisen, dass der Mensch diesen Mächten entkommen kann. Doch wie? Wenn SIE bzw. Anastasia von mir wollten, dass ich Bücher schreibe, so würde ich eben nicht schreiben. Wenn von mir erwartet wurde, kein Fleisch zu essen, so würde ich gerade das tun. Auch nahm ich mir vor, zu rauchen und zu trinken. Wahrscheinlich würde ihnen das alles gar nicht passen und sie würden versuchen, mich daran zu hindern …

Also trank ich einen Monat lang exzessiv. Im Rausch ging es mir besser, doch am Morgen kam das böse Erwachen mit den gleichen düsteren Gedanken wie zuvor. Wieso hätte ich weiterschreiben sollen? Mein Ansinnen war es gewesen, aufrichtig zu sein, doch ich war nichts weiter als ein kosmisches Spielzeug in Gott weiß wessen Händen geworden.

Sternhagelvoll torkelte ich an der Wand entlang zu meinem Bett. Ich hätte schreien können – wenn doch nur meine Enkel und Urenkel mich hören und mich verstehen könnten! Ich hatte begonnen zu schreiben, weil mir die Maske der Lüge zuwider war, weil ich einen anderen Weg gehen wollte!

21

Ein Deprogrammierungsversuch

Hin und wieder erwachte morgens in mir der Wunsch, meinem ständigen Rauschzustand zu entkommen. Dann ging ich normalerweise ins Badezimmer, um mich zu rasieren. Ich erinnerte mich an Anastasia und an all das Gute, was ich bei ihr erlebt hatte. Ferner versuchte ich, jeden negativen Gedanken zu vermeiden. Ich wollte mich davon überzeugen, dass sie Gutes tat, doch das Leben setzte mir immer wieder neue, vernichtende Argumente vor.

Eines solchen Morgens, mitten in der Rasur, klingelte es an der Tür. Ich öffnete, das Gesicht noch voller Schaum. Es war Wladislaw, ein guter Bekannter. Er war sichtlich erregt und sagte: «Wladimir, ich muss mal ein ernstes Wort mit dir reden. Mach dich ruhig fertig, ich fang schon mal an.»

Während ich mich zu Ende rasierte, erzählte er mir, dass er mein Buch gelesen habe. Er habe es aufregend gefunden und stimme mit Anastasia in vielem überein. Vor allem ihre knallharte Logik habe ihn beeindruckt. Dann aber hob er seine Stimme: «Doch wegen deines Treffens mit ihr hast du alle Brücken hinter dir abgebrochen. Deine Familie hast du aufgegeben und dein Geschäft in den Sand gesetzt. Und du planst noch nicht einmal, wieder einzusteigen, hab ich recht?»

«Stimmt.»

«Und was ist aus der Gesellschaft für Unternehmer mit reinen Gedanken geworden, die du gründen solltest? Schreibst du wieder an einem Buch?»

«Ich mache im Moment eine Schreibpause. Ich muss mir erst über ein paar Dinge klar werden.»

«Keine schlechte Idee. Was hast du denn in den fünf Jahren nach deiner Begegnung mit ihr erreicht, wenn ich fragen darf?»

«Was ich erreicht habe? Nun, zum Beispiel hat sich die Beziehung vieler Bewohner des Kaukasus zu den Dolmen gewandelt. Stell dir vor, wie viele wissenschaftliche Abhandlungen schon über sie geschrieben worden waren, aber das hielt die Leute nicht davon ab, sie zu plündern und zu verschandeln. Anastasias Worte hingegen wirkten sofort. Es reichte schon, dass mein Buch in dem Sanatorium ‹Druschba› gelesen wurde, und sogleich versammelten sich dessen Mitarbeiterinnen und legten am Dolmen Blumenkränze nieder. Anderswo haben die Menschen ihre Beziehung zu ihren Vorfahren geändert. Sie denken wieder mehr ...»

«Schon in Ordnung, ich gebe dir ja recht. Ihre Worte sind sehr wirkungsvoll, und dein Beispiel zeigt das deutlich. Es geht mir um etwas anderes. Sie hat dich irgendwie verhext, zu einem Zombie gemacht. Du bist ja gar nicht mehr du selbst.»

«Wie kommst du darauf?»

«Ganz einfach. Du bist ein erfolgreicher Unternehmer, der es sogar am Anfang der Perestroika geschafft hat, ohne Startkapital Mega-Projekte aus dem Boden zu stampfen und auch durchzuziehen. Du bist Präsident der Genossenschaft der Unternehmer Sibiriens. Dann wirfst du plötzlich alles hin, kochst und wäschst selber ... So kenne ich dich einfach nicht.»

«Du bist nicht der Erste, der mir so was sagt, Wladislaw. Aber Anastasias Worte haben mich einfach gepackt. Sie hat einen wunderbaren Traum: die Menschen aus dem Zeitalter der Dunkelmächte zu entrücken. Sie glaubt fest an diesen Traum. Mich hat sie gebeten, dieses Buch zu schreiben. Ich habe ihr mein Wort gegeben. Und sie wartet ganz allein in der Taiga und träumt. Wahrscheinlich verbindet sie dieses Buch irgendwie mit ihrem Traum ... Du findest also Anastasias Einfluss in dem Buch beeindruckend?»

«Das ist es ja – das Buch zeigt doch, wie sehr sie dich beeinflusst. Überleg doch mal selber: Ein Unternehmer, der noch nie etwas zu

Papier gebracht hat, wird mir nichts, dir nichts ein Autor. Und dann noch die Thematik: die Geschichte der Menschheit, der Verstand, der Kosmos, Kindeserziehung. Sie beeinflusst die Menschen ganz praktisch im täglichen Leben.»
«Aber doch im positiven Sinne.»
«Vielleicht schon, aber darum geht es nicht. Hast du schon einmal darüber nachgedacht, warum du so plötzlich Bücher schreiben konntest?»
«Anastasia hat es mir beigebracht.»
«Wie denn das?»
«Sie hat einen Stock genommen und damit Buchstaben in den Boden geritzt – das ganze Alphabet. Dann sagte sie: ‹Dies sind die Buchstaben, die du kennst. Alle Bücher, ob gut oder schlecht, bestehen aus diesen dreiunddreißig Buchstaben. Alles hängt davon ab, in welcher Reihenfolge diese Buchstaben stehen. Es gibt zwei Arten, sie miteinander zu kombinieren.›»
«Was, das war schon alles? Du kombinierst also diese dreiunddreißig Buchstaben in einer bestimmten Reihenfolge, und schon ziehen die Leute scharenweise in die Berge, um an den Dolmen Blumenkränze niederzulegen? Ich pack's nicht mehr. Das weist doch eindeutig auf die Präsenz einer unbekannten Kraft hin. Sie muss dich verhext oder hypnotisiert haben, was weiß denn ich ... aber irgend so was hat sie mit dir angestellt.»
«Wenn ich Anastasia eine Hexe genannt habe oder Wörter wie ‹mystisch›, ‹phantastisch› oder ‹unglaublich› benutzt habe, hat sie mir immer beweisen wollen, dass sie ein gewöhnlicher Mensch ist, eine gewöhnliche Frau, die mit vielen Informationen ausgestattet ist. Aber viel sei es auch nur nach unserem Maßstab. Sie hat mir erzählt, dass der Mensch der Urzeit über ähnliche Fähigkeiten verfügte. Und außerdem ... sie hat mir doch einen Sohn geboren, weißt du?»
«Und wo ist dein Sohn jetzt?»
«In der Taiga, bei Anastasia. Sie hat gesagt, unter den Bedingungen unserer technokratischen Welt wäre es viel schwerer, unseren Sohn zu erziehen und aus ihm einen echten Menschen zu machen. Denn all die künstlichen Dinge hier würden ihn nur verwirren und

von der Wahrheit entfremden. Man könne sie ihm erst dann zeigen, wenn er die große Wahrheit bereits begriffen habe.»

«Und du, wieso bist du nicht in der Taiga, bei Anastasia? Willst du deinen Sohn nicht mit aufziehen?»

«Normale Menschen wie wir können dort nicht leben. Sie lehnt es ab, Feuer zu machen, und ernährt sich recht eigentümlich. Außerdem hat sie gesagt ... sie hat mir den Umgang mit meinem Sohn verboten.»

«Sie kann also unter normalen Umständen nicht leben, und du kannst nicht dort leben. Und wie weiter? Wie hast du dir das gedacht? Willst du allein leben, ohne Familie? Was, wenn du krank wirst?»

«Ich bin jetzt schon seit zwei Jahren nicht mehr krank geworden. Sie hat mich geheilt.»

«Und jetzt wirst du nie wieder krank?»

«Wahrscheinlich schon. Anastasia hat gesagt, dass alle Krankheitsherde im Körper, auch wenn sie geheilt wurden, irgendwann wieder versuchen auszubrechen, da es im Menschen viel Dunkles, Verderbliches gebe. Ich bin da natürlich keine Ausnahme: Ich rauche, und ich habe sogar wieder angefangen zu trinken. Das Wesentliche aber ist etwas anderes. Sie hat gesagt, meine Gedanken seien nicht hell genug. Was nämlich hauptsächlich Krankheiten entgegenwirkt, ist die Kraft der positiven, lichten Gedanken.»

«Mit solchen Ideen wirst du in deinem Leben keine Zukunftsperspektive haben, wie es normale Leute haben. Pass mal auf, ich habe einen geschäftlichen Vorschlag für dich. Ich enthexe und enthypnotisiere dich, und du sagst mir Bescheid, wenn du wieder bei Sinnen bist. Dann wirst du mir helfen, meine Firma wieder in Schwung zu bringen. Weißt du, seit einiger Zeit läuft es bei mir nicht mehr so richtig, und ich brauche jemanden mit deiner Erfahrung und deinem Geschick, um frischen Wind in das Geschäft zu bringen. Das wäre doch was für dich.»

«Ich fürchte, da kann ich dir nicht helfen, Wladislaw. Mit geschäftlichen Dingen mag ich mich im Moment nicht herumschlagen. Mir steht der Kopf ganz woanders.»

«Schon klar, du musst ja auch erst wieder du selbst werden. Glaube mir, ich bitte dich als meinen Freund. Eines Tages, wenn du das Ganze im Rückblick betrachtest, wirst du mir noch einmal schwer dankbar sein.»

«Wie lässt sich denn feststellen, wann man ganz normal ist?»

«Nichts einfacher als das. Du führst ein paar Tage lang ein ganz normales Leben. Amüsiere dich mit einem Mädchen und tu, was dir Spaß macht. Und dann schau dir die letzten Jahre deines Lebens an. Wenn sie dir zusagen, dann mach mit deinem Leben weiter wie bisher. Wenn du aber erkennst, dass du unter Hypnose standst, dann werden wir Geschäftspartner. So ist uns beiden geholfen.»

«Weißt du, mit Prostituierten mag ich nicht ...»

«Wer redet denn von Prostituierten? Unsereins nimmt sich doch, was er will. Wir werden eine Party veranstalten, mit Musik und allem Drum und Dran – entweder in einem Restaurant oder im Freien. Ich werde mich um alles kümmern. Dich bitte ich nur um eines: nicht auszusteigen.»

«Hm, ich denke, ich muss erst einmal mit mir selbst ins Reine kommen. Ich brauche Zeit zum Nachdenken.»

«Vergiss es. Sieh meinen Vorschlag einfach als ein Experiment an. Als dein Freund bitte ich dich: Gib mir eine Woche, dann kannst du immer noch nachdenken.»

«Also gut ... wir können es ja probieren.»

Am nächsten Tag fuhren wir mit dem Auto ins Nachbarstädtchen, wo zwei «süße Kätzchen» lebten, die Wladislaw gut kannte.

22

Unsere Realität

Eine reizende, verführerische Frau öffnete uns die Tür. Sie mochte knapp über dreißig gewesen sein und wirkte etwas verlegen. Als fett möchte ich sie nicht bezeichnen, wohl aber als mollig – jedenfalls hielten sich ihre Pölsterchen, die von ihrem Morgenmantel kaum verborgen wurden, noch in einem Rahmen, den Männer als reizvoll empfinden. Ihre fast kindliche Stimme und ihr freundliches Lächeln ließen sie sogleich sympathisch erscheinen.

«Guten Tag, die Herren, willkommen! Swetlana hat mir von Ihnen erzählt. Sie hat gesagt, dass Sie sich die Stadt anschauen und dann ein gutes Restaurant besuchen wollen.»

«In der Tat, das wollen wir. Alles wollen wir, aber nicht allein, sondern mit euch zwei Hübschen», flirtete Wladislaw ungeniert. «Was macht denn meine Swetlanka, sie treibt sich doch wohl nicht herum?»

«Wann sollten wir uns denn herumtreiben und mit wem? Offenbar bleibt uns ja nichts anderes übrig, als unser ganzes Leben hier zu warten und im Nest zu hocken.»

«Warten auf was? Ich bin doch hier und habe einen Freund mitgebracht. Er ist ein sibirischer Geschäftsmann, mit allen Wassern gewaschen. Darf ich vorstellen ...»

Sie machte ihren straffen, dunklen Zopf zurecht, hob verschämt ihre gesenkten Wimpern, warf mir einen leidenschaftlichen Blick zu und streckte mir ihre Hand entgegen: «Hallo, ich bin Lena.»

«Gestatten, Wladimir», antwortete ich und drückte ihre weiche Hand.

Während Lena Kaffee kochte, machten wir uns im Bad frisch, und Wladislaw zeigte mir die Zweizimmerwohnung. Trotz ihrer durchschnittlichen Ausstattung gefiel sie mir wegen ihrer auffallenden Ordnung und Gemütlichkeit. Hier war nichts überflüssig. Alles stand an seinem Platz. Die türkisfarbene Tapete im Schlafzimmer war mit Blümchen verziert, und die Rüschengardinen waren farblich auf die Tapete abgestimmt; auch der Teppich und die Decke auf dem breiten Bett waren im gleichen Ton gehalten. Diese farbliche Einheitlichkeit beruhigte irgendwie, als würde einen das Bett einladen, sich darauf zu legen. Wir nahmen auf den Sesseln im Wohnzimmer Platz, und während Wladislaw die luxuriöse Stereoanlage einschaltete, fragte er mich: «Na, wie gefällt sie dir?»

«Gut. Wieso ist sie eigentlich nicht verheiratet?»

«Warum sind wohl Millionen anderer Frauen nicht verheiratet? Weißt du nicht, dass wir Männer zahlenmäßig zu wenige sind für alle Frauen?»

«Doch, schon ... aber sie ist ja irgendwie anders. Sie selber ist ein Schatz, und ihre Wohnung hat sie echt geschmackvoll eingerichtet.»

«Ja, das hat sie gut hinbekommen. Sie verdient ja auch nicht schlecht. Weißt du, sie ist eine erstklassige Friseuse und nimmt auch an Frisierwettbewerben teil. Reiche Frauen melden sich bei ihr auf einer Warteliste an, und sie wird gut bezahlt.»

«Dann ist sie vielleicht doch eine Herumtreiberin ...»

«Ist sie nicht. Swetka hat mir erzählt, dass Lenka, als die beiden noch zur Schule gingen, einen notorischen Sitzenbleiber aus einer höheren Klasse zum Freund hatte, dem sie nach dem Schulabschluss den Laufpass gab. Eine lange Zeit hat der dann jeden, der mit ihr anzubändeln versuchte, verprügelt. Zusammen mit seinen Kumpeln hat er sie vor Lenkas Augen auf brutale Weise verdroschen. Er wurde mehrmals wegen Rowdytum angeklagt. Er tat ihr leid, und so sagte sie niemals als Zeugin gegen ihn aus. Sie sagte immer, sie wäre fast ohnmächtig gewesen und könnte sich an nichts mehr erinnern; deshalb ist er nur einmal wegen Körperverletzung verurteilt worden, nachdem er den Sohnemann eines hochgestellten Beamten verprügelt hatte.»

«Dann ist sie sicher frigide und braucht keinen Mann.»

«Ha, von wegen frigide ... Du hast wohl nicht bemerkt, wie sie dich mit ihren Augen angeblitzt hat – wie eine Boa ein Kaninchen. Als sei sie bereit, gleich mit dir ins Bett zu steigen.»

«Na, na, jetzt übertreib mal nicht.»

«Und du such nicht nur nach Fehlern. Genieße lieber den Augenblick. Wir haben doch abgemacht, mal richtig auszuspannen. Genau das wollen wir jetzt auch tun.»

Lena brachte den Kaffee auf einem dekorativen Tablett herbei. Sie trug jetzt einen eng anliegenden Trägerrock und war leicht geschminkt. In diesem Aufzug sah sie noch entzückender aus als zuvor.

Lena sagte: «Wenn ihr essen wollt, kann ich eine Kleinigkeit kochen.»

«Nein», entgegnete Wladislaw, «lass uns in ein Restaurant gehen. Du rufst das beste Lokal hier in der Gegend an und bestellst einen kleinen Tisch für vier Personen, in Ordnung?»

Während wir uns den Kaffee schmecken ließen, rief Lena im Restaurant an. Sie sprach mit einem Angestellten, den sie offenbar gut kannte, denn sie duzten sich: «Schau zu, dass du einen guten Tisch für uns findest. Wir kommen mit zwei vornehmen Kavalieren.»

Nachdem wir eine Zeitlang mit dem Auto in der Gegend herumgekurvt waren und uns die lokalen Sehenswürdigkeiten angeschaut hatten, kamen wir abends schließlich im Restaurant an. Ein dienstbeflissener Portier in prachtvoller Uniform öffnete uns mit weit ausladender Geste die Tür. Der Oberkellner führte uns zu einer vom Eingang entfernt gelegenen, ruhigen Ecke des Saals. Unser Tisch stand auf einer leicht erhöhten Plattform, sodass wir das ganze Restaurant überblicken konnten und auch einen guten Ausblick auf die Bühne hatten. Decke und Wände des Saals waren mit schönem Stuck verziert, und das Restaurant war schon fast voll. Allem Anschein nach konnten es sich nur wohlhabende Leute leisten, hier zu speisen. Auch wir wollten auf unsere Kosten kommen und bestellten uns ein paar exquisite Leckereien, dazu einen edlen Wein und für mich eine Flasche Wodka. Als das Orchester begann, eine Art Tango zu spielen, schlug Wladislaw vor, zusammen tanzen zu gehen, und wir alle folgten seiner Einladung. Lenas weicher, molliger Körper wiegte unter meinen Armen im Takt der Musik sanft hin und her. Ich hatte ohnehin schon einen leichten Schwips, doch ihr Parfüm und ihre Augen besäuselten meine Sinne noch mehr. Ihre gesenkten Wimpern öffneten sich ab und zu, und wenn ihre Augen mir dann zärtlich ins Gesicht sahen, schien es, als würden sie vor Leidenschaft brennen. Doch wie vor Scham über diesen leidenschaftlichen Blick senkte sie ihre Wimpern sogleich wieder herab.

Als wir zu unserem Tisch zurückkamen, hatte ich all meine Sorgen und mein Suchen vergessen. Es war einfach toll, und ich war Wladislaw und Lena sehr dankbar. Na also – das Leben konnte doch ganz angenehm sein, wenn man sich nicht ins Grübeln versenkt und es sich einfach wohlergehen lässt.

Ich schenkte den anderen noch eine Runde Wein und mir einen Wodka ein und wollte gerade zu einem Trinkspruch ansetzen, da stutzte ich. Wladislaw, der gerade mit Swetlana von der Tanzfläche zurückgekommen war, wirkte irgendwie verstört. Hastig steckte er sich eine Zigarette an, deren Asche ihm in den Salat fiel. Seinen Wein trank er aus, ohne auf jemanden zu warten, und er rutschte nervös auf seinem Stuhl hin und her. Ich wollte gerade sein Glas nachfüllen, um endlich meinen Trinkspruch loszuwerden, da machte er seiner Seele Luft: «Warte, ich muss dir etwas sagen, jetzt gleich. Lass uns kurz rausgehen.» Ohne meine Reaktion abzuwarten, stand er abrupt auf. «Und ihr zwei Hübschen habt ja sicher etwas zu plaudern. Wir sind gleich wieder da.»

Wir gingen in die geräumige Halle des Restaurants. Wladislaw führte mich in einen abgelegenen Winkel hinter einem Springbrunnen und platzte ärgerlich, doch mit gedämpfter Stimme heraus: «Dieses Miststück! Du hast nicht umsonst … So ein verdammtes Miststück aber auch!»

«Was denn für ein Miststück? Wenn du dich mit Swetka verkracht hast, brauchst du ja deswegen nicht gleich uns allen den Abend zu versauen.»

«Das hat mit Swetka nichts zu tun ... Lenka hat uns reingelegt – genauer gesagt dich. Allerdings werde ich wohl auch nicht ungeschoren davonkommen. Aber ich werde dich nicht im Stich lassen.»

«Könntest du mir bitte in Ruhe erklären, wie sie mich oder uns reingelegt hat? Und wieso?»

«Swetka hat es mir beim Tanzen erzählt. Ich hatte mit ihr ein wenig über dich gesprochen. Da begannst du ihr leidzutun, und sie hat mir alles erzählt.»

«Was hat sie dir erzählt?»

«Lenka ist ein Miststück! Das ist krankhaft bei ihr, sie ist ähnlich durchgeknallt wie ein Masochist. Stell dir vor, die Männer laufen ihr hinterher, sie flirtet mit ihnen und lässt sich in dieses Restaurant einladen. Den Tisch bestellt sie immer selbst, und zwar durch ihren Bekannten, den Kellner da hinten. Na, und der sagt dann dem Mafioso Bescheid.»

«Was für einem Mafioso?»

«Na, dieser Sitzenbleiber, mit dem sie in der Schulzeit befreundet war. Ich hab dir ja erzählt, dass er schon in seiner Jugend ihre Freier verdroschen hat, zusammen mit seinen Freunden. Und wie ich gehört habe, ist er jetzt ein lokaler Mafioso geworden oder arbeitet für eine Erpresserbande. Auf jeden Fall weiß sie: Sobald sie hier durch ihren Bekannten einen Tisch bestellt, wird der Mafioso benachrichtigt. Dann kommt er entweder direkt ins Restaurant oder lauert Lenkas bedauernswertem Verehrer an einer abgelegenen Stelle auf. Dort wird er dann halbtot geprügelt. Und Lena will sich diese Klopperei unbedingt jedes Mal ansehen. Das findet sie unheimlich geil, und manchmal kommt sie dabei sogar. Swetka sagt, dass das bei Lena eine krankhafte Sucht geworden ist. Sie hat ihr gestanden, dass sie bei solchen Szenen manchmal einen Orgasmus bekommt.»

«Und wieso macht dieser ehemalige Sitzenbleiber das?»

«Weiß der Kuckuck, wieso. Vielleicht liebt er Lena noch immer, vielleicht zieht er daraus ebenfalls eine perverse Befriedigung. Swetka meint, Lena spielt dann immer den Unschuldsengel, der Kerl aber bringt sie danach nach Hause und bleibt die Nacht über bei ihr. Was die beiden dort machen – keine Ahnung.»

«Warum heiratet er sie dann nicht?»

«Du hast Fragen … warum er sie nicht heiratet! Meiner Meinung nach hat er einen ähnlichen Knacks weg wie Lena. Sie weigern sich wohl, erwachsen zu werden. Außerdem bedeutet heiraten grauer Alltag, und so, wie es jetzt ist, kann sie wenigstens ihren Spaß haben. Aber ehrlich gesagt kann uns das doch herzlich schnuppe sein. Wir sollten uns lieber überlegen, wie wir unsere Haut retten können.»

«Lass uns einfach von hier verschwinden – wenn du doch sagst, dass Lena diesen Kerl rufen wird.»

«Zu spät. Er ist schon hier mit seinen Kumpels und beobachtet uns. Swetka sagt, er wird als Erstes zu unserem Tisch kommen und Lena höflich zum Tanzen auffordern. Wenn sie akzeptiert, wird er mit ihr tanzen, und wenn er einen Korb bekommt, wird er ruhig weggehen. Das Ende der Geschichte ist jedoch immer das Gleiche: Diese Parasiten lauern Lenas Verehrer auf und prügeln ihn windelweich. Wenn er Wertsachen dabei hat, nehmen sie sie ihm weg. Ich habe meine Rolex schon Swetka gegeben. Wenn du auch was dabei hast, kann ich es noch in Sicherheit bringen.»

«Nein, ich habe nichts dabei. Sag mal, haben diese Burschen denn keine Angst vor der Miliz?»

«Ich sag ja, die haben für alles gesorgt. Der Typ hat einen Anwalt … und dann drehen sie es immer so hin, als ob er Lena vor einem Gewalttäter beschützt hat.»

«Aber Lena war doch dabei – schweigt sie denn?»

«Sie hält dicht, dieses Luder, und tut so, als könne sie sich an nichts erinnern, als habe sie unter Schock gestanden oder sei ohnmächtig gewesen. Das Ganze ist meine Schuld. Wir sitzen jetzt ganz schön in der Patsche. Aber ich hab schon eine Idee … mir ist da was eingefallen. Wir fangen selber einen Streit an, und zwar unter uns, so richtig, dass die Fetzen fliegen. Dann kommt die Polizei und nimmt uns fest. Besser eine Nacht in der Ausnüchterungszelle verbringen und eine Strafe zahlen, als zum Krüppel geschlagen zu werden.»

«Nein, diesen Gefallen tue ich denen nicht. Lass uns lieber durch einen Seitenausgang verschwinden. Dann rufst du Swetka auf ihrem

Handy an und sagst ihr, sie soll für uns ein Taxi bestellen.»

«Hat keinen Sinn, die sind doch schon hier. Sie werden uns nicht gehen lassen. Außerdem sind wir auf diese Weise doppelt dran – auch noch als Zechpreller.»

«Wenn es keinen Ausweg gibt, dann lass uns wenigstens noch etwas Spaß haben und diesen Halunken ordentlich auf die Nerven gehen. Schade um den Abend, er hat so schön angefangen.»

«Jetzt noch Spaß haben ... du hast ja Nerven!»

«Lass uns kräftig weiterzechen, bis uns alles egal ist. Wenn sie dann kommen, macht es uns nicht so viel aus. Zeige solchen Leuten nie, dass du Angst hast.»

«Wieso ich? Ich habe Angst um dich.»

«Lass uns gehen.»

Wir gingen zurück zu unserem Tisch. Die Pracht des großen Restaurants wurde fast noch übertroffen von der Aufmachung der Damen, deren Schmuck mir durchaus echt erschien. Es gab auch viele ganz junge Schönheiten, die zwischen den angetrunkenen Männern saßen, und auch sie waren mit teuren Juwelen behangen. Hier vergnügten sich die sogenannten Neurussen. Aber natürlich waren auch sie Teil Russlands. Mit anderen Worten, hier zechte Russland, so gut es eben konnte, mit Temperament und Leidenschaft. So weit hielt sich noch alles in den Grenzen des anständigen Luxus, doch für mich stand fest: Heute würde hier noch richtig die Post abgehen, mit Pauken und Trompeten.

Als wir uns wieder an unseren Tisch gesetzt hatten, füllte ich sofort die Weingläser und sagte: «Auf unser Wohl! Möge jeder, der hier sitzt, den anderen einen Augenblick der Freude schenken! Auf unser Wohl!» Wir beide tranken unser Glas auf ex, die Frauen tranken ihres nur halb leer. Ich rückte mit meinem Stuhl näher an Lena heran, umarmte sie, legte meine Hand auf ihren halb entblößten Busen und begann ihr etwas ins Ohr zu flüstern.

«Lena, du bist so schön und kuschelig warm, ich glaube, du würdest eine gute Ehefrau und Mutter abgeben.»

Sichtlich verwirrt, machte Lena zunächst Anstalten, sich meiner Umarmung zu entwinden und meine auf ihrer Brust ruhende Hand von sich zu stoßen. Ihre Befreiungsversuche waren jedoch nicht sehr entschlossen, im Gegenteil, schon bald lehnte sie ihren Kopf an den meinen. So begann das Spiel nach ihren Regeln, und ohne zu wissen wieso, stürzte ich mich voll hinein, gleichwie getrieben von einer dunklen Macht, um mein eigenes Verhängnis einzuläuten. Und lange ließ jenes Verhängnis nicht auf sich warten …

An einem Tisch neben der Bühne stand ein kräftiger Mann mit einem Stiernacken auf. Eine Zeitlang starrte er unentwegt in unsere Richtung, und als die Tanzmusik begann, knöpfte er sich sein Jackett zu und schritt mit sicherer Miene auf unseren Tisch zu. Ungefähr auf der Hälfte des Weges blieb er plötzlich stehen und blickte genauso unentwegt in die entgegengesetzte Richtung. Auch viele andere Leute im Saal wandten auf einmal ihren Kopf um. Einige Frauen und Männer erhoben sich von ihren Plätzen, als sei etwas Besonderes geschehen. Auch ich schaute jetzt in die gleiche Richtung wie die anderen und erstarrte vor Überraschung.

Durch den Saal lief Anastasia! Ihre ungezwungene, ja fast herausfordernde Gangart und ihr ebensolcher Aufzug waren in der Tat erstaunlich. Sie trug ihre alte Strickjacke, ihren Rock und ihr Kopftuch, aber irgendwie wirkte jetzt alles so, als sei es von einem Meisterdesigner für eine Modenschau entworfen worden. Vielleicht war dieser Eindruck ja auf die seltsame Kombination ihrer gewöhnlichen Kleidung mit ausgesprochen ungewöhnlichen Verzierungen zurückzuführen, gepaart mit ihrer Gangart und Manier.

An ihren Ohrläppchen hingen, wie Ohrringe, zwei Tannenzweiglein mit grünen Nadeln herab. Ihre goldene Haarpracht wurde von einem Kranz aus Gräsern gehalten, verziert von einer kleinen Blume, die wie ein Rubin auf ihrer Stirn leuchtete. Auch war sie geschminkt – grüne Lidschatten betonten ihre Augen. Ihr gewohnter Rock hatte jetzt einen tiefen Einschnitt bis über die Knie, und ihr Kopftuch hatte sie sich wie eine Schleife um die Taille gebunden. Ihr übliches Leinenbündel, versehen mit einer aus einem naturbelassenen Stock bestehenden Halterung und einer aus Gras geflochtenen Strippe, hatte sich in eine hippieartige Tasche verwandelt. Ihr selbstsicheres Auftreten stellte sogar die Show eines Supermodels in den Schatten.

Anastasia erreichte die Tanzfläche, wo die Paare einen flotten Tanz begonnen hatten, und drehte sich ein paar Mal im Takt der Musik, wobei sie alle Teile ihres geschmeidigen Körpers rhythmisch hin und her schwang. Dann hob sie die Arme in die Luft, klatschte einmal und lachte vergnügt. Viele Männer applaudierten, doch nun schritt sie auf unseren Tisch zu. Zwei Kellner wandten sich an sie, worauf sie mit der Hand in unsere Richtung zeigte. Einer der beiden ergriff einen freien Stuhl und trug ihn ihr hinterher. Als Anastasia zu Lenas stiernackigem Freund kam, hielt sie inne, schaute ihm in die Augen, schien ihm zuzuzwinkern und ging dann auf uns zu.

Ich saß reglos da und hielt noch immer Lena im Arm, die wie auch die anderen an unserem Tisch schweigend das Geschehen verfolgte. Anastasia kam an unseren Tisch und begrüßte uns, als hätten wir sie erwartet: «Einen schönen Abend miteinander. Hallo, Wladimir! Sie gestatten ... Sie haben hoffentlich nichts dagegen, wenn ich mich kurz zu Ihnen setze?»

«Nein, natürlich nicht. Nimm Platz, Anastasia», antwortete ich, noch immer völlig verdattert von ihrem plötzlichen Auftauchen. Ich erhob mich, um ihr meinen Platz anzubieten, doch der eifrige Kellner hatte ihr schon den neuen Stuhl hingestellt. Der zweite Kellner schob unterdessen meinen Teller beiseite, stellte Anastasia einen Teller mit Besteck hin und reichte ihr eine Speisekarte.

«Vielen Dank», sagte Anastasia, «ich habe keinen Hunger.»

Aus ihrer Umhängetasche holte sie ein großes Blatt hervor und faltete es auseinander. Auf der Blattoberfläche waren Preiselbeeren und Moosbeeren zu sehen. Sie breitete das Blatt auf ihrem Teller aus, schob diesen in die Mitte des Tisches und sagte zu uns: «Bitte bedienen Sie sich.»

«Wo kommst du denn so plötzlich her?», fragte ich. «Ich wusste gar nicht, dass du auch Restaurants besuchst.»

«Ich bin gekommen, um dich zu sehen, Wladimir. Ich habe gespürt, dass du hier bist, und da habe ich mich entschlossen herzukommen. Ich hoffe, ich störe nicht.»

«Nein, nein, ganz und gar nicht. Ich wundere mich bloß ... na ja, über deine Aufmachung, über deine Schminke.»

«Als ich herkam, war ich nicht so aufgetakelt und auch nicht geschminkt, aber als ich das Restaurant betreten wollte, hat mich der Mann am Eingang nicht durchlassen wollen. Andere ließ er freundlich herein, doch zu mir sagte er: ‹Verdufte, Tantchen, das ist hier keine Stehkneipe.› Aus einem Versteck beobachtete ich die Tür und versuchte zu verstehen, warum andere eingelassen wurden. Schnell fiel mir auf, dass sie anders gekleidet waren und sich anders verhielten als ich. Ich hatte verstanden. Ich fand zwei passende Zweiglein an einem Baum, spaltete die Enden mit den Fingernägeln und befestigte sie als Schmuck an meinen Ohren. Schau mal!» Anastasia drehte mir ihre Seite zu und zeigte mir ihre Erfindung. «Gefallen sie dir?»

«Ja, wirklich hübsch.»

«Die Tasche habe ich auch ganz schnell zurechtgebastelt. Der Gürtel hier ist eigentlich mein Kopftuch, und geschminkt habe ich mich mit dem Saft eines Blattes und einer Blüte. Schade nur um den Rock, den ich an der Naht auftrennen musste.»

«So weit hättest du ihn gar nicht aufzureißen brauchen. Bis zu den Knien hätte gereicht.»

«Ich wollte es so gut wie möglich machen, damit sie mich reinlassen ...»

«Und womit hast du deine Lippen bemalt? Das sieht für mich aus wie echter Lippenstift.»

«Der Lippenstift war schon hier. Als der Mann am Eingang mir die Tür öffnete, kam ich zum Spiegel in der Halle und schaute mich an. Es standen auch andere Frauen dort, und sie betrachteten mich. Eine von ihnen kam zu mir und sagte: ‹Irre, woher hast du denn diese Klamotten? Können wir nicht einfach alles tauschen? Meinen Ring und den anderen Glitzerkram kannst du auch haben. Wenn du willst, zahle ich dir noch ein paar Grüne* obendrauf.›

Ich habe ihr erklärt, dass sie sich alles ganz leicht selber herstellen kann. Zuerst habe ich ihr gezeigt, wie man die Ohrklipps macht. Die Umstehenden haben neugierig zugeschaut. Eine von ihnen sagte immer wieder: ‹Ja, ist das denn die Möglichkeit!› Eine andere

---

* Dollarscheine (nach der Farbe der US-Noten). (Anmerkung des Übersetzers)

wollte wissen, aus welcher Modezeitschrift ich meinen Stil abgeguckt hätte. Und diejenige, die zuerst zu mir gekommen war, sagte, wenn ich hier anschaffen wolle, solle ich mir eines gut merken: In ihrem Revier dulde sie keine Zuhälter, weil sie frei sei und keinen Beschützer nötig habe.»

«Das war Anka Putanka*, die Edelhure», teilte uns Sweta mit. «Sie ist ein ganz gerissenes Biest, eine ausgemachte Furie. Wenn ihr jemand in die Quere kommt, kann sie solche Intrigen anzetteln, dass einer auf den anderen losgeht und sie am Ende triumphiert.»

«Gerissen?», meinte Anastasia nachdenklich. «Ich lese in ihren Augen eher Traurigkeit. Sie tut mir leid. Ich würde gern etwas für sie tun. Als sie mich beschnupperte und mich nach meinem Parfüm fragte, habe ich ihr das Stöcklein geschenkt, das mir als Behälter für mein ätherisches Zedernöl dient, und zeigte ihr, wie man es benutzt. Sie rieb sich sogleich damit ein und gab das Stöcklein auch an ihre Freundinnen weiter. Dann schenkte sie mir einen Lippenstift und dazu einen Konturenstift, womit ich allerdings kaum umzugehen wusste. Wir lachten beide darüber, doch dann half sie mir und sagte: ‹Wenn etwas ist, komm zu mir.› Darauf bot sie mir einen freien Tisch im Saal an, doch ich entgegnete, ich sei nur gekommen, um mit meinem ...» Anastasia geriet ins Stocken, dachte kurz nach und sagte dann: «... um dich zu sehen, Wladimir. Und um euch allen einen schönen Abend zu wünschen. Vielleicht können wir zwei ja einen Stadtbummel machen, was meinst du? Der Wind bläst vom Meer her auf die Uferstraße, und daher ist es dort schön frisch. Oder willst du lieber mit deinen Freunden hierbleiben, Wladimir? Ich kann warten, bis ihr fertig seid. Ich hoffe, ich habe euch nicht zu sehr gestört ...»

«Ach wo, Anastasia. Ich bin sehr froh, dich zu sehen. Ich war einfach völlig erstaunt, dass du hier so plötzlich aufgetaucht bist.»

«Wirklich? Dann können wir ja jetzt einen Spaziergang am Meer

---

* Putanka: (aus dem Italienischen: *puttana* = Hure) in Russland gebräuchlicher Ausdruck für eine Prostituierte, die nur für Dollars arbeitet. (Anmerkung des Übersetzers)

machen. Sollen wir zu zweit gehen oder alle zusammen? Was möchtest du?»

«Lass uns allein gehen, Anastasia.»

Doch so einfach weggehen konnten wir nicht, denn Jelenas Bekannter näherte sich unserem Tisch. Er war wohl ebenfalls eine Zeitlang von Anastasias Erscheinen verdutzt gewesen. «Mist, wir hätten früher gehen sollen!», dachte ich, doch jetzt war es zu spät. Der Startschuss für ihr perverses Drehbuch war offenbar gefallen. Lenka schien sich schon innerlich vorzubereiten. Sie richtete sich etwas auf, senkte ihre Augen und machte sich in gespielter Manier das Haar zurecht.

Wider Erwarten wandte sich der Stiernacken aber nicht an Lena, sondern an Anastasia. Er verneigte sich leicht und sagte etwas zu ihr, ohne die anderen am Tisch zu beachten. Lena klappte vor Staunen die Kinnlade herunter, als er dann Anastasia zum Tanzen aufforderte. Anastasia stand auf und antwortete lächelnd: «Danke für die Einladung, aber mir ist jetzt nicht nach Tanzen. Setzen Sie sich bitte auf meinen Platz. Ich denke, Sie würden in dieser Runde sehr fehlen. Wissen Sie, mein Freund und ich, wir haben gerade beschlossen, an die frische Luft zu gehen.»

Der ungeschlachte Bursche starrte wie gebannt auf Anastasia und folgte gehorsam ihren Worten, indem er sich auf ihren Stuhl setzte. Wir aber gingen zu zweit in Richtung Ausgang.

Ich nahm mir vor, zunächst einen sicheren Abstand vom Restaurant zu gewinnen, ein wenig spazieren zu gehen, wie Anastasia es wollte, dann ein Taxi zu nehmen und zu mir nach Hause zu fahren. Es war zehn Uhr abends. Wir stiegen von der schattigen Allee hinab an das steinige Meeresufer. Wir hatten das Wasser noch nicht ganz erreicht, da hörte ich hinter uns die Bremsen quietschen. Ich drehte mich um und sah, dass aus einem Jeep am Straßenrand fünf kräftige Männer ausstiegen und in unsere Richtung liefen. Im Nu hatten sie uns umringt, da erblickte ich Lenas Bekannten, der etwas von den vier anderen entfernt stand und nun das Gespräch begann: «Hallo, Freundchen, du bist hier fehl am Platze. Deine Dame langweilt sich ohne dich in der Kneipe.»

Ich sagte nichts. Nach einer Pause fuhr er fort: «Du bist wohl taub, Freundchen. Ab in die Kneipe, hab ich gesagt. Du hast deine Dame verwechselt und bist mit einer anderen abgeschoben. – Leute, ich glaube, wir müssen etwas nachhelfen.»

Das mir am nächsten stehende Muskelpaket machte einen Schritt auf mich zu. Ich schaltete schnell und schrie laut: «Lauf, Anastasia, schnell!» Fest entschlossen, mit allen Kräften zu kämpfen, damit Anastasia fliehen konnte, versuchte ich den Kerl zuerst zu schlagen, aber er wehrte meine Faust ab und versetzte mir einen Hieb auf den Solarplexus und einen ins Gesicht. Ich fiel rücklings zu Boden und wäre mit dem Kopf auf die Steine aufgeschlagen, hätte Anastasia ihn nicht aufgefangen.

Mir war schwindlig, und ich konnte kaum atmen. Auf dem Boden liegend, sah ich die metallbeschlagenen Schuhe meines stämmigen Gegners auf mich zukommen. «Gleich knallt's», schoss es mir durch den Kopf. Ich sah den Schuh auf mein Gesicht zufliegen, da tat Anastasia etwas, was wohl viele Frauen in einer solchen Situation getan hätten: Sie schrie auf. Aber was war das für ein Schrei! Nur im ersten Augenblick war er normal zu nennen, dann musste er irgendwie in den Ultraschallbereich entschwunden sein, doch noch immer schien er meine Trommelfelle zum Platzen bringen zu wollen. Ich sah, wie die Männer um uns herum verschiedene Gegenstände fallen ließen und sich die Ohren zuhielten. Drei von ihnen sanken in sich zusammen und krümmten sich am Boden. Anastasia aber hielt mir mit ihren Händen die Ohren zu, holte tief Luft und schrie weiter. Keiner der Männer konnte sich mehr auf den Beinen halten, und sie verstanden nicht einmal, wo dieser schrille, unerträgliche Ton herkam. Selbst ich litt trotz meiner verdeckten Ohren unter seiner schneidenden Wirkung, wenngleich sicher nicht so stark wie die anderen.

Dann sah ich, wie von der Straße eine Gruppe Frauen auf uns zukam. Anastasia hörte auf zu schreien und nahm ihre Hände von meinen Ohren. Ich setzte mich auf einen Stein. Die Frauen waren mit den verschiedensten Schlaggegenständen ausgerüstet: Eine hielt eine Flasche in den Händen, eine andere einen Schraubenschlüssel, eine Dritte einen schweren Kerzenleuchter und wieder eine andere einen Gummiknüppel. Allen voran schritt Anka Putanka mit einer abgebrochenen Sektflasche. Aus einem der beiden Shigulis*, die nahe beim Jeep standen und mit denen die Frauen gekommen waren, zwängte sich als Letzte langsam eine dicke Frau im Bademantel heraus. Wahrscheinlich kam sie direkt aus dem Bett und hatte es nicht mehr geschafft, sich umzuziehen. Anscheinend hatte die Anführerin der Prostituierten wie bei einem Alarm all ihre Geschäftsfreundinnen zusammengerufen.

Die verwegene Anka blieb mit zerzaustem Haar fünf Meter vor unserer inzwischen wieder zu sich kommenden, pittoresken Gruppe am Strand sitzender und liegender Männer stehen. Allein Anastasia stand aufrecht da, und Anka sprach sie an: «Hast du dir aber viele Typen geangelt! Oder haben sie dich etwa belästigt?»

«Eigentlich wollte ich nur mit einem von ihnen reden», antwortete Anastasia ruhig.

«Und was machen dann die anderen hier?»

«Sie sind einfach gekommen. Keine Ahnung, was sie wollen.»

«Aber ich weiß genau, was diese Strolche hier wollen», wetterte Anka erbost in Richtung von Lenas Bekanntem. «Wie oft soll ich dir noch sagen, dass du dich an meinen Mädchen nicht zu vergreifen hast, du Blut saugender Hornochse?!»

«Sie gehört doch gar nicht zu dir», antwortete der einstige Sitzenbleiber mit gedämpfter Stimme.

«Alle, die meine Kolleginnen sind, gehören zu mir, kapiert, du Halbstarker? Ich werde dir und deinen Speichelleckern gehörig das Fell gerben, wenn ihr Pisser noch einmal Zuhälter spielen wollt. In meinem Revier werde ich keine Zuhälter dulden, keinen einzigen von euch Scheißkerlen. Ist es dir nicht genug, das Blut der Geschäftsleute zu saugen? Musst du dich auch noch an uns ranmachen?»

«Eine Frechheit ist das! Sie gehört nicht dir. Sie ist ganz neu, und ich wollte mit ihr nur reden. Du gehst zu weit, Anka, viel zu weit. Was mischst du dich da überhaupt ein?»

---

* Eine russische Automarke. (Anmerkung des Übersetzers)

«Sie ist meine Freundin, ist das klar? Reicht dir deine Sadistin nicht aus?»

«Was ist denn in dich gefahren, dass auf einmal alle Weiber sofort deine Freundinnen sein sollen? Du bist wohl völlig übergeschnappt?» Die Stimme des Anführers der Bande wirkte schon nicht mehr so verstört wie zuvor. Und ich begriff auch, wieso.

Während Anka mit ihm sprach, hatten sich seine Freunde wieder aufgerappelt. Einer von ihnen zückte seine Pistole und richtete sie auf Anka, ein Zweiter zielte auf die anderen Frauen, die hinter Anka standen. Was konnten die jungen Frauen mit ihren spontan gewählten Schlaggegenständen gegen die Pistolen der Gangster ausrichten? Es war sonnenklar: Einen Augenblick später würden sie gedemütigt und verprügelt am Boden liegen, ganz zu schweigen davon, dass sie ihre Freiheit und ihr Geld verlieren würden. Ich wollte unbedingt etwas tun, um den schrecklichen Ausgang zu verhindern, und so zog ich Anastasia, die unverwandt die Situation mitverfolgte, an der Hand. «Schrei, Anastasia, schrei!», sagte ich und hielt mir schnell die Ohren zu.

Sie jedoch fragte nur: «Wozu soll ich schreien, Wladimir?»

«Wozu? Es ist doch sonst aus mit ihnen. Diese Typen werden die Frauen gleich nach Strich und Faden verprügeln.»

«Das bezweifle ich. Drei von ihnen haben noch nicht aufgegeben.»

«Nicht aufgegeben – was nützt das schon? Gegen die Pistolen können sie nichts ausrichten.»

«Sie sind noch nicht besiegt. Wenn sie geistig noch kämpfen, sollte sich niemand einmischen. Durch solche Einmischung kann ein Außenstehender vielleicht die gegebene Lage ausbügeln, aber dadurch bringt er nur eine innere Unsicherheit in ihnen hervor, die sich dann in vielen anderen Problemen negativ auswirkt. Sie würden dann immer auf Hilfe von außen hoffen.»

«Vergiss jetzt bitte mal dein Philosophieren. Für mich ist die Lage eindeutig …» Ich verstummte, denn mir war klar, dass ich Anastasia nicht überzeugen konnte. Und dann dachte ich: «Ach, könnte ich doch bloß auch so schreien wie sie …»

Als Lenas Liebhaber und Zuhälter die Bereitschaft seiner Kumpane gewahrte, grinste er überlegen und sprach: «Hab's dir ja gesagt, Anka Putanka, du bist völlig abgedreht. Aber diesmal haben wir gewonnen. Also schmeißt mal hübsch artig eure netten Spielzeuge weg, ihr Flittchen, und zieht euch aus. Dann werden wir es euch der Reihe nach besorgen.»

Anka ließ ihren Blick über die umstehenden bewaffneten Banditen schweifen und entgegnete mit einem Seufzer: «Vielleicht müssen es ja nicht alle sein. Ich allein würde euch doch sowieso reichen.»

«Sieh mal einer an, das Hurenluder kommt zur Einsicht», antwortete der Anführer unter dem schallenden Gelächter seiner Konsorten. «Nein, du bist uns nicht genug. Wir wollen euch heute allen die Flötentöne beibringen, ihr verdammten Schnepfen! Ab jetzt werdet ihr für uns arbeiten.»

«Nun übernehmt euch bloß nicht, ihr Schlappschwänze! Ihr kriegt doch nicht mal eine Nummer hin», erwiderte Anka lachend.

«Halt's Maul, du Hure. Wir werden euch allen die Sichel putzen. Bis zum Morgen werden wir euch durchvögeln, da kannst du Gift drauf nehmen.»

«Spar dir deine großen Worte, mein Bürschchen, an eure Potenz glaub ich sowieso nicht.»

«Du wirst daran glauben müssen. Aber als Erstes werd ich dir mal die Fresse polieren», grölte der allmählich zorniger werdende Bandenboss, holte einen Schlagring hervor und ging auf Anka zu.

Anka machte einen Satz auf ihre Freundinnen zu und rief: «Alles zurück!»

Die Prostituierten machten ein paar Schritte rückwärts, nur die Dicke im Bademantel blieb wie angewurzelt stehen. Als der Lange mit der Pistole noch einen Schritt auf Anka zumachte, sagte die schweigsame Dicke lässig: «Anna, was ist los? Fangen wir jetzt an?»

«Nicht herumfackeln jetzt, Maschka», antwortete Anka. «Los, nun mach schon!»

Die dicke Mascha riss ihren Bademantel auf, sodass die Knöpfe in alle Richtungen sprangen. Ich sah ihre nackten Brüste, ihren engen Slip und noch etwas … Unter dem Bademantel der Dicken steckte eine Kalaschnikow mit Schalldämpfer und Nachtvisier. Sie entsicherte die Waffe, klemmte den Kolben zwischen Schulter und Wange und starrte durch das Visier.

«Nur eine Kugel zur Zeit, Mascha. Hier ist ja nichts los. Außerdem weißt du ja selber: Jede Kugel kostet Geld», empfahl Anka.

«Ja, ja», antwortete die Dicke, auf das Visier konzentriert, und feuerte im Intervall von vielleicht einer Sekunde fünf Schüsse ab – aber was für welche! Die erste Kugel schoss dem Gangsterboss den Absatz weg – vielleicht verletzte sie ihn auch am Bein; jedenfalls humpelte er eilends in Richtung Meer. Vier weitere Kugeln schlugen in der Nähe jeweils eines Banditen ein. Die Männer suchten daraufhin Zuflucht hinter größeren Steinen, und wer keinen in der Nähe fand, legte sich flach auf den Bauch.

«Ann, sag ihnen, sie sollen ins Wasser kriechen. Sonst werden sie von Querschlägern erwischt», sagte die Dicke, ohne das Gewehr aus dem Anschlag zu nehmen.

«Ihr habt es schon gehört, Ihr Bürschchen. Ihr müsst ins Wasser. Für eventuelle Querschläger kann Maschenka leider keine Verantwortung übernehmen», teilte Anka den zum Wasser kriechenden Banditen einfühlsam mit.

Binnen einer Minute standen die Gangster allesamt bis zum Gürtel im Wasser.

Anka kam zu Anastasia, und die beiden sahen sich eine Zeitlang schweigend an. Dann sagte Anka leise und mit traurigem Unterton: «Meine liebe Freundin, du wolltest hier mit deinem Freund spazieren gehen. Tu das jetzt. Der Abend ist schön still, und es ist noch warm.»

«Ja, und vom Meer her weht eine angenehme Brise», antwortete Anastasia und fügte hinzu: «Bist du müde, Anja? Willst du dich nicht in deinem Garten etwas erholen?»

«Vielleicht … aber ich kann die Mädchen jetzt nicht allein lassen, und ich hab noch immer eine Stinkwut auf diese Männer … Sag mal, kommst du vom Lande?»

«Ja.»

«Und wie lebt es sich dort?»

«Gut, aber meine Ruhe habe ich dort nicht immer – wenn woanders etwas Böses geschieht, wie hier jetzt zum Beispiel.»
«Lass dich dadurch nicht beirren. Komm mal wieder vorbei. Ich muss jetzt gehen – die Arbeit ruft. Macht ihr zwei ruhig euren Spaziergang.»
Anja ging zu den Autos, gefolgt von ihren Kameradinnen. Als sie bei der auf einem Stein sitzenden Dicken vorbeikamen, auf deren entblößten Knien das Gewehr lag, sagte Anka zu ihr: «Ruh du dich nur etwas hier aus, Maschenka. Ich werde später ein Auto vorbeischicken, um dich abholen zu lassen.»
«Aber auf mich wartet ein Kunde. Ich hab ihn einfach sitzen lassen, und er hat schon bezahlt.»
«Wir werden uns schon um ihn kümmern. Wir sagen einfach, du hast schlechten Sekt getrunken und hast jetzt Bauchweh.»
«Aber ich hab doch nur Wodka getrunken, und gerade mal ein halbes Glas.»
«Na gut, dann hast du eben etwas gegessen, was dir nicht bekommen ist.»
«Gegessen habe ich nichts – nur ein Bonbon und etwas Kuchen.»
«Na also, und der Kuchen war nicht mehr ganz frisch. Wie viele Stücke hast du denn gegessen?»
«Keine Ahnung.»
«Sie isst nie weniger als vier auf einmal», fiel eines der Mädchen ein, «nicht wahr, Mascha?»
«Kann schon sein. Aber lasst mir wenigstens ein paar Zigaretten hier. Sonst wird es mir langweilig.»
Anja legte der Dicken ein Päckchen Zigaretten und ein Feuerzeug hin und führte die Frauen zu den Autos.
«He», erschallte da vom Wasser eine Stimme, «lasst ihr die Dicke etwa hier auf dem Stein?»
«In der Tat, genau das tun wir», antwortete Anka, «Ich hab euch ja gesagt: Eine ist genug für euch. Ihr wolltet uns alle haben, doch jetzt könnt ihr nicht mal eine unterhalten.»
«Wenn die Männer von euren Gräueltaten erfahren, wird keiner mehr mit euch ins Bett steigen – selbst wenn ihr noch draufzahlt.»

Fünf gedämpfte Zischlaute erklangen in kurzen Intervallen vom Stein her, und fünfmal plätscherte es im Wasser, jeweils neben einem der Banditen, die sich so gezwungen sahen, noch weiter ins Wasser zurückzuweichen. Anka drehte sich noch einmal zu ihnen um: «Eines sage ich euch, ihr Bürschchen: Macht mir ja nicht unsere Mascha nervös! Wir können mit jedem zärtlich sein, ergeben wie Hunde können wir sein. Wenn aber jemand …»

Plötzlich stimmte Anka, während sie den Hang zur Straße hinaufschritt, mit lauter, verwegener Stimme ein Volkslied an:

Überwuchert sind die Wege,
Auf denen mein Geliebter ging.

Mit ähnlich verwegener und wehmütiger Stimme sangen die jungen Prostituierten im Chor, während sie die Böschung hinaufstiegen:

Mit Gras bewachsen und mit Moos.
Mit einer andren geht er, scheint's.
Wo ist er jetzt, wo bleibt er bloß,
Fragt sich mein armes Herz und weint.

Da gingen sie nun dahin mit dem Lied vom überwucherten Weg auf den Lippen, gingen zu ihrer Arbeit.

23

Deine Wünsche

Erst um Mitternacht kam ich mit Anastasia in meiner Wohnung an. Als ich den Schlüssel ins Türschloss steckte, merkte ich, wie sehr mich der ereignisreiche Tag ermüdet hatte. Drinnen sah ich das Bett und sagte zu Anastasia, dass ich nur noch ans Schlafen denken könne. Zunächst aber ging ich rasch unter die Dusche. Als ich fertig war, teilte sie mir mit: «Die Betten sind gemacht. Ich werde aber draußen auf dem Balkon schlafen.»

«Es ist ihr hier drinnen wohl zu stickig», dachte ich und ging nachschauen, was für eine Art Nachtlager sie auf dem Balkon aufgeschlagen hatte. Als Unterlage hatte sie einen Streifen Teppichboden ausgerollt, bedeckt mit einer Bahn weißer Untertapete. Ihre Strickjacke hatte sie zu einem Kopfkissen zusammengelegt, und daneben lag ein grüner Zweig.

«Wie willst du auf diesem harten Boden schlafen?», fragte ich sie. «Außerdem wird es kalt sein. Nimm dir zumindest eine Decke.»

«Keine Sorge, Wladimir, es ist schon gut so. Die Luft ist frisch, und ich kann die Sterne sehen. Schau dir nur den herrlichen Sternenhimmel an! Es weht eine sanfte, warme Brise, da werde ich sicher nicht frieren. Leg dich nur hin, Wladimir. Ich werde mich zu dir setzen, bis du eingeschlafen bist.»

Ich legte mich also in das Bett, das Anastasia für mich gemacht hatte, und dachte, ich würde sogleich einschlafen, aber das war nicht der Fall. Der Gedanke daran, dass wir Menschen bloß Marionetten in den Händen irgendwelcher ominöser Mächte sind, deren Machenschaften wir als Zufälle wahrnehmen, ließ mir keine Ruhe. Meine Unruhe steigerte sich zu einer regelrechten Wut auf diese Mächte, auch auf Anastasia – auf Anastasia deshalb, weil sie meiner Meinung nach auch daran beteiligt war, diese sogenannten Zufälle zu steuern, zumindest die in meinem Leben.

«Beunruhigt dich etwas, Wladimir?», fragte Anastasia leise.

«Da fragst du noch?» Ich richtete mich etwas auf. «Ich habe dir geglaubt ... Ich wollte dir glauben ... dass der Mensch, dass jeder Mensch die Fähigkeit hat, sich ein glückliches Leben aufzubauen. Besonders an die Siedlungen habe ich geglaubt, in denen die Menschen auf der Grundlage ihres Familienlandsitzes ihren Lebensunterhalt bestreiten können. Und an die Schulen, in denen die Kinder auf ein glückliches Leben vorbereitet werden. Ich habe dir geglaubt, dass alle Menschen Kinder Gottes sind und dass Er uns liebt. Du hast gesagt: ‹Der Mensch ist die Krone der Schöpfung›. Hast du das nicht gesagt?»

«Ja, Wladimir, das habe ich.»

«Na bitte – und wie überzeugend alles geklungen hat! Nicht nur geglaubt habe ich dir, ich habe sogar angefangen, die Gründung solcher Siedlungen in die Wege zu leiten. An verschiedene Stellen sind bereits Dokumente gegangen. Individuelle Anträge werden in einer Stiftung gesammelt. Die Planungsphase des Projekts ist abgeschlossen, und es gibt sogar schon erste Pioniersiedlungen. Hätte ich dir nur geglaubt – meinetwegen –, aber ich habe mich mit Enthusiasmus in das Projekt gestürzt. Und du hast es gewusst! Du hast gewusst, dass ich so handeln würde!»

«Ja, Wladimir, ich habe es gewusst. Schließlich bist du ja Unternehmer, stets bereit, Dinge in die Tat umzusetzen.»

«Soso, stets bereit ... wie einfach das doch ist! Na klar, da braucht man wahrlich kein Prophet zu sein! Jeder Unternehmer, der an etwas glaubt, wird zu handeln beginnen. Und genau das habe ich Dämlack getan.»

Ich fuhr hoch, sprang aus dem Bett, ging zum Fenster und öffnete es, weil es im Zimmer oder in mir selbst zu heiß wurde.

«Wieso hältst du deine Handlungsweise für dumm, Wladimir?», fragte Anastasia ruhig.

Ihre Ruhe, die ich damals für pure Heuchelei hielt, brachte mich noch mehr auf die Palme.

«Und das sagst du einfach so in aller Gemütsruhe?! ... Als wüsstest du nicht genau, dass der Mensch in Wahrheit eine Marionette ist. Irgendwelche Mächte lenken die Geschicke des Menschen, indem sie ihm verschiedene Religionen unterjubeln und geschickt Kriege einfädeln. Von oben sehen sie dann zu, wie die Massen sich gegenseitig abmetzeln – im Namen des Glaubens. Für sie sind die Menschen nichts weiter als Schachfiguren in einem kosmischen Spiel. Ich habe mich selbst davon überzeugt, dank einer Analyse kluger Köpfe, die die Geschehnisse untersucht haben.»

«Und wie ist es diesen klugen Köpfen gelungen, dich davon zu überzeugen, dass der Mensch eine Marionette in den Händen irgendwelcher Mächte ist?»

«Ich habe mir einen Vortrag angehört, einen Vortrag über mich selbst. Eine Gruppe schlauer Leute hat sich gefragt, wie ein paar Bücher für so viel Furore in der Gesellschaft sorgen konnten. Für dich haben sie sich auch interessiert, und eben auch für mich. Während meines Aufenthalts in Zypern, als ich den vierten Band schrieb, wurde ich von ihnen beschattet. Sie haben alle Details aufgeschrieben und dann analysiert. Und stell dir vor, ich bin ihnen nicht einmal böse wegen ihrer Bespitzelung – im Gegenteil, ich bin ihnen sogar dankbar: dafür, dass sie mir endlich die Augen geöffnet haben. Es gibt keinen Zufall. Was so aussieht, ist in Wirklichkeit von langer Hand arrangiert worden. Davon habe ich mich anhand eines Experiments überzeugen können.»

«Ein Experiment? Seit wann führst du denn Experimente durch, Wladimir?»

«Das Experiment habe nicht ich vorgenommen, vielmehr wurde es an mir vorgenommen. Als ich auf Zypern war, machte ich eine bloße Bemerkung über russischen Fisch, und plötzlich war der Fisch da. Ich sprach über Zedern, und schon erschienen sie vor mir. Eines Nachts wollte ich eine Kirche besuchen, und auf einmal war die

Kirche da. Nicht nur das, die Tür stand auf mysteriöse Weise offen, und ich erhielt dort genau die Eingebung, die ich zum Schreiben brauchte. Das Merkwürdigste aber war das Erscheinen der Enkelin der Göttin Aphrodite. Ich hatte gegenüber ein paar Leuten in Zypern erwähnt, dass ich gern die Enkelin der Aphrodite treffen würde, weil ich ihre ewige Prahlerei mit der Grotte dieser Göttin satt hatte. An jeder Straßenecke hängen diese Plakate … Kurz und gut, jedenfalls habe ich verkündet, dass ich mich mit Aphrodites Enkelin treffen werde. Und bitteschön – ein paar Tage später erschien ein junges Mädchen mit leuchtenden Augen. Nun, was soll ich sagen, jeder dachte, Aphrodite habe tatsächlich ihre Enkelin geschickt. Durch das Mädchen wurden wahre Wunder gewirkt, und sie selbst wandelte sich ebenfalls. Wer aber ist verantwortlich für all das, wer hat im Hintergrund die Fäden gezogen? Ich jedenfalls nicht. Würde es sich nur um einen einzigen Zufall handeln, meinetwegen, aber es war eine ganze Verkettung von Umständen – da kann von Zufall keine Rede sein. Das ist die Schlussfolgerung der Wissenschaftler, und ich bin überzeugt, damit haben sie recht. Auch du dürftest das nicht bestreiten wollen.»

«Ich will ja gar nicht bestreiten, dass dahinter eine Gesetzmäßigkeit liegt, Wladimir», entgegnete Anastasia.

Eine Mischung aus innerer Kälte und Apathie beschlich mich nach diesen Worten Anastasias. Irgendwie hatte ich doch noch gehofft, sie würde meine inzwischen gereifte Überzeugung von der Winzigkeit des Menschen, ja der gesamten Menschheit, mit ihrer Antwort wegblasen, aber sie bestätigte mich nur. Wie aber hätte sie meine Beobachtungen auch bestreiten wollen?

Gleichgültig stand ich im nur vom Mond erleuchteten Zimmer und betrachtete den sternklaren Nachthimmel. Irgendwo da draußen, auf einem dieser Sterne leben sie wahrscheinlich, unsere unsichtbaren Gebieter, und spielen mit uns. Ja, *sie* leben – aber kann man unsere Existenz auch «Leben» nennen? So wie ein Spielzeug, das sich ganz dem Willen seines Besitzers fügt, kein selbstständiges Leben hat, leben auch wir nur dem Schein nach. Deswegen ist uns vieles letztlich auch egal.

Wieder ertönte Anastasias leise, ruhige Stimme. Aber sie rief in mir keinerlei Emotionen hervor, sie klang wie aus weiter Ferne und erreichte mich kaum.

«Wladimir, die Leute, die dir die Audiokassette mit dem Vortrag geschickt haben, sind zu dem richtigen Schluss gekommen: Es gibt tatsächlich Kräfte, die in der Lage sind, in den Lauf der Dinge bestimmte Ereignisse oder – wie in deinem Fall – ganze Ketten von Ereignissen einzuflechten, die zur Realisierung eines geplantes Ziels notwendig sind. Reinen Zufall gibt es nicht, das haben schon viele erkannt. Es mag unglaublich klingen, aber was für uns wie ein Zufall aussieht, ist sogar in den meisten Fällen das Ergebnis einer bewussten Programmierung. Solche Programmierung geschieht ständig und betrifft jeden einzelnen Menschen. Auch das, was dir in Zypern widerfahren ist, ist natürlich keine Ausnahme. Sag mal, Wladimir, möchtest du nicht wissen, wo sich jener Programmierer befindet, dem du all die Zufälle zu verdanken hast?»

«Was spielt das schon für eine Rolle, wo er sich befindet? Ist mir egal – auf dem Mars, auf dem Mond ... Auch wie es ihm geht, ist mir schnuppe.»

«Er befindet sich in diesem Zimmer, Wladimir.»

«Also doch du ... Na und wenn schon, das ändert auch nichts. Mich wundert gar nichts mehr, und böse bin ich dir deshalb auch nicht. Das Tragische daran ist nur, dass alle Menschen hoffnungslos versklavt sind.»

«Ich bin aber nicht der Hauptprogrammierer deiner Zufälle, Wladimir. Ich kann nur teilweise darauf einwirken.»

«Wer ist denn dann der Hauptprogrammierer? Wir sind doch nur zu zweit hier. Oder gibt es hier etwa noch einen Dritten, einen Unsichtbaren?»

«Wladimir, dieser Programmierer wohnt in dir, es sind deine Wünsche.»

«Wie bitte?»

«Allein die Wünsche und Bestrebungen des Menschen können den Lauf der Dinge programmieren – entweder in diese oder in jene Richtung. Das ist das Gesetz des Schöpfers. Nichts und niemand kann dieses Gesetz außer Kraft setzen, auch nicht irgendwelche kosmischen Mächte. Denn es ist der Mensch, der über alle kosmischen Energien waltet.»

«Aber als ich auf Zypern war, habe ich wirklich nichts programmiert, Anastasia. Alles ist rein zufällig passiert, ohne mein Zutun.»

«Einige unbedeutende Details, die nach außen hin vielleicht wichtig erschienen, sind in der Tat ohne dein Zutun geschehen. Doch was der Kette der Ereignisse voranging, sind deine Wünsche. Hast du dir nicht tatsächlich ein Treffen mit der Enkelin von Aphrodite gewünscht? Du hast diesen Wunsch sogar in der Gegenwart von Zeugen mehrfach geäußert.»

«Zugegeben …»

«Wie kann man Diener, die den Wunsch des Gebieters erfühlten, als Herrn bezeichnen, und den Herrn selbst als Spielzeug?»

«Das wäre wohl recht dumm. Tja, interessant … unsere Wünsche … Wieso aber gehen dann nicht alle Wünsche in Erfüllung? Viele wünschen sich doch vergeblich etwas.»

«Dabei hängt vieles von der Art des Wunsches ab, von seinem Zweck – ob er zum Lichten oder zum Dunklen strebt. Und auch von der Stärke des Wunsches. Je lichter und intensiver die Ausrichtung des Wunsches, desto mehr lichte Kräfte werden sich zu seiner Erfüllung vereinen.»

«Und wenn die Ausrichtung dunkel ist – sagen wir, jemand will saufen, sich prügeln oder einen Krieg anzetteln?»

«Dann werden die dunklen Kräfte zu Werke gehen. Das wesentliche Element dabei ist jedoch immer der Wunsch des Menschen. So sind es also auch deine Wünsche, Wladimir, die die Realität schaffen.»

Während ich mir Anastasias Worte durch den Kopf gehen ließ, fühlte ich mich seelisch immer besser. Das milde Mondlicht erfüllte nun das ganze Zimmer, und auch die Sterne funkelten nicht kalt am Nachthimmel, sondern verbreiteten ein angenehm warmes Licht.

Anastasia, die noch immer auf dem Rand meines Bettes saß, erschien mir jetzt viel anziehender als zuvor. Ich gestand ihr im Vertrauen: «Weißt du, Anastasia, auf Zypern damals, ehrlich gesagt war ich dort drauf und dran, zu trinken und in den Puff zu gehen – weil mir da zuerst alles nicht gefallen hat. Niemand sprach russisch, dann der Lärm vom ständigen Feiern – ich kam gar nicht richtig zum Arbeiten. Wieso, fragte ich mich, hat mich das Schicksal bloß hierher verschlagen? Vielleicht, damit ich ein paar nette Prostituierte kennenlernen kann? Denn viele der leichten Mädchen dort sind aus Russland oder Bulgarien.»

«Siehst du, Wladimir, du wolltest sie, und deshalb sind sie auch gekommen. Du hast Wodka getrunken, und du hast dich mit ihnen verabredet – mit einer Bulgarin und mit einer Russin. Nur hattest du dir bereits zuvor gewünscht, der Enkelin der Aphrodite zu begegnen. Und weil jener Wunsch stärker war, ist sie zu dir gekommen und hat dir geholfen; sie hat dich vor dem verderblichen Laster bewahrt.»

«Ja, sie hat mir geholfen. Aber wer hat dir eigentlich von der Bulgarin erzählt?»

«Meine Gefühle, Wladimir.»

«Versteh ich nicht, aber das ist ja auch Nebensache. Sag mir lieber etwas über dieses Mädchen, Jelena Fadejewa. Sie ist doch gar keine Enkelin von Aphrodite, sondern eine gewöhnliche Russin, die für ein Touristikunternehmen auf Zypern arbeitet. Ich hatte aber von einer Enkelin der Aphrodite gesprochen. Bedeutet das nicht, dass die lichten Kräfte mit der Aufgabe überfordert waren, eine echte Enkelin der Göttin herbeizuschaffen?»

«Nein, denn sie haben sie ja tatsächlich herbeigeschafft. Die Göttin Aphrodite existiert heutzutage als höherdimensionales Energiewesen. Sie ist jederzeit in der Lage, mit der Energie eines Menschen in Berührung zu treten – falls dafür in kosmischem Sinne eine Notwendigkeit besteht. Wenn Jelena Fadejewa mit dir zusammen war, war sie von zweierlei Energien beseelt. Vieles geschah damals unter dem Einfluss höherer Kräfte. So gelang es ihr, dir auf wunderbare Weise beizustehen.»

«Ja, ich bin ihr sehr dankbar für ihre Hilfe, und auch der Göttin Aphrodite.» Auf einmal waren all meine negativen Empfindungen verflogen, die ich aufgrund meines Eindrucks gehegt hatte, der

Mensch sei eine Marionette ominöser Mächte. Das Gespräch mit Anastasia hatte meinen Vermutungen den Boden entzogen und mich beruhigt.

Eine Weile betrachtete ich schweigend Anastasia im Mondlicht, wie sie auf dem Rand des Bettes saß und fromm ihre Hände auf den Knien gefaltet hielt. Tja, und dann … ich kann bis heute nicht verstehen, wie es kam, aber plötzlich fiel ich vor ihr auf die Knie und sagte: «Ich habe jetzt verstanden, wer du bist, Anastasia. Du bist eine große Göttin.»

Ein Ausruf der Verzweiflung und des Schmerzes entrang sich dem Munde Anastasias. Sich von mir abwendend, sprang sie auf, lehnte sich an die Wand und drückte flehentlich ihre Hände an die Brust. «Wladimir, bitte steh auf und lass ab von solcher Ehrerbietung. O großer Gott, was habe ich nur angerichtet! Ich habe versucht, es deinem Sohn zu erklären, und vermochte es nicht. Wladimir, vor Gott sind alle Menschen gleich. Es ist nicht recht, dass Menschen einander huldigen. Ich bin eine Frau, ein gewöhnlicher Mensch!»

«Du unterscheidest dich aber schon recht stark von den anderen Menschen, Anastasia. Wenn du ein gewöhnlicher Mensch bist, wer bin dann ich?»

«Auch du bist ein Mensch, nur hast du dein Leben bisher in solcher Hast verbracht, dass du nicht an deine Bestimmung denken konntest.»

«Wie stehst du zu Moses, Jesus Christus, Mohammed, Rama und Buddha? Wer waren sie?»

«Du hast die Namen meiner älteren Brüder genannt, Wladimir. Es steht mir nicht zu, über ihre Werke zu urteilen, doch so viel kann ich dir verraten: Keiner von ihnen hat in vollem Ausmaß irdische Liebe erlangt.»

«Das kann nicht sein. Jeder von ihnen hat heutzutage Millionen von Anhängern, die ihn anbeten.»

«Anbetung ist kein Zeichen von Liebe. Durch Anbetung überträgt der Mensch einen Teil seiner geistigen Energie an den Angebeteten. Im Laufe der Jahrmillionen haben meine Brüder so riesige Speicher von Energien angelegt, sogenannte Egregore, die von den Anbetenden stammen und kosmisch absorbiert wurden. Jeder der Anbetenden hat dadurch aber einen wesentlichen Teil seiner Energie verloren. Immer wieder wurden meine älteren Brüder dafür kritisiert. Auch ich habe nicht verstanden, zu welchem Zweck sie ihre Egregore zu solch überdimensionaler Größe anschwellen ließen. Bis heute konnte niemand ihr Geheimnis erraten. Jetzt aber haben meine Brüder beschlossen, diese Energien zu vereinen und sie in einem mächtigen Strom über die Menschen der Erde auszugießen. Eine neue Ära naht, in der Götter die Erde besiedeln werden – jene Menschen, deren Bewusstsein es ihnen gestattet, die Energien zu empfangen.

Wladimir, ich flehe dich an: Erhebe dich! Es tut dem Großen Vater weh, Seine Söhne unterwürfig niederknien zu sehen. Nur die Dunkelmächte waren immer darum bemüht, die Bedeutung des Menschen herabzusetzen. Wladimir, wenn du vor mir niederkniest, entfernst du dich von mir und verleugnest dich selbst.»

Anastasia war sehr erregt, und so kam ich ihrer Bitte nach, stand auf und sagte zu ihr: «Ich denke nicht, dass ich mich von dir entfernt habe, Anastasia. Im Gegenteil, mir scheint, ich beginne erst, dich zu begreifen. Nur kann ich nicht akzeptieren, dass Anbetung und Liebe einander stören. Alle Gläubigen sagen doch, dass sie Gott lieben. Was ist also so schlimm daran, wenn ich mich vor dir verbeuge wie vor einer Göttin? Das ist doch kein Grund, sich so aufzuregen.»

«Wladimir, es ist jetzt schon über fünf Jahre her, seit wir einander liebten und unseren Sohn zeugten. Seit jener Nacht hast du mich nie wieder angerührt und hast mir auch keinen Blick mehr geschenkt, wie du ihn anderen Frauen geschenkt hast. Dein Unverständnis und jetzt deine Unterwürfigkeit lassen die Blüte der Liebe nicht erblühen. Von Anbetung kommen keine Kinder.»

«Anastasia, das liegt daran, dass du mir nicht als Frau begegnest, sondern als Quelle kosmischen Wissens. Aber nicht nur ich, sondern auch andere können nicht sogleich verstehen, wovon du sprichst. Was hast du zum Beispiel damit gemeint, als du sagtest, ich soll mich nicht selbst verleugnen?»

«Wladimir, einerseits schreibst du einen Brief an den russischen

Präsidenten, doch dann ergibst du dich dem Selbstzweifel und wärest dabei beinahe umgekommen. Wieso erwartest du von einer einzigen Person – dem Präsidenten –, die Probleme zu lösen, für die du dich zu schwach fühlst?»

«Weil er der Einzige in Russland ist, der wirklich etwas bewegen kann.»

«Das kann keiner allein tun, Wladimir. Dazu ist der Wille der Mehrheit notwendig. Und wieso schreibst du nur an den russischen Präsidenten und nicht auch gleich an die Präsidenten von Weißrussland, Kasachstan und der Ukraine?»

«Du hattest ja über Russland gesprochen, über meine Heimat.»

«Aber in deinem Pass bist du als Weißrusse eingetragen.»

«Ja, weil mein Vater Weißrusse war.»

«Deine Kindheit hast du aber in der Ukraine verbracht.»

«Stimmt auch. Das waren die besten Jahre meiner Kindheit. Gern erinnere ich mich an die strohgedeckte Lehmhütte und an den Knüppeldamm, wo ich mit den Nachbarkindern Schmerlen* angeln ging. Meine Großeltern haben nie in meinem Beisein miteinander geschimpft oder mich bestraft.»

«Ja, ja, Wladimir, erinnerst du dich auch noch, wie du deinem Großvater dabei behilflich warst, im Garten ganz junge Setzlinge zu pflanzen?»

«Gewiss ... Meine Oma hat sie mit einem Eimer begossen.»

«In dem ukrainischen Dorf Kusdnitschi, dem Dorf, wo du geboren bist, gibt es noch heute diesen Garten, und seine knorrigen Bäume geben noch immer Früchte und warten auf dich.»

«Wo ist denn jetzt meine Heimat, Anastasia?»

«Sie ist in dir.»

«In mir?»

«In dir. Materialisiere sie für immer auf dem Flecken Erde, den dir deine Seele verraten wird.»

«Ja, darüber sollte ich mir tatsächlich mal klar werden. Bisher habe ich jedoch das Gefühl, überall und nirgends zu Hause zu sein.»

---

* Schmerle: ein karpfenartiger Süßwasserfisch. (Anmerkung des Übersetzers)

«Wladimir, du bist müde, der Tag hat viele Emotionen in uns erregt. Leg dich jetzt hin. Der Schlaf wird dir frische Kraft schenken, und morgen kannst du neue, klare Gedanken fassen ...»

Ich legte mich aufs Bett und spürte, wie Anastasia meine Hand in ihre Hände nahm. Ich wusste, dass mich nun eine erholsame Nacht erwartete, denn Anastasia verstand es, den Schlaf auf wundersame Weise zu vertiefen. Vor dem Einschlafen schaffte ich es noch zu sagen: «Anastasia, bitte mach doch, dass ich wieder Russlands blühende Zukunft sehen kann.»

«In Ordnung, Wladimir. Schlaf nur ruhig ein.»

Mit weicher Stimme sang mir Anastasia eine Melodie vor, als wiegte sie ein Kind in den Schlaf. «Wie gut, dass die Menschen ihre eigene Zukunft programmieren können!», dachte ich noch, bevor ich sanft einschlummerte und von der strahlenden Zukunft Russlands träumte.

24

Vor uns liegt die Ewigkeit

Ich hatte vor dem Schlafengehen vergessen, die Vorhänge zuzuziehen, und so schien die aufgehende Sonne direkt auf mein Bett und weckte mich auf. Wie gut hatte ich geschlafen! Ich war bester Laune und fühlte mich wie neugeboren – und hatte sogar Lust auf Morgengymnastik. Da hörte ich aus der Küche das leise Klappern von Geschirr. «Ist ja ein Ding», dachte ich, «Anastasia scheint tatsächlich Frühstück zu machen. Dabei weiß sie doch gar nicht, wie man mit den Küchengeräten umgeht und das Gas einschaltet. Vielleicht sollte ich ihr helfen.» Ich zog mir meinen Trainingsanzug an, öffnete die Küchentür, und als ich Anastasia sah, durchlief mich ein warmer Schauer.

Zum ersten Mal sah ich die Taiga-Einsiedlerin nicht auf ihrer sibirischen Waldlichtung, sondern in der für Millionen von Hausfrauen typischen Umgebung – in einer gewöhnlichen Küche. Sie beugte sich gerade über den Herd und versuchte, die Gaszufuhr zu regulieren, was aber bei dem alten Modell nicht gerade ein Kinderspiel war.

In der Küche sah Anastasia wie eine ganz gewöhnliche Frau aus. Wieso nur hatte ich sie gestern mit meinem Kniefall erschrocken? Ich hatte wohl etwas zu viel getrunken oder war einfach übermüdet gewesen.

Anastasia spürte, dass ich sie beobachtete, und drehte sich zu mir um. Auf einer Wange sah ich eine Mehlspur, und eine Haarsträhne, die sich aus ihrem Zopf gelöst hatte, klebte an ihrer schweißnassen Stirn. Anastasia lächelte. Und dann ihre Stimme, ihre wundervolle Stimme …

«Einen schönen guten Morgen, Wladimir! Das Frühstück ist fast fertig, und wenn du aus der Dusche kommst, wird alles bereit sein. Du kannst ruhig ins Bad gehen, ich werde hier sicher nichts beschädigen. Ich bin ganz gut allein zurechtgekommen …»

Anstatt jedoch ins Bad zu gehen, stand ich wie verzaubert da und betrachtete Anastasia. Es war, als sähe ich zum ersten Mal in den fünf Jahren unserer Bekanntschaft, wie außergewöhnlich schön diese Frau war. Ihre Schönheit ist kaum mit Worten zu beschreiben. Sogar mit den Mehlflecken auf der Wange, mit ihrem unfrisierten, einfach gebundenen Haar und ihrer schlichten Kleidung strahlte sie geradezu vor Schönheit.

Ich ging ins Bad. Während ich mich gründlich rasierte und eine Dusche nahm, ging mir Anastasias Schönheit nicht aus dem Kopf. Dann kehrte ich zurück ins Schlafzimmer und setzte mich, anstatt weiter in die Küche zu gehen, auf das bereits gemachte Bett, weil ich in einem fort an Anastasia denken musste.

Fünf Jahre kannte ich diese Frau nun schon, diese Einsiedlerin aus der sibirischen Taiga. Fünf Jahre – wie sich mein Leben in dieser relativ kurzen Zeit doch gewandelt hatte! Eigentlich waren wir nur selten zusammen gewesen, und doch schien es mir, als wäre sie immer in meiner Nähe gewesen. Ihr war es zu verdanken, dass sich die Beziehung zu meiner Tochter zum Besten gewendet hatte. Meine Frau hatte ich zwar seit fünf Jahren nicht mehr gesehen, aber wir telefonierten öfters miteinander, und in ihrer Stimme konnte ich weder Kränkung noch Gefühlskälte entdecken. Sie hatte mir berichtet, dass alles in der Familie in Ordnung sei.

Anastasia … sie war es auch gewesen, die mich geheilt hatte. Was die Ärzte nicht konnten, das hatte sie geschafft. Eigentlich hatte ich den Tod schon vor Augen gehabt, doch sie hatte mich geheilt und mich dazu noch berühmt gemacht. Meine Bücher bringen mir mittlerweile eine Menge Geld ein, und sie sind ja nichts anderes als ihre Worte. Sie spricht immer in gütigem Ton mit mir, ohne mir je böse zu werden. Wie oft war ich zornig auf sie geworden, doch sie hat es mir nicht ein einziges Mal mit Gleichem vergolten. Natürlich hat sie mein Leben von Grund auf umgekrempelt, aber stets nur zum Guten hin. Außerdem hat sie mir einen Sohn geschenkt! Freilich, mein Sohn lebt unter nicht gerade gewöhnlichen Umständen – auf einer Taiga-Lichtung –, aber mein Gefühl sagt mir, dass es ihm gut geht.

Und Anastasia selbst! Ich wollte ihr irgendetwas Nettes sagen oder etwas für sie tun – doch was? Sie brauchte nichts. Und selbst wenn du die halbe Welt besäßest, sie hätte immer noch mehr als du. Dennoch wollte ich ihr unbedingt etwas schenken. Schon lange zuvor hatte ich ihr ein Perlenhalsband gekauft – nicht aus künstlichen, sondern aus großen, echten Perlen. Dieses Halsband wollte ich ihr jetzt schenken. Ich holte die Schatulle aus meinem Koffer und entnahm ihr die Kette, doch anstatt gleich in die Küche zu gehen, zögerte ich und wechselte meine Kleidung. Ich zog meinen Trainingsanzug aus und legte mich richtig in Schale – mit gebügelter Hose, weißem Hemd und Krawatte. Dann steckte ich mir die Perlenkette in die Hosentasche, doch vor Aufregung konnte ich mich noch immer nicht überwinden, in die Küche zu gehen. Schließlich nahm ich mir ein Herz, da ich mir mit meiner Zappeligkeit ein wenig albern vorkam.

Anastasia wartete am gedeckten Frühstückstisch, mit gewaschenem Gesicht und gekämmtem Haar, und als sie mich sah, stand sie auf und schaute mich mit ihren blaugrauen Augen an. Ich stand wie versteinert da und konnte zuerst kein Wort herausbringen; dann stammelte ich: «Seien Sie gegrüßt, Anastasia.» Das «Sie» war mir irgendwie herausgerutscht, und ich hätte mir im gleichen Moment am liebsten auf die Zunge gebissen. Sie aber beachtete meinen Lapsus gar nicht, sondern antwortete ernst: «Sei gegrüßt, Wladimir. Bitte setz dich, das Frühstück wartet schon.»

«Danke … aber zuerst wollte ich dir etwas sagen. Und zwar, dass …» Mir fehlten einfach die Worte.

«Sprich nur, Wladimir.»

Ich hatte ganz vergessen, was ich hatte sagen wollen. So trat ich ganz dicht an Anastasia heran und küsste sie einfach auf die Wange.

Ein regelrechter Wärmeschauer durchlief meinen Körper. Anastasias Wangen glühten, und ich bemerkte ein leichtes Flattern ihrer Wimpern. Ich druckste noch etwas herum, doch schließlich brachte ich mit gepresster Stimme hervor: «Das ist von deinen Lesern, Anastasia. Viele sind dir äußerst dankbar.»

«Von den Lesern? Vielen herzlichen Dank an alle Leser», flüsterte Anastasia.

Ich gab ihr flink einen Kuss auf die andere Wange und sagte: «Und das ist von mir. Du bist so gut und so wunder-wunderschön. Danke, dass es dich gibt!»

«Bin ich wirklich so schön, wie du sagst, Wladimir? Danke ...»

Ich spürte, wie nahe ihr meine Worte gingen, und wusste nicht mehr weiter. Da fiel mir die Perlenkette ein. Hastig holte ich sie aus meiner Hosentasche und fingerte nervös an dem Verschluss herum. «Ein Geschenk für dich, Anastasia. Es sind echte Perlen, keine Imitationen. Ich weiß ja, all das künstliche Zeug magst du nicht ...»

Ich bekam den Verschluss nicht auf, und als ich daran zog, riss die Schnur, und alle Perlen fielen auf den Fußboden und kullerten in verschiedene Richtungen. Ich bückte mich, um sie einzusammeln, und Anastasia half mir mit, wobei ich bemerkte, dass ihr das Aufsammeln viel flinker von der Hand ging als mir. Eine Perle nach der anderen las sie auf, und jede von ihnen betrachtete sie mit Aufmerksamkeit. An der Wand lehnend, hockte ich reglos auf dem Fußboden und war ganz hingerissen von diesem Anblick. Es war schon seltsam: Ich saß in einer ganz gewöhnlichen Küche, und doch war ich innerlich so beglückt wie selten zuvor. Wie war das zu erklären? Kein Zweifel, es hatte ganz gewiss etwas mit Anastasias Gegenwart zu tun. Sie war ganz dicht bei mir, aber dennoch konnte ich mich nicht dazu durchringen, sie zu umarmen. Dieselbe Frau, die ich fünf Jahre zuvor für eine leicht verrückte Einsiedlerin gehalten hatte, erschien mir jetzt wie ein Stern, der für kurze Zeit auf die Erde herabgekommen war. Gleichzeitig war sie zum Greifen nahe und doch so weit entfernt und unerreichbar wie ein Stern. Und ich war ja auch nicht mehr der Jüngste ... ach, wie unmerklich waren meine Jahre doch dahingeflossen ...

Mit ungebrochener Aufmerksamkeit beobachtete ich, wie Anastasia die Perlen in einer Untertasse sammelte. Dann wandte sie sich mir zu. Noch immer an die Küchenwand gelehnt, starrte ich bezaubert in ihre graublauen Augen, während sie ihren zärtlichen Blick auf mir ruhen ließ.

«Du bist so nah, Anastasia», sagte ich, «doch irgendwie kommt es mir so vor, als seist du so weit entfernt wie ein Stern am Himmel.»

«Ein Stern? Wie kommst du darauf? Sieh nur! Das Sternchen ist vom Himmel gefallen, ist eine gewöhnliche Frau geworden und sitzt jetzt zu deinen Füßen.»

Anastasia fiel schnell auf die Knie und hockte sich vor mir auf den Fußboden. Sie legte mir beide Arme um die Schultern und schmiegte ihren Kopf an meine Brust. Ich konnte ihr Herz pochen hören, doch mein eigenes Herz klopfte noch um einiges lauter. Ihr Haar trug die Frische der Taiga in sich, und ihr Atem betörte mich mit dem Duft von Wildblumen.

«Wieso bist du mir eigentlich nicht in meiner Jugend begegnet, Anastasia? Du bist noch so jung, aber ich ... fast ein halbes Jahrhundert habe ich schon auf dem Buckel.»

«Es hat Jahrhunderte gedauert, bis ich zu deiner umherwandernden Seele gestoßen bin. Trenne jetzt nicht diese zarten Bande.»

«Nicht mehr lange, und ich bin alt, Anastasia, und dann heißt es für mich Abschied nehmen.»

«Aber vorher wirst du noch deinen Ahnenbaum pflanzen, einen Garten anlegen und mit anderen Menschen eine wunderbare Stadt der Zukunft aufbauen.»

«Ich werde mir Mühe geben. Schade, wie gern würde ich in diesem Garten leben! Nicht ein Jahr soll mehr vergehen, bis er blüht und gedeiht.»

«Wenn du ihn einmal angelegt hast, wirst du dort ewig leben.»

«Ewig?»

«Natürlich. Dein Körper wird altern und sterben, aber deine Seele wird aufsteigen.»

«Ja, ja, ich weiß schon – die Seele steigt auf, aber mein Leben ist dann zu Ende.»

«Oh, wie kannst du an einem so schönen Tag wie heute nur eine solch düstere Zukunft malen! Du kannst dir deine eigene Zukunft schaffen.»

«Hör bloß auf mit Zukunft … Erst werden wir alt, und dann kommt der Tod, so ist es nun mal. Auch du mit all deiner Phantasie kannst das nicht ändern, meine liebe Träumerin.»

Anastasia fuhr hoch, trat einen Schritt zurück und sah mich mit ihren gutmütigen, vor froher Überzeugung strahlenden Augen an. «Ich brauche gar nicht zu phantasieren», sagte sie, «die Wahrheit ist immer dieselbe. Für den Körper gibt es den Tod, das weiß jeder – für den Körper. Im Übrigen gleicht der Tod dem Schlaf, Wladimir.»

«Dem Schlaf?»

«Ja, dem Schlaf.»

Anastasia kniete sich wieder vor mich hin, schaute mir in die Augen und begann zu sprechen. So eindringlich drangen ihre Worte in mich, dass ich das Küchenradio und den Lärm von draußen gar nicht mehr wahrnahm.

«Mein Geliebter! Vor uns liegt die Ewigkeit. Das Leben ist immer mit dir, Wladimir. Wie ein Baum im Frühling in neuen Kleidern erstrahlt, so erscheint auch die Seele immer wieder in neuem Gewande. Aber auch der vergängliche Leib vereint sich nicht umsonst mit der Erde. Im Frühling nährt er Gras und frische Blumen. Ewiglich wirst du den Gesang der Vögel hören und dich an den Tropfen des Regens laben, ewiglich werden dich die Wolken am blauen Himmel mit ihrem Tanz erfreuen. Aber auch wenn du dich aus sturem Unglauben an das Leben wie Sternenstaub in die Weiten des Universums verflüchtigst, mein Geliebter, ich werde die Teilchen deiner Seele dennoch finden und wieder zusammenfügen. Der von dir gepflanzte Ahnenbaum wird mir dabei helfen. Im Frühling wird er mir mit seinen frischen Zweigen die Richtung weisen, wo deine gefühllose Seele weilt. Und all diejenigen, denen du auf Erden Gutes tatest, werden mit Liebe sich an dich erinnern. Sollte aber all die irdische Liebe nicht ausreichen, dir eine neue Verkörperung zu gewähren, so sei gewiss – es gibt eine Frau, die alle Ebenen des Universums blitzartig mit dem einen Wunsch durchdringt: ‹Verkörpere dich wieder, mein Geliebter!› Sogar ihr eigenes Leben würde sie dafür einen Augenblick lang aufgeben.»

«Bist du diese Frau, Anastasia? Glaubst du wirklich, so etwas bringst du zustande?»

«Jede Frau kann das tun, vorausgesetzt, sie ist in der Lage, den Logos zum Gefühl zu verdichten.»

«Und was ist dann mit dir, Anastasia? Wer wird dir helfen, wieder zur Erde zurückzukehren?»

«Dazu werde ich keine Hilfe brauchen.»

«Und wie werde ich dich erkennen? Alles wird dann doch anders sein.»

«Wenn du dich wieder auf der Erde verkörperst, wirst du ein Knabe sein. Im Nachbargarten wirst du ein rotznasiges Mädchen mir roten Haaren und leicht gekrümmten Beinchen sehen. Sei nett zu ihr und schenke ihr deine Aufmerksamkeit. Wenn du dann zu einem Jüngling heranwächst, werden deine Blicke auf hübsche Mädchen fallen. Trachte nicht danach, mit ihnen anzubändeln. Das kleine Mädchen vom Nachbargarten, das auch heranwächst, wird mit ihren vielen Sommersprossen noch keine Schönheit sein. Einmal wirst du bemerken, wie sie dir heimlich nachschaut. Lach nicht über sie und verstoße sie nicht, wenn sie sich dir unterwürfig nähert, um dich von den anderen Mädchen fernzuhalten. Nur noch dreimal wird der Frühling ins Land ziehen, dann wird auch sie zu einer schönen jungen Frau herangereift sein. Eines Tages, wenn dein Blick auf sie fällt, wirst du in Liebe zu ihr entflammen. Und ihr zwei werdet ein glückliches Paar sein. Wladimir, in dieser deiner Erwählten wird meine Seele wohnen.»

«Danke, danke vielmals für diesen wunderschönen Traum, meine liebe Erzählerin.»

Ich legte meine Hände sanft um ihre Schultern und zog sie zu mir heran. Ich wollte wieder ihr Herz vor Leidenschaft pochen hören, ich wollte den Duft des Haares jener schönen Frau riechen, die so fest an das Gute und an die Unendlichkeit glaubt. Vielleicht aber wollte ich mich auch einfach nur an ihrem unglaublichen Traum festhalten wie ein Ertrinkender an einem Strohhalm. Jedenfalls erschien mir im Licht ihrer Worte alles um mich herum und auch die Zukunft viel froher.

«Wenn auch alles, was du gesagt hast, nur schöne Worte sind, Anastasia, so lassen sie doch in meiner Seele ein beglückendes, schönes Gefühl entstehen.»

«Die Worte eines Traumes setzen eine gewaltige Energie in Bewegung. Mit seinen Träumen und seinen Gedanken kann der Mensch seine eigene Zukunft formen. Glaube mir, Wladimir, alles wird genauso geschehen, wie ich es uns beiden mit Worten vorgezeichnet habe. Aber natürlich hast auch du die Freiheit des Träumens, und wenn du willst, kannst du durch deine eigenen Worte alles in eine andere Richtung lenken. Du bist frei, und jeder ist der Schöpfer seines eigenen Schicksals.»

«Ich werde nichts an deinen Worten ändern, Anastasia. Vielmehr werde ich mich bemühen, an sie zu glauben.»

«Danke.»

«Danke wofür?»

«Dafür, dass du die Ewigkeit, die vor uns beiden liegt, nicht zerstört hast.»

* * *

An diesem wunderschönen Tag badeten wir im Meer und sonnten uns am wüstensandartigen Strand. Am Abend ging Anastasia fort. Wie gewöhnlich bat sie mich, sie nicht zu begleiten. Ich stand auf dem Balkon und schaute ihr nach, wie sie in ihrer einfachen Kleidung und mit ihrer selbstgemachten leinenen Tasche auf dem Fußweg vor dem Haus davonschritt, ihr Kopf mit einem Tuch bedeckt. Die Frau, die für eine blühende Zukunft unseres Landes sorgte, war sichtlich bemüht, sich unter den anderen Passanten nicht hervorzuheben. Ihr Traum muss sich einfach verwirklichen, und dann werden alle Menschen in einer wunderbaren Welt leben.

Bevor Anastasia um die Straßenecke bog, drehte sie sich noch einmal zu mir um und winkte mir zu. Ihr Gesicht konnte ich schon nicht mehr erkennen, doch war ich überzeugt, dass sie mir zulächelte. Sie lächelt immer, weil sie an das Gute glaubt und Gutes tut. Ich winkte zurück und sagte leise: «Danke, Nastjenka.»

Anhang

Von der Wüstenbildung betroffen sind die Oblast Rostow (bis zu 50% des Territoriums der Salsk-Steppe), die Region Altai (ein Drittel der Kulunda-Steppe) sowie weitere dreizehn Gegenden der Russischen Föderation. Die losen Sande bedecken eine Fläche von 6,5 Millionen Hektar. Am größten ist ihr Anteil in der Kaspischen Senke (10% der Gesamtfläche). Potenziell wüstengefährdet sind in Russland rund 50 Millionen Hektar Land.

Nach agrochemischen Statistiken ist das russische Ackerland unterdurchschnittlich produktiv, besonders in der Nichtschwarzerdezone. In erster Linie mangelt es dem Boden an den für die Landwirtschaft wichtigen Nährstoffen Stickstoff, Phosphor, Kalium, Kalzium und Magnesium sowie an Mikronährstoffen wie Kobalt, Molybdän und Zink. Mehr als ein Drittel des Ackerlandes ist übersäuert, 30% des Ackerlandes weisen einen Mangel an Phosphor auf, 10% einen Mangel an Kalium.

Bei mehr als 43% des Ackerbodens wurde ein zu niedriger Humusgehalt festgestellt, bei 15% in einem kritischen Ausmaß (in der Nichtschwarzerdezone bei 45%). Über 75% der Gebiete mit humusarmem Boden liegen in den Oblasten Kaluga, Smolensk, Astrachan und Wolgograd sowie in den Republiken Kalmückien, Adygeja, Burjatien und Tuwa. Nach Ansicht von Agrarexperten hat der Humusgehalt des russischen Ackerbodens aufgrund unregelmäßiger und mangelnder organischer Düngung sowie anderer Verstöße gegen die Gesetze der Bodenökologie einen äußerst beunruhigenden Tiefstand erreicht: 1,3–1,5% in den Böden der Nichtschwarzerdezone, in denen der zentralen Schwarzerdezone 3,5–5 %. Die jährlichen Verluste an Humusboden werden auf 0,6–0,7 Tonnen pro Hektar geschätzt (in der Schwarzerdezone bis zu eine Tonne pro Hektar), das macht landesweit insgesamt rund 80 Millionen Tonnen.

In den Hauptarten des Ackerbaus besteht erwiesenermaßen ein direkter Zusammenhang zwischen den Humusanteilen des Ackerbodens und dem Ernteertrag. Erhöht man den Humusgehalt um eine Tonne pro Hektar, so nimmt zum Beispiel der mittlere jährliche Getreideertrag um 0,1–0,15 Doppelzentner pro Hektar zu. Bei bestimmten Kulturen und unter verschiedenen bodenklimatischen Verhältnissen steigt dieser Betrag bis auf 0,3 Doppelzentner Getreide. Wird hingegen unter dem Einfluss natürlicher und menschengemachter Faktoren (insbesondere Erosion) die Humusschicht um einen Zentimeter verringert, so sinkt der Getreideertrag um einen Doppelzentner pro Hektar.

Während vieler Jahre wurden die Ackerböden Russlands extensiv bewirtschaftet, wobei dem Boden meist mehr Nährstoffe entzogen als wieder hinzugefügt wurden.

Agronomen warnen, dass eine solche intensive Bodennutzung zu irreversiblen Schäden führt. Dies wird durch die sinkenden Bilanzen der Getreideernte deutlich bestätigt. Zur Aufrechterhaltung des Humusniveaus müssen die Äcker jährlich pro Hektar 7–15 Tonnen organischen Dünger erhalten – das bedeutet landesweit eine Menge von etwa einer Milliarde Tonnen organischem Dünger. Zurzeit werden in Russland aber nur 100–120 Millionen Tonnen Dünger verwendet, das heißt rund zehnmal weniger als erforderlich.

Was wird heutzutage für die Regenerierung des Ackerbodens getan?
Seit die zentrale Finanzierung der Kultivierung des Bodens völlig eingestellt wurde, hat sich die Arbeit auf diesem Sektor katastrophal vermindert. In der Folge wurde die Finanzierung zum größten Teil durch lokale Budgets verwirklicht und seit der Einführung der Bodensteuer im Jahre 1993 zu 30 % auf Kosten des Bodennutzers. Daraufhin wurden ab 1994 aus Mangel an finanziellen Mitteln der lokalen Verwaltungen in größeren Teilen Russlands alle Arbeiten zur

Bodendüngung mit torfhaltigem Kompost, die Kalkdüngung saurer Böden sowie die Lieferung von kalkhaltigen Stoffen und Phosphormehl völlig eingestellt.

Praktisch alle Programme der Agrargenossenschaften und der Russischen Regierung zur Förderung der Fruchtbarkeit des Bodens sind zum Stillstand gekommen.

Im Lichte dieser Gedanken könnte man noch eine Menge mehr über die fortschreitende Degeneration des russischen Ackerbodens sagen, die eine ernsthafte Bedrohung der ökologischen und nationalen Sicherheit des Landes darstellt. Im Rahmen dieses Buches möchte ich mich jedoch auf das hier Gesagte beschränken.

Über den Autor

Wladimir Megre (geb. am 23. Juli 1950 in der Ukraine) war Photograph und später als Besitzer eines Handelsunternehmens ein erfolgreicher Geschäftsmann in Nowosibirsk. Während einer Geschäftsreise mit einem seiner Versorgungsschiffe in die Taiga veränderte sich sein Leben durch die Begegnung mit Anastasia 1994 grundlegend.

Er wurde im Jahre 1996 mit der Publikation seines ersten Buches *Anastasia* in Russland nicht nur zum Bestsellerautor, sondern rief dort auch eine ökologisch und spirituell orientierte Bewegung ins Leben, die inzwischen zur regelrechten Volksbewegung mit einer großen Anzahl verschiedener Non-Profit-Organisationen und alternativer Wohnprojekte – sogenannte «Familienlandsitze» – wurde.

Anastasias Botschaft berührte die Herzen von Millionen von Menschen, und die überwältigende Resonanz löste eine revolutionäre Dynamik aus, die inzwischen weit über den russischen Sprachraum hinausgeht. So gibt es in ganz Europa und auch im deutschen Sprachraum bereits zahlreiche Projekte, die im Begriff sind, die wertvollen Ideen Anastasias umzusetzen in eine lebendige Realität.

Seine Bücher werden mittlerweile in zwanzig Sprachen mit einer Gesamtauflage von über 11 Millionen Exemplaren gedruckt. In Deutsch erscheinen sie im Govinda-Verlag (Band 1 bis 5 sowie 10) und im Silberschnur-Verlag (Band 6 bis 8.2).

Information von Wladimir Megre an alle Leser

Liebe Leserin, lieber Leser!

Im Internet ist in den vergangenen Jahren eine Reihe von Webseiten in verschiedenen Sprachen aufgetaucht, die thematisch den Ideen ähneln, wie sie von Anastasia, der Heldin der vorliegenden Buchreihe, dargelegt werden.

Viele dieser Webseiten geben sich einen offiziellen Anstrich und beantworten in meinem Namen – als Wladimir Megre – Leserbriefe.

In diesem Zusammenhang halte ich es für erforderlich, Sie, meine geehrten Leserinnen und Leser, auf meinen Entschluss hinzuweisen, eine offizielle internationale Webseite einzurichten, welche die einzige von mir autorisierte Quelle für Korrespondenz mit Lesern in allen Sprachen der Welt darstellt:

www.vmegre.com

Das Registrieren auf dieser Webseite (in Russisch oder Englisch) und das Abonnement des Newsletters geben Ihnen die Möglichkeit, sich über Daten und Orte von offiziellen Leserkonferenzen sowie über andere Neuigkeiten zu informieren. Der Info-Channel unserer Webseite wird Sie zudem über die weltweiten Aktivitäten der Bewegung der «Klingenden Zedern Russlands» auf dem Laufenden halten.

Mit freundlichen Grüßen,
Ihr Wladimir Megre

Kontakt zu Wladimir Megre:
  Postadresse: PO Box 44, Nowosibirsk 630021, Russland
  Telefon: 007-913-383 05 75
  Skype: rc.press

Megre-Zedernprodukte &
Ökotourismus in die Taiga:
    Website: www.megrellc.com

WELTNEUHEIT: Das unverzichtbare Nachschlagewerk für alle Leserinnen und Leser der Anastasia-Buchreihe.

Konstantin Kirsch / Lutz Rosemann

ANASTASIA-INDEX
Gesamtindex für die Bände 1 bis 10

Erstausgabe
369 Seiten, gebunden, mit Lesebändchen
ISBN 978-3-905831-29-0
€ 29,90 / Fr. 38.00

Die Buchreihe «Anastasia» von Wladimir Megre ist eine der erfolgreichsten und zukunftsweisendsten Publikationen unserer Zeit und wurde mittlerweile in zwanzig Sprachen mit einer Gesamtauflage von über 11 Millionen Exemplaren gedruckt. Die Bücher enthalten als zentrale Kernbotschaft die Erkenntnis, dass der moderne Mensch es wieder erlernen sollte, im Einklang mit Mutter Erde und ihrer Natur zu handeln, um glücklich und erfüllt zu sein – und auch, um überhaupt langfristig zu überleben. Das zehnbändige Werk ist prall gefüllt mit wertvollen Gedanken, Gefühlen und Geschichten, mit Analysen und Anregungen, Ritualen und Rezepten, Gedichten und vielem mehr.

Mit dem vorliegenden Anastasia-Gesamtindex bekommen alle Leserinnen und Leser der «Anastasia»-Buchreihe ein unverzichtbares Hilfsmittel an die Hand, das es ihnen ermöglicht, Anastasias Gedanken und Empfehlungen jederzeit nachzuschlagen und sie auf diese Weise mehr und mehr in den eigenen Alltag zu integrieren.

Der Index umfasst über 23.000 Einträge, davon über 5.000 Ober-, rund 18.000 Untereinträge sowie insgesamt mehr als 30.000 Fundstellen. Die Indexeinträge sind gebündelt nach Themen und Oberbegriffen; verzeichnet sind aber auch Einzelbegriffe, Personen, Orte, Werke sowie Stichworte und Zitate. Das Buch eignet sich damit für den Schnellzugriff ebenso wie als thematischer Leseindex, welcher Kenner, Liebhaber und Einsteiger gleichermaßen zu neuen Perspektiven und Textstellen führen kann.

Die beiden Autoren, Konstantin Kirsch und Lutz Rosemann, haben über fünf Jahre lang an diesem Gesamtindex gearbeitet. Er erscheint nun als Weltneuheit zunächst in Deutsch. (Etwas Vergleichbares ist weder in Russisch noch in einer anderen Sprache erhältlich.)

Inhalt:
- Kurzbeschreibung aller zehn Anastasia-Bände (mit Kapitelübersicht)
- Listen aller in der Anastasia-Buchreihe erwähnten Personen, Tiere, Pflanzen und Orte
- Register mit über 23.000 Einträgen und über 30.000 Verweisen auf Seiten der Anastasia-Buchreihe

ANASTASIA-BUCHREIHE

Anastasia ist die Botschafterin eines uralten Volkes, dessen Nachkommen auch heute noch vereinzelt in der Taiga leben, von der Zivilisation unbeeinflusst und immer noch im Besitz «paranormaler» Kräfte, die der moderne Mensch weitgehend verloren hat.

Kurz nach der Öffnung Russlands war die Zeit anscheinend reif, dass die Welt von der Existenz dieser Menschen erfahren sollte. So ließ es die junge Einsiedlerin Anastasia im Jahr 1994 zu, dass ein «Zivilisierter» – der Geschäftsmann Wladimir Megre aus Nowosibirsk – mit ihr in Kontakt kam und im darauffolgenden Jahr für drei Tage Zeuge ihres Lebens auf einer entlegenen Taiga-Lichtung wurde. Diese Begegnung sollte Wladimir Megres Leben grundlegend verändern. Als einfacher Geschäftsmann, der nur den Atheismus des kommunistischen Russlands kannte, sah er sich plötzlich mit Phänomenen konfrontiert, die alles bisher Gekannte um Dimensionen übertrafen: Telepathie, Präkognition, Teleportation, Unverletzlichkeit, Verbindung mit höherdimensionalen Welten usw.

Anastasias Person und Lebensstil provozieren Fragen zu weltbewegenden Themen wie die Herkunft des Menschen, Gesundheit, kosmische Heilkraft, richtige Ernährung, göttliche Naturverbundenheit, die Ursache von Krankheit, Hintergründe der Weltpolitik oder die Zukunft der Menschheit.

Seit dem ersten Erscheinen von Band 1 in Russland (1996) hat sich dort Unglaubliches getan. Die Bücher riefen eine ökologisch und spirituell orientierte Bewegung ins Leben, die inzwischen zur regelrechten Volksbewegung mit einer großen Anzahl verschiedener Non-Profit-Organisationen und alternativer Wohnprojekte – sogenannte «Familienlandsitze» – wurde. Anastasias Botschaft berührte die Herzen von Millionen von Menschen, und die überwältigende Resonanz löste eine revolutionäre Dynamik aus, die inzwischen weit über den russischen Sprachraum hinausgeht. So gibt es in ganz Europa und auch im deutschen Sprachraum bereits zahlreiche Projekte, die im Begriff sind, die Ideen Anastasias umzusetzen in eine lebendige Realität.

ANASTASIA-BUCHREIHE

Die «Anastasia»-Bücher wurden mittlerweile in mehr als zwanzig Sprachen mit einer Gesamtauflage von über 11 Millionen Exemplaren gedruckt. In deutscher Sprache sind sämtliche zehn Bände erschienen; fünf davon sind inzwischen auch als Hörbuch erhältlich.

Band 1:	Anastasia – Tochter der Taiga	199 Seiten	Hörbuch 400 Minuten
Band 2:	Anastasia – Die klingenden Zedern Russlands	226 Seiten	Hörbuch 470 Minuten
Band 3:	Anastasia – Raum der Liebe	216 Seiten	Hörbuch 458 Minuten
Band 4:	Anastasia – Schöpfung	226 Seiten	Hörbuch 495 Minuten
Band 5:	Anastasia – Wer sind wir?	237 Seiten	Hörbuch 522 Minuten
Band 6:	Anastasia – Das Wissen der Ahnen	274 Seiten	
Band 7:	Anastasia – Die Energie des Lebens	264 Seiten	
Band 8.1:	Anastasia – Neue Zivilisation	208 Seiten	
Band 8.2:	Anastasia – Die Bräuche der Liebe	208 Seiten	
Band 10:	Anastasia – Anasta	260 Seiten	

jeder Band € 16,00 / CHF 24.00 | jedes Hörbuch € 12,90 / Fr. 15.50

Weitere Informationen auf der Website des Verlages:

www.govinda.ch/unsere-autoren/wladimir-megre.html

NEU: CHRISTINA-BUCHREIHE

CHRISTINA

Die nächste Phase der globalen Transformation.

Bernadette von Dreien

CHRISTINA

Band 1: Zwillinge als Licht geboren

Erstausgabe
319 Seiten, gebunden, mit Lesebändchen
ISBN 978-3-905831-48-1
€ 19,90 / Fr. 28.00

Die Leser der «Anastasia»-Buchreihe wissen es längst: Seit geraumer Zeit inkarnieren sich immer mehr hochschwingende, göttliche Seelen auf unserem Planeten Erde, um gemeinsam ein neues Zeitalter der Naturverbundenheit, der Harmonie zwischen Mensch und Schöpfung sowie der Überwindung der alten destruktiven Muster einzuläuten.

Die Taiga-Einsiedlerin Anastasia ist ein herausragendes Beispiel einer solchen Vorbotin des globalen Wandels hin zum Positiven und Konstruktiven, und ihre Botschaft berührt seit zwanzig Jahren die Herzen von Millionen von Menschen weltweit. *Jetzt ist diese Entwicklung in eine nächste Phase eingetreten,* da etwa seit dem Jahre 2000 eine völlig neue Generation von Kindern geboren wurde – Kinder überall auf der Welt, deren Bewusstsein von Natur aus in einer deutlich höheren Frequenz schwingt als bei den vorangegangenen Generationen. Diese Kinder treten nun allmählich in die Öffentlichkeit und beginnen, ihre Aufgaben im Dienste der globalen Transformation wahrzunehmen und eine nächste Stufe der menschlichen Evolution zu manifestieren.

Das jüngste Beispiel einer solch hochschwingenden, geistig hochbegabten Jugendlichen ist die Schweizerin Christina von Dreien (Jahrgang 2001). Christina wurde mit einem stark erweiterten Bewusstsein und einer multidimensionalen Wahrnehmung geboren und offenbart ohne jegliche Überforderung einen völlig natürlichen Umgang mit einer Vielzahl von paranormalen Begabungen wie Aura-Sichtigkeit, Hellsichtigkeit, Telepathie, Telekinese, Jenseitskontakte, Tier- und Pflanzenkommunikation und dergleichen. Von Geburt an steht sie in einer bewussten Verbindung mit höherdimensionalen Sphären und Zivilisationen des Lichts. Überdies zeigt sie einen bemerkenswerten Durchblick im heutigen Weltgeschehen und verblüfft mit ihrer hohen Ethik sowie mit einer Weisheit und einem inneren Frieden, die eine neue Dimension des Menschseins erahnen lassen.

NEU: CHRISTINA-BUCHREIHE

Soeben ist im Govinda-Verlag der erste Band der neuen Buchreihe «Christina» erschienen. Er erzählt – aus der Sicht ihrer Mutter Bernadette – die Geschichte von Christinas außergewöhnlichen Geburt, Kindheit und Jugend bis zu ihrem 16. Lebensjahr. Es sind Jahre des Angewöhnens an die Dreidimensionalität, des Geschultwerdens und der Prüfungen, um sich auf ihre Lebensaufgabe vorzubereiten. Diese fasst Christina mit den drei Kernbegriffen *Freiheit, Wahrheit und Liebe* zusammen.

Die Botschaft dieses Buches wird unser Leben von Grund auf verändern! Denn vielen Menschen ist heute bereits bewusst, dass wir in veralteten dreidimensionalen Systemen leben, die nicht imstande sind, die zunehmend komplexeren Herausforderungen der Gegenwart und der Zukunft zu bewältigen. Wie wohl noch nie zuvor sehnen sich die Menschen nach Entschleunigung und Harmonie, nach neuen Denkmodellen, nach neuen menschlichen Umgangsformen und Lebensstrukturen, doch vielen von ihnen fehlt es derzeit noch an der Überzeugung, dass ein solcher globaler Wandel überhaupt möglich ist. Durch ihr eigenes Beispiel vermag Christina uns allen Hoffnung und Zuversicht zu vermitteln, indem sie die Tatsache verkörpert, dass wir uns bereits mitten in diesem Wandlungsprozess befinden. Das Licht ist bereits da, doch viele Menschen vermögen es derzeit noch nicht zu erkennen. Christina sagt: *«Alle Menschen sind Licht, sie haben es nur vergessen.»*

Christina beschreibt die bevorstehende evolutionäre Veränderung der Menschheit äußerst vielschichtig und regt dazu an, philosophische, wissenschaftliche und gesellschaftspolitische Themen allesamt aus einem multidimensionalen Blickwinkel zu betrachten. Sie vermittelt auf lichtvolle Art und Weise, welche umwälzenden Ausmaße die positiven Veränderungen haben werden, die all jenen bevorstehen, die dafür offen und dazu bereit sind.

Dabei stellt sie klar: *«Ich bin nicht auf dieser Welt, um die Fehler anderer aufzudecken oder über sie zu urteilen. Ich will den Menschen einfach das Licht und den Frieden zurückbringen. Dann löst sich das Unlicht von alleine auf.»*

Auch als Hörbuch erhältlich
(vollständige, ungekürzte Fassung)

Spieldauer: 12 Stunden
Lesung: Nicola Good
Umfang: 2 CDs (MP3-Format)
mit Booklet, in edlem DigiPac aus Karton

ISBN 978-3-905831-49-8
€ 15,90 / Fr. 22.00

Neuerscheinung im Govinda-Verlag

Dieses Buch ist mehr als nur eine weitere Michael-Jackson-Biografie. Es beschreibt eine der faszinierendsten, triumphalsten und tragischsten Lebensgeschichten der heutigen Zeit. Denn wer erkennt, was beim King of Pop geschah, durchschaut auch vieles andere ...

Sophia Pade / Armin Risi

MAKE THAT CHANGE

Michael Jackson: Botschaft und Schicksal eines spirituellen Revolutionärs

688 Seiten, gebunden, mit Lesebändern und zahlreichen Bildern und Illustrationen
ISBN 978-3-905831-46-7
€ 34,00 / Fr. 39.90

MICHAEL JACKSON (1958–2009) war nicht nur ein brillanter und innovativer Sänger, Komponist, Tänzer und Choreograf, sondern auch ein Friedensbotschafter und ein spiritueller Revolutionär. «Make that change», der berühmte Aufruf aus dem Song *Man in the Mirror*, war sein erklärtes Ziel. Mit seinem weltweiten Einfluss wollte er konkrete Veränderungen bewirken – nicht durch Bekämpfung der Dunkelheit, sondern durch die Stärkung des Lichts: Liebe, Heilung, Wohltätigkeit, Schutz der Kinder. Und gerade dort setzten die falschen Anschuldigungen und der Rufmord an. Der Megastar war für gewisse Kreise zu einer spürbaren Bedrohung geworden. Es ging um Geld und Macht und mehr noch um eine *spirituelle Dimension:* die Botschaft des Lichts, die immer wieder bekämpft und ins Gegenteil verdreht wird, insbesondere durch Angriffe auf den Botschafter ...

MAKE THAT CHANGE beruht auf einer langjährigen intensiven Recherche über die verborgenen Aspekte von Michael Jacksons Schicksal. Was im Leben des King of Pop geschah, ist ein entlarvender Spiegel unserer Zeit, ebenso wie die Umstände, die zu seinem Tod führten (offiziell durch «fahrlässige Tötung»). Vor dieser dunklen Kulisse wird das Licht umso sichtbarer – als Zeugnis einer friedvollen Revolution des Herzens, die heute notwendiger ist denn je.

• Das Leben des Megastars, seine globale Bedeutung – und die Mächte, die ihn bekämpften • Seine Krankheiten, seine Schmerzen, seine Operationen (von denen die meisten medizinisch bedingt und notwendig waren) • Warum es zu den Anschuldigungen kam (warum gerade «Kindesmissbrauch»?) • Wie die Massenmedien der Verleumdung dien(t)en • Die Hintergründe und Abgründe der Entertainment-Industrie • Michael Jacksons Pläne für ein eigenes, lichtvolleres Medienimperium • Der lange und heimtückische Kampf um seine Kapitalanlagen • Wie es zu seinem erzwungenen(!) Comeback kam – mit tödlichem Ausgang • Wie's nach seinem Tod weiterging (das dubiose und fehlerhafte Testament, die zwei großen Prozesse, die neuen Anschuldigungen, der «Ausverkauf») • Der Schlüssel zur Heilung des Planeten («Heal the World»)

Neuerscheinung im Govinda-Verlag

Der Philosoph und Dichter Ronald Zürrer legt sein neuestes Werk vor: ein kleines, feines Büchlein über die Schönheit und Heilkraft von Tugenden, ergänzt durch ein Kartenset mit 170 Tugendkarten. Für alle, denen es mit der Veredelung ihres Charakters tatsächlich ernst ist.

Ronald Zürrer

SCHÖNHEIT DES INNEREN

Taschenbuch und Kartenset

65 Seiten, Taschenbuch
ISBN 978-3-905831-39-9
€ 8,00 / CHF 12.00

170 Kärtchen in handlicher Papp-Box
ISBN 978-3-905831-40-5
€ 20,00 / CHF 30.00

Dieses Buch richtet sich an Menschen, deren Wunsch es ist, Zeit und Aufmerksamkeit auf das Entfalten von Tugenden zu richten – also von erhebenden Charaktereigenschaften, die beitragen zur Schönheit des Inneren.

Hierfür hat der Autor einige der bedeutsamsten und glückverheißendsten Früchte vom Baum der Tugenden gepflückt und sie in Form von kleinen Lebensvorsätzen aus seiner persönlichen Sicht erläutert. So werden in diesem Aufschlagewerk beispielsweise die folgenden Tugenden und ethischen Werte beleuchtet:

Achtsamkeit | Ausgeglichenheit | Authentizität | Begeisterungsfähigkeit | Dankbarkeit | Demut | Eigenverantwortung | Einfachheit | Einzigartigkeit | Entschlossenheit | Erwartungslosigkeit | Frieden | Fürsorge | Gastfreundlichkeit | Geduld | Gelassenheit | Gerechtigkeit | Gewaltlosigkeit | Glaube | Hilfsbereitschaft | Hingabe | Hoffnung | Humor | Individualität | Klarheit | Kreativität | Kritikfähigkeit | Lernfähigkeit | Liebe | Maßhaltung | Mitgefühl | Mut | Naturverbundenheit | Phantasie | Schweigsamkeit | Tiefgründigkeit | Treue | Unbekümmertheit | Unterscheidungskraft | Urvertrauen | Verantwortungsbewusstsein | Vergebung | Weisheit | Zuversicht.

Mit Hilfe des Kartensets kannst du – wie bei den sogenannten «Engelkarten» – in einer bestimmten Lebenssituation eine Tugendkarte ziehen, um zu erfahren, welcher Engel in diesem Moment zu dir kommen und dir bei deinen aktuellen Fragen oder Entscheidungen beistehen möchte. Oder du kannst regelmäßig eine Karte ziehen und dann die entsprechende Tugend zu deiner persönlichen «Tagestugend» oder «Tugend der Woche» oder «Tugend des Monats» erklären.